청지기
Stewardship

황의봉 지음

✿ GLORIA

나의 60회 생일을 맞아
이 책을 출간할 수 있도록
격려해준 아내 박명순 사모
그리고 이 책이 나올 수 있도록
재정적 지원을 해준 딸 지영이와 사위 재은이,
아들 대연 전도사와 며느리 천학이,
그리고 사랑하는 세 외손주들, 채현이, 나현이,
여기 사진에는 없지만 광현이에게도 사랑을 전한다.

좋은 사람들이 곁에 있어
늘 행복한 목사
황 의 봉

각각 은사를 받은 대로 하나님의 여러 가지 은혜를 맡은 선한 청지기 같이 서로 봉사하라(벧전 4:10)

● 교회를 시작하신 분이 성령이십니다. 또한 그 교회를 세워나가시는 분이 성령이십니다. 그러나 성령께서는 당신의 사람을 세워 그 일을 이루어 나가십니다. 세상에서 권세있는 사람을 통해 교회가 세워지는 것이 아닙니다. 돈이 많은 사람을 통해 교회가 세워지는 것이 아닙니다. 오직 성령 충만한 사람, 성령의 능력이 붙잡힌 사람을 통해 당신의 교회를 이루어 가시는 것입니다. 따라서 우리 교회가 아무리 미약해 보인다 해도, 여기 모인 사람들 하나하나가 보잘 것 없는 사람처럼 보인다 할지라도 낙심하지 맙시다. 우리에게 능력을 주시는 성령 안에서 우리는 위대한 일을 이루어 나갈 수 있기 때문입니다. 우리가 성령의 손에 잡힌바 되기만 하면 그를 통해 계속 능력을 공급받아 어두운 세상을 밝힐 수 있을 것입니다.

책머리에
· · · · · ·

30여 년 전, 그러니까 1984년 9월 처음 교회를 개척할 때 가족끼리 둘러 앉아 예배를 드려야 했습니다. 그러나 쌍문동에 평안교회가 세워진 것을 알게 된 것을 옛날 신앙의 친구들이 어떻게 알았는지 한명 두명 찾아왔습니다. 이듬해 제직을 세워 교회 조직을 갖추기로 하고 제직 훈련을 시작하였습니다. 아마 이것이 제직세미나의 시초인 것 같습니다. 늘 강조한 것은 "신앙의 기본을 바로 세우자" 하는 것이었습니다.

테니스나 탁구, 수영 같은 운동은 기본기가 중요하다고 합니다. 처음에는 별 차이가 없지만 점점 시간이 지날수록 기본기가 익혀진 사람과 그렇지 못한 사람과는 차이가 벌어지기 시작합니다.

타자기나 컴퓨터 키보드를 치는 것도 그렇습니다. 좀 힘들고 귀찮지만 기본기를 익힌 사람은 시간이 흐를수록 속도가 붙습니다. 그러나 귀찮다고 두 손가락으로 아무렇게나 치면 처음에는 쉬워 보이지만 얼마 지나지 않아 한계에 부딪히고 맙니다.

이런 원리는 교회에서도 예외가 아닙니다. 공부도, 운동도, 신앙도 마찬가지입니다. 기초가 바로 세워지지 않으면 힘만 들지 열매가 없습니다. 그러나 일단 기본기만 갖추어지면 크게 힘들지 않을 뿐만 아니라 즐거운 마음으로 할

stewardship

수 있습니다.

　기초를 튼튼히 하는 일은 귀찮고 힘든 일입니다. 그러나 기초가 튼튼히 세워지지 않은 곳에 아무리 좋은 집을 세워 놓아도 그 집은 얼마 지나지 않아 무너지고 마는 것입니다. 또 귀찮다고 해서 기본적인 신앙지식에서부터 차근차근 세워지지 않고 마구잡이로 세워진 교회는 금방 부흥하는 것 같다가도 얼마 지나지 않아 곧 한계에 부딪히고 맙니다.

　그래서 이때부터 새로 세움 받는 제직들을 중심으로 가르치기 시작한 것이 점점 외부에 알려져 이웃의 여러 교회나 노회들의 초청을 받아 제직세미나를 인도하여 왔고 수년 전 제가 몸담고 있는 예장 대신교단의 수도노회 서부시찰에서는 강의 내용을 동영상으로 제작해 주기도 하였습니다.

　세미나를 인도할 때마다 늘 지금까지 가르쳐온 것을 정리하여 책으로 만들고 싶은 마음을 가지고 있었지만 그렇게 쉬운 일이 아니었습니다. 사실 말로 강의하기는 쉬워도 활자화 하여 책으로 내놓는다는 것은 부담되지 않을 수 없습니다.

　더구나 여기 실린 내용 중 많은 내용들은 다른 목사님들의 글을 인용하였지만 세월이 지나면서 출처가 불분명한 것도 많고 일일이 출처를 밝히지 않아 표절 시비도 있을 수 있습니다.

　그러나 사랑하는 자녀들이 이 책을 출판할 수 있도록 격려해 주고 또 비용도 흔쾌히 부담해 주어 60회 생일을 맞는 기념으로 내놓게 되었습니다.

　더구나 제가 28년 동안 몸담아 섬기고 있는 평안교회가 새롭게 증축하여 입당하는 때를 맞추어 출판하게 된 것도 제게는 큰 기쁨입니다.

　이 책이 나올 수 있도록 재정적 지원을 해준 딸 지영이와 사위 재은이, 아들 대연 전도사와 며느리 천학이에게 고맙다는 말을 하고 싶습니다. 아울러 흔쾌히 출판을 허락해주시고 힘써주신 한국교회정보센타 20년 형님 김항안 목사님과 도서출판 글로리아 김일 대표님과 가족들에게 감사의 말씀을 전합니다.

2012년 여름에
평안교회 목양실에서
황의봉 목사

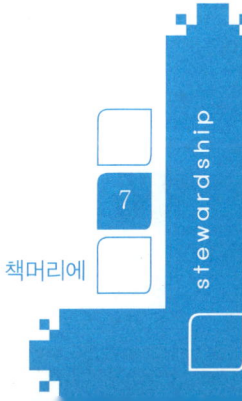

목 차
····

서 론
• • • •

여담입니다만 '죽을 뻔한 사람'과 '살 뻔한 사람' 중에 어떤 사람이 낫겠습니까? 물론 죽을 뻔한 사람이 훨씬 낫습니다. 왜냐하면 죽을 뻔한 사람은 살아난 것이고 살 뻔한 사람은 죽은 사람이기 때문입니다.

오늘의 한국 교회를 병들게 한 몇 가지 사고방식이 있습니다. 그것은 대개 이런 사고방식이라고 요약할 수 있습니다.

첫째, '모르는 것이 약이다' 라는 것입니다. 성경을 하나하나 배워나가면서 깨닫게 되면 그대로 실천하지 않을 수 없고 마음에 부담이 되니 편하게 신앙생활 하려면 차라리 모르는 게 낫다는 것입니다. 그러나 옛말에 '모르는 게 약' 이라는 말만 있는 것이 아니라 '아는 것이 힘' 이요 '무식한 것이 죄(無識有罪)' 라는 말이 있습니다.

6·25 직후의 이야기입니다. 전쟁이 발발하게 되자 각 나라에서 많은 지원이 있었습니다. 미국을 비롯한 영국 ·오스트레일리아 ·뉴질랜드 ·프랑스 ·캐나다 ·남아프리카공화국 ·터키 ·타이 ·그리스 ·네덜란드 ·콜롬비아 ·에티오피아 ·필리핀 ·벨기에 ·룩셈부르크 등 16개국이 육 ·해 ·공군의 병력과 장비를 지원하였으며, 그 밖에 많은 나라들도 각종의 경제적 ·인도적 지원을

한국에 제공하였습니다. 그중에는 의약품과 의료반을 보내온 나라도 적지 않습니다. 그런데 대부분의 의약품들은 병이나 겉포장에 한글 설명서를 붙이지 않고 그냥 들어올 수밖에 없었습니다.

전쟁이 끝난 직후 한 시골에서 일어난 일입니다. 집에서 애지중지 귀하게 기르던 아이가 밤중에 갑자기 배가 아프다고 몸부림을 칩니다. 요즘 같으면 119구급대를 부르면 되고 아니면 둘러업고 뛰어나가 택시를 타고 가도 되겠지만 그 때는 그런 시절이 아닙니다. 더구나 시골에서 병원이나 약방을 가려고 해도 5리 10리씩은 가야만 했습니다.

그때 아버지는 지난번 길에서 주운 약병이 생각나서 다락을 뒤졌습니다. 약병에는 뭐라고 깨알같이 잔뜩 써있는데 알아볼 글자는 하나도 없었습니다. 그러나 지난번 자신이 배가 아파 약방에 갔을 때 거기서 준 알약과 똑같이 생겼습니다.

그래서 얼른 약병을 열어 알약을 꺼냈습니다. 지난번 자신에게는 두 알을 먹으라고 했으니 아들에게는 한 알이면 되겠지 하는 생각에 미지근한 물과 함께 알약 한 알을 넣어주었습니다.

그런데 이게 웬 일입니까? 조금 지나고 나니 아들이 입에 거품을 품고 떼굴떼굴 구르며 우는 것입니다. 당황한 아버지는 하는 수 없이 아이를 업고 읍내로 달려갔습니다. 마침 가다가 군의관이 타고 가는 앰뷸런스를 만났습니다. 군의관이 아이를 보니 이미 숨이 넘어갔습니다. 자초지종을 들어본 군의관은 병원으로 가는 것이 아니라 집으로 들어가 무슨 약을 먹였나 확인해 보았습니다. 놀랍게도 그 약은 치명적인 극약이었습니다.

만약에 부모가 이게 무서운 극약인줄 알았다면 아들에게 먹이겠습니까? 총부리를 들이대면서 먹이지 않으면 죽이겠다고 해도 자기 입에 털어 넣을지언정 자식의 입에 넣지는 않을 것입니다. 모르는 것이 약이 아닙니다. 무식이 죄입니다. 아는 것이 힘입니다.

제직뿐 아니라 성도는 배워야 합니다. 성경을 배우고 신앙생활의 원리를 배워야 합니다. 그래야 바르게 신앙생활을 할 수 있고, 교회를 바로 섬길 수 있습니다.

둘째, '덮어놓고 믿기만 하라'는 것입니다. 언제부터 인지 조목조목 따지기 좋아하는 사람은 믿음이 없는 사람이라고 생각했습니다. 따라서 무조건 덮어놓고 믿는 것이 잘하는 것이라고 생각했습니다.

과연 이 말이 얼마나 타당한 말일까요? 이런 사고방식은 50년대 이전 글을 읽지 못하던 사람들에게 전도하면서 사용하던 말들입니다. 옛날 어른들은 글을 모르는 분들이 많았기 때문에 성경을 가르치기가 쉽지 않았습니다. 따라서 목사님이 알아서 다 가르쳐 주어야 했습니다. 그리고 성도들은 목사님이 뭐라고 하시든지 꼬치꼬치 따지지 말고 덮어놓고 믿기만 하라고 한 것입니다.

그러나 지금은 사정이 많이 달라졌습니다. 물론 예외도 있겠지만 웬만한 성도들은 모두 고등교육을 받았습니다. 성경을 읽고 연구할 수 있고 서점에 나가 신앙서적을 골라 읽을 수 있습니다. 이젠 덮어놓고 믿을 것이 아니라 펼쳐놓고 믿어야 합니다.

사도행전 17장 11절을 보세요. 베뢰아 사람은 데살로니가에 있는 사람보다 더 신사적이어서 간절한 마음으로 말씀을 받고 이것이 그러한가 하여 날마다 성경을 상고하므로 그중에 믿는 사람이 많고 또 헬라의 귀부인과 남자도 적지 아니하였다고 합니다.

그렇습니다. 교회에서 설교를 들을 때나 성경을 배울 때는 간절한 마음으로 말씀을 받아야 합니다. 그리고 집에 돌아가 잊어버리는 것이 아니라 다시 성경을 찾아가면서 그 말씀이 정말 그러한가 살펴보아야 합니다. 그러니까 설교를 들을 때는 고개를 끄덕이며 듣고, 성경을 배울 때는 고개를 갸우뚱 하면서 배워야 하는 것입니다.

셋째, '지성이면 감천이라는 생각'입니다. 그러니까 정성껏 신앙생활을 하면 되고 열심히 교회 봉사를 하면 되는 것이 아니냐는 것입니다. 참 좋은 생각입니다. 많이 배워 머리만 커지고 교만하여져서 봉사할 줄도 모르고 섬길 줄도 모르고 섬김을 받을 생각만 한다면 이것도 큰 문제입니다.

그러나 열심만 가지고는 안 됩니다. 지식이 따르지 않는 열심은 위험할 수 있습니다. 만약에 이발소에 갔다고 생각해 봅시다. 그날따라 손님이 많아 일손이 부족합니다. 이발을 끝내고 면도를 하기 위해 의자를 눕히고 누웠는데 웬 처음 보는 아저씨 한분이 면도칼을 들고 나타났습니다. 깜짝 놀라서 물어봅니다.

"처음 뵙는 분 같은데 누구십니까?"

"아, 저는 이발소 주인의 친구입니다. 오늘 놀러 왔는데 손님이 너무 많아 제가 도와주고자 합니다. 가만히 누워 계십시오."

"그럼 면도는 할 줄 아십니까? 면도를 해보셨습니까?"

"아, 남자치고 면도 안 해본 사람이 어디 있습니까? 나도 매일 아침 제 턱수염은 제가 깎습니다. 이발소 면도칼은 써본 일이 없지만 뭐 그리 다르겠습니까? 제가 정성껏 열심히 면도해 드릴테니 염려하지 마십시오."

사정이 이렇게 되면 어떻게 하시겠습니까? 아직 한 번도 해본 일이 없는 사람이 시퍼런 면도칼로 얼굴을 긁도록 맡기겠습니까? 열심이 문제가 아닙니다. 정성만 있다고 되는 것도 아닙니다.

역대상 13장과 14장을 보면 다윗이 왕이 된 후 법궤를 예루살렘으로 옮겨오는 사건이 기록되어 있습니다. 다윗이 바알레 유다에 속한 기럇여아림으로 올라가서 아비나답의 집에 있는 하나님의 궤를 모셔오기로 한 것입니다. 다윗은 새로 수레를 만들어 그 수레에 법궤를 정성껏 싣고 아비나답의 집에서 나옵니다. 웃사와 아히오는 수레를 몰고 다윗과 이스라엘 온 무리는 하나님 앞에서 힘을 다하여 뛰놀며 노래하며 수금과 비파와 소고와 제금과 나팔로 연주를 하였습니다.

그런데 기돈의 타작마당에 이르렀을 때 갑자기 소가 뜀

니다. 깜짝 놀란 웃사는 법궤가 떨어지지 않게 하기 위해
궤를 붙들었는데 하나님이 진노하셔서 그만 웃사가 죽고
말았습니다. 다윗은 어이가 없었습니다. 수십년 방치된 법
궤를 모셔오려고 나름대로 최선을 다했는데 왜 이런 끔찍
한 사건이 벌어진 것입니까? 그럼 법궤가 떨어지도록 내버
려두란 말입니까? 나무로 만든 상자 안에 커다란 돌비석이
두 개나 들어 있는데 만약 땅에 떨어지면 상자가 부서지지
않겠습니까?

크게 실망한 다윗은 법궤 옮기는 것을 포기하고 근처 가
드 사람 오벧에돔의 집으로 메어다 줍니다. 그리고 거기서
석 달을 지냈습니다. 그런데 그 석 달 동안에 오벳에돔의
집은 큰 복을 받게 됩니다. 여기서 다윗은 고민을 합니다.
자신은 법궤를 모셔오려고 최선을 다했는데 사람이 죽었고
오벧에돔은 자기 집에 법궤를 맡아두기만 했는데 그 집의
식구들과 모든 소유물에 복을 받았으니 이상한 일입니다.

다윗은 율법책을 연구하기 시작했습니다. 그리고 드디어
그 원리를 찾아냈습니다. 역대상 15장 2절을 읽어보십시
오. "이르되 레위 사람 외에는 하나님의 궤를 멜 수 없나
니 이는 여호와께서 그들을 택하사 하나님의 궤를 메고 영
원히 그를 섬기게 하셨음이니라" 그렇습니다. 정성이 부
족한 것이 아니라 지식이 부족했습니다. 방법이 잘못되었
습니다. 법궤는 수레에 싣고 다니는 것이 아닙니다. 레위
지파 그핫(고핫) 자손만이 법궤를 멜 수 있습니다. 레위에
게는 세 아들이 있었습니다. 게르손과 고핫과 므라리입니
다. 민수기 4장 1절부터 20절을 읽어보면 고핫 자손들이

법궤를 비롯한 성물들을 옮기도록 했고 그들이 어떻게 취급해야 하는 지까지 상세히 나와 있습니다. 그제야 다윗은 깨달았습니다. "전에는 너희가 메지 아니하였으므로 우리 하나님 여호와께서 우리를 찢으셨으니 이는 우리가 규례대로 그에게 구하지 아니하였음이라"(대상 15:13).

그렇습니다. 모르면 배워야 합니다. 그리고 배운 대로 말씀에 입각하여 봉사하고 헌신하여야 합니다. 그런데도 지금까지 '자신의 신앙생활에 문제가 있는 것이 아닌가' 하는 고민을 한 번도 해 보지 않고 타성에 젖어 안일한 신앙생활을 하고 있는 성도들이 대부분입니다.

특히 한국교회는 다른 어느 나라에서 보기 힘들만큼 제직들이 많이 있습니다. 교인의 절반은 집사라는 말이 틀린 말은 아닙니다. 그렇지만 교회는 이렇게 많은 일꾼들을 세워만 놓고 있을 뿐 실제 봉사의 일을 하도록 훈련시키지 못하고 있어 안타깝습니다.

내가 변해야 합니다. 요한복음 2장의 가나 혼인잔치 집 뜰에 놓여 있던 빈항아리처럼 하나님의 집에 거치는 자가 되어서는 안 됩니다. 빈 항아리에 물을 가득 채우니 주님은 그 물로 포도주를 만들어 잔칫집을 빛나게 하셨습니다. 그러나 빈 항아리에서는 기적이 일어날 수 없는 것입니다. 빈 항아리에 물을 채우는 것은 우리가 해야 할 일입니다. 물로 포도주를 만드는 것은 그 다음에 주님이 하실 일입니다.

제 1 장

교회와 집사

제1장 교회와 집사
(사도행전 6:1-6)

1. 집사의 유래

교회에 집사가 처음부터 있었던 것은 아닙니다. 목사의 사역을 돕기 위해 세워진 직분입니다. 초기 기독교에는 두 직분이 있었는데 그것은 목사와 집사입니다. 목사는 목회자 반열이고 집사는 평신도 반열임은 두 말할 나위 없는 일입니다. 사도로부터 시작되는 목사는 하나님의 소명에 의해 세워진 반면 집사는 교회의 선출에 의해 세워졌습니다.

그러면 장로는 어느 반열인가 묻는다면 성경에 목사(혹은 사도)를 장로라 부른 것을 예를 들면서 목회자 반열에 두는 분도 있지만, 교회가 선출하여 세워 평신도를 대표하는 직분임을 감안한다면 집사의 반열에 속한다고 보는 편이 더 맞는 말이라고 봅니다. 성경에 집사가 맨 처음 소개된 곳은 사도행전 6장입니다. 이 부분을 살펴보면 집사가 왜 필요한지, 또 집사의 역할이 무엇인지 알 수 있습니다.

(1) 교회 분쟁의 해소

애굽을 떠난 이스라엘 백성들의 가나안 행군을 멈추게 한 것은 불평과 원망이었습니다. 마실 물과 먹을 양식으로 인한 원망은 불과 두어 달이면 갈 수 있는 길을 2년이 지나서야 도착하게 했습니다. 그러나 가나안 접경인 가데스 바네아에서 정탐꾼들의 보고를 받고 난 백성들이 절망한 나머지 약속에 대해 불신앙하고 원망하자 하나님은 다시 이스라엘 백성들의 발걸음을 뒤로 돌리셨습니다. 다시 38년의 방황 길을 떠나야 했던 것입니다.

3천 명에서 8천 명으로 급성장하던 예루살렘 교회의 암초 역시 원망이었습니다. 예루살렘 교회에는 본토에서 나서 성장하여 히브리어를 사용하는 히브리파가 있었고, 여러 지역에서 들어온 유대인 즉 헬라어를 사용하는 사람들이 있었는데 그들을 헬라파 유대인이라 불렀습니다. 그런데 성도들이 가져온 재산과 헌금을 가지고 어려운 과부들에게 매일 식량을 나누어주는 과정에서 헬라파 유대인 과부들이 일부 누락되었고 이것이 원망을 사게 되었습니다. 아마도 사도들 거의가 히브리파였기 때문에 오해를 샀을지도 모릅니다.

그러나 이것은 단순한 식량이나 구제의 문제가 아니라 교회 내에 오랫동안 쌓였던 불평의 앙금이 터져 나온 것이라고 봐야 합니다. 즉 헬라파 유대인들은 평소에도 자신들은 항상 소외당하고 있다는 막연한 생각을 가지고 있었고, 이번 사건으로 인해 표면화된 것입니다. 사실 수많은 사람들을 돌보다 보면 어쩌다 빠질 수도 있는 일입니다. 한 교회 안에서 서로 하나 되지 못하고 헬라파니 히브리파니 하는 파당이 있었다는 것부터가 이미 문제를 안고 있는 것이었습니다.

교회성장의 암초는 온 성도들이 하나 되지 못하고 서로 분쟁하는 것입니다. 고린도 교회도 "나는 바울에게, 나는 아볼로에게, 나는 게바에게, 나는 그리스도에게 속한 자라"(고전 1:12)하며 서로 분쟁하고 있어 바울은 이것을 크게 책망하였습니다. 이런 일들은 분명히 육체의 일입니다. 분쟁하고 서로 시기하며, 당 짓는 일이나 서로 나뉘는 것들은 성령의 역사가 아니며 이런 일을 행하는 사람들은 하나님 나라를 유업으로 받을 수 없는 것입니다.

우리 교회는 먼저 예수 안에서 성령의 은혜로 하나 되는 교회가 되어야 합니다. 믿음이 앞선 이는 새로 나온 이들을 사랑으로 감싸주고 잡아주며, 새로 교회에 나오신 이들은 먼저 믿은 이들을 존경하고 따르는 교회가 되어야 합니다. 부자나 가난한 사람, 배운 사람이나, 못 배운 사람이 서로 하나 되고 마음의 장벽이 없는 교회가 되어야 합니다. 그래서 소외당하거나 그늘에서 한숨짓는 성도가 없도록 해야 합니다. 크고 작은 문제가 생겼을 때는 쉬쉬하고 숨기다 더 크게 만들지 말고 즉시 목회자와 상의하여 신속히 해결하여야 원망이 쌓이지 않습니다.

우리 교회는 원망들을 만한 일이 없도록 합시다. 뒤에서 불평하고 수군거리는 일이 없게 합시다. 그저 감사와 기쁨이 충만한 교회가 되게 합시다. 이렇게 원망들을 만한 일이 없어야 하나님의 말씀이 점점 더 왕성하게 되고, 교회는 날마다 성장할 수 있는 것입니다.

(2) 목회에 전념할 수 있도록

어느 날, 모세의 장인 이드로가 모세를 만나러 왔다가 기막힌 일을 보았습니다. 사위인 모세가 백성들의 크고 작은 문제들을 재판해 주느라 아침부터 저녁까지 얼마나 분주한지 도무지 앉아 이야기를 나눌 시간도 없는 것이었습니다. 부부가 싸우다가 모세에게 달려와 해결해 달라고 하는가 하면 이웃과 천막을 치다가 네 자리 내 자리 다투다가도 모세에게 달려왔습니다. 어떻게 60만 가정의 크고 작은 문제들을 다 판단해 주겠습니까? 그러다가는 필시 지쳐서 사위가 자기보다 먼저 죽게 될 것 같았습니다. 그래서 이드로는 그에게 천부장, 백부장, 그리고 오십부장과 십부장을 세워 사소한 일을 그들에게 맡기고 천부장의 손에서 해결할 수 없는 문제만 해결하고 더 크고 중요한 일들을 하라고 하였습니다.

이와 똑같은 현상이 초대 예루살렘 교회에도 있었습니다. 교인은 1만 명이 넘게 날마다 부흥되었습니다. 은혜받은 백성들은 헌금을 가져오고 자신들의 재산을 팔아오기도 하였습니다. 사도들은 이것을 받아 어려운 사람들에게 나누어 주었는데 이것이 보통 힘든 일이 아니었습니다. 대상을 찾기도 쉽지 않고, 어쩌다 보면 한두 사람 빠지기도 했습니다. 12명의 사도들이 하루 종일 이 일에 매달려 있으니 언제 기도하고 언제 말씀을 전하겠습니까? 그래서 사도들을 돕는 사람 일곱을 선택하게 된 것입니다. 그들에게 가난한 사람을 돌보는 일을 맡기고 사도들은 기도하는 것과 말씀 전하는 일에만 전념하기로 했습니다.

사역의 우선순위를 분명히 한 것입니다. 어려운 사람을 구제하는 것도 중요한 일이지만 말씀을 전하는 일이 사도들의 본분이기 때문입니다. 이때부터 하나님의 말씀은 점점 왕성해지기 시작했습니다. 제자의 수도 점점 많아졌습니다. 유대교의 지도자들까지 개종하기 시작했습니다.

교회는 사역의 우선순위를 알아야 합니다. 교회는 말씀의 권위가 회복되어야 합니다. 모든 사역의 초점이 말씀의 전파와 영혼의 구원에 맞추어져야 합니다. 사람은 영적인 존재만도 아니고 육적인 존재만도 아니라 영육이 갖추어진 존재이기에 교회도 영적인 일과 육적인 일을 병행해야 함은 물론입니다. 그러나 우선순위는 알아야 합니다. 성도는 영육의 필요성 가운데 무엇이 우선인지 알아야 하고, 교회는 영적인 사역과 육적인 사역 중 우선순위가 분명해야 합니다. 예수님은 먼저 그 나라와 그의 의를 구하라 하셨습니다.

예루살렘 교회가 일곱 명의 집사를 세운 것은 사도들로 하여금 기도하는 것과 말씀 전하는 것에 전념할 수 있도록 사역을 돕기 위해 세운 것입니다. 자그마한 교회에서는 목사님이 아침 일찍부터 교회에 나가 청소와 정리정돈을 하고, 온풍기에 기름이 떨어졌는가 확인을 하고, 헌금바구니와 헌금가운을 챙겨놓아야 합니다. 그러다가 시간이 되면 차량을 운전하여 성도들을 태워오고 나서 가운을 입고 강단에 올라가 예배를 인도합니다. 이렇게 정신없이 뛰어다니다가 강단에 선 목사와, 이런 모든 일들을 제직들이 각각 맡아서 처리해 주고 새벽기도를 마친 후 주일

낮 설교를 위해 다시 한 번 설교원고를 읽어보면서 묵상하고 기도하다가 시간이 되어 강단에 올라가는 목사와 누가 더 말씀을 잘 전하겠습니까?

(3) 역할의 분담

예루살렘 교회는 8천 명이 넘을 때까지 사도들이 모든 일을 다 처리했습니다. 이것은 아마도 사람의 요구대로가 아니라 하나님의 뜻을 따라 나가야 하기 때문에 말씀에 바로 서 있는 사도들이 하나님의 뜻에 맞게 교회를 이끌기 위함이었을 것입니다. 그래서 바울도 여러 지역에 교회를 세우면서 집사를 세운 것이 아니라 먼저 장로(목사)를 세웠던 것입니다.

그런데 목사가 모든 일을 맡아 처리하다 보니 문제가 생겼습니다. 구제하는 일 때문에 교인들의 원망을 듣게 되었고, 분쟁하는 일까지 돌보게 되었던 것입니다. 매일 들어오는 헌금을 정리하고 또 구제와 봉사를 위해 지출을 하면서 장부정리까지 하다 보니 정작 목회자가 해야 할 더 큰 일을 소홀히 할 수밖에 없었던 것입니다. 사도들은 전에 규칙적으로 시간과 장소를 정해 놓고 기도했고 하나님의 말씀을 깊이 상고하여 가르치던 일을 생각하면서 지금 바쁜 생활은 무엇인가 잘못되었다는 것을 깨달았습니다. 자기들에게 맡겨진 일은 행정적인 것이 아니라 기도와 말씀에 있음을 깨닫게 된 것입니다. 그래서 재정사무를 다른 사람들에게 맡겨 정리하게 하고 자신들은 그 중책을 맡은 자들을 훈련, 지도, 감독하면서 기도하는 것과 말씀 전하

는 것에 전념하기로 결심했던 것입니다.

그런데 교회 내에서 재정 관리자와 구제 책임자를 선출하여 세우는 일은 쉬운 일이 아닙니다. 만일 바르게 선출하지 않으면 목회자가 친히 한 것만 못하기 때문입니다. 헌금할 줄 모르는 사람, 어려운 사람을 도와줄 줄 모르는 사람에게 어떻게 재정을 맡길 수 있겠습니까? 기도 생활에서 멀리 있는 사람, 자기 고집대로 하는 사람, 교회에서 칭찬 듣지 못하는 사람, 성경을 상고하지 않는 사람들이 하나님의 일을 바로 할 수 있겠습니까? 그런데 이런 사람들 가운데서 교회의 중책을 하나의 명예직으로 생각하고 자리를 차지하려는 신자들이 있기 때문에 목회자의 고민이 있는 것입니다.

그러나 목회자가 보다 더 큰 일, 더 중요한 일을 하기 위해서는 이 사무를 분담시켜야 합니다. 교회는 자격 있는 일꾼들이 세워지면 성장합니다. 천부장과 백부장을 세울 때는 재덕이 겸전한 자를 세웠습니다. 이 말은 하나님 두려운 줄을 알며, 진실 무망하고 불의한 이를 미워하는 사람을 말합니다. 초대교회는 성령과 지혜가 충만하여 칭찬 듣는 사람을 세웠습니다. 사도 바울은 집사를 세울 때 "정중하고 일구이언을 하지 아니하고 술에 인박히지 아니하고 더러운 이를 탐하지 아니하고 깨끗한 양심에 믿음의 비밀을 가진 자"(딤전 3:8-9)를 세워야 한다고 하였습니다. 이런 자격이 없는 사람은 집사가 되지 말라는 뜻은 아닙니다. 이런 자격을 완전히 구비한 사람이 과연 몇 명이나 되겠습니까? 자신의 부족을 알아서 항상 기도하고 배우는 겸손과 자격을 갖추려는 노력이 필요한 것입니다.

교회 일은 하나님 나라의 일입니다. 따라서 다음 두 가지가 맞아야 합니다. 첫째는 하나님이 나를 부르시고 이 일을 맡기셨다는 확신이 있어야 합니다. 둘째는 다른 사람이 그 일을 인정해 주어야 합니다. 그래서 성령과 지혜가 충만하여 칭찬받는 사람을 택한 것입니다. 이렇게 초대교회에서는 일꾼을 선택하는 기준이 분명했습니다. 교회 나온 지 오래되었다고 해서 아무에게나 시키고, 열심이 있다고 해서 함부로 일을 맡기지 않았습니다. 그들 중에서도 "성령과 지혜가 충만하여 칭찬 듣는 사람 일곱"을 선택해서 직분을 맡겼다고 하였습니다. 현대에 있어서도 교회 일을 맡길 때에는 다른 어떤 자격보다도 이 세 가지가 우선되어야 할 것입니다. 성령이 충만한 사람, 지혜로운 사람, 칭찬 듣는 사람이 아니면 하나님의 일꾼이 될 수 없습니다.

그런데 요즘 한국 교회의 실정은 어떻습니까? 자격이 미달되어도 아무나 제직으로 임명하고, 일을 맡기는 데에서 많은 폐단과 부작용이 일어나고 있습니다. 어떤 분은 한국 교회가 하루 속히 시정되어야 할 점 세 가지를 지적하였습니다. 첫째로, 중생의 체험이 없는 세례와 둘째로, 충성심 없는 제직 임명과 셋째로, 소명감 없는 신학생 대량 배출이라고 했습니다. 귀담아 들어야 할 소리요, 반성의 여지가 많은 소리라고 봅니다. 초대교회는 사람을 선택해서 쓰되 무조건 아무나 쓰지 않았습니다. 신앙고백이 분명하고 은혜체험이 철저하고 교회를 위해 죽도록 충성한 스데반과

빌립과 같은 일곱 집사를 선택하여 교회 일을 맡겼습니다. 그러하기에 하나님의 말씀이 왕성하게 전파된 것입니다. 특히 일의 분담과 일꾼 선택의 방법을 사도들이 제시했을 때 "온 무리가 이 말을 기뻐"(행 6:5)하였다고 했습니다. 이렇게 주님의 일에는 모두가 다 기쁨으로 참여해야 합니다. 성령의 두 번째 열매가 '기쁨'인 것처럼 성령의 인도하심으로 일꾼을 선택하는데 있어서 선택하는 사람도, 선택을 받은 사람도 모두 다 기쁨으로 동의해야 하는 것입니다.

로마서 12장 7-8절에 보면 직분 맡은 자들이 마땅히 취해야 할 태도를 말씀하는 가운데 "혹 섬기는 일이면 섬기는 일로, 혹 가르치는 자면 가르치는 일로, 혹 위로하는 자면 위로하는 일로, 구제하는 자는 성실함으로, 다스리는 자는 부지런함으로, 긍휼을 베푸는 자는 즐거움으로 할 것이니라" 하였습니다. 참으로 주님의 일에 참여하는 사람은 누구를 막론하고 이러한 "성실함과 부지런함과 즐거움으로" 그 일에 임해야 됩니다. 억지로 하거나 마지못해 체면치레로 일을 한다면 그것을 하나님이 기뻐하실 리가 없습니다. 또한 일하는 당사자도 불만스럽고 일의 능률이나 성과도 없을 것입니다.

그런데 초대교회에서는 일을 맡기는 사람도 일을 맡는 사람도 모두 다 즐거움으로 그 일에 참여하였으니 참으로 아름답고 은혜로운 풍경이 아닐 수 없습니다. 이러한 기쁨이 있는 곳이기에 성령께서 크게 역사하시게 되었고, 굶주린 심령들도 많이 모이게 되었으며 또 그러한 공동체이기에 하나님의 말씀이 점점 왕성하여 날마다 믿는 사람의 수가 많아지게 되었습니다. 심지어 허다한 제사장의 무리도 이 도로 개종하는 기적이 일어난 것입니다. 이것은 우리가 추구하는 교회성장의 목표입니다. 예루살렘 교회를 통하여 우리 교회의 미래를 바라볼 수 있도록 합시다.

2. 집사의 명칭

요한복음 2장에 보면 가나의 혼인잔치 집 마당에 덩그렇게 놓여있는 커다란 돌 항아리 여섯 개가 있습니다. 처음에는 꼭 필요해서 가져다 놓은 것이었습니다. 그러나 물을 다 쓰고 빈 항아리인 지금은 오히려 거추장스러운 존재가 되고 말았습니다. 이것이 바로 우리 자신의 모습이 아닐까요? 전에는 가정에서나 교회에서나 사회에서나 정말 필요한 존재였습니다. 그러나 은혜 떨어지고 감사가 식어지고 사명을 잊어버린 빈 항아리와 같은 존재가 아닙니까?

등치만 크지 어디도 쓸모없는 항아리, 사람들이 북적거리는 마당에서 수많은 사람들에게 이리 차이고 저리 차이는 거추장스러운 존재가 되지는 않았습니까?

그러나 이렇게 빈 항아리라 할지라도 주님의 손에 쓰임 받으니 소중한 항아리로 변했습니다. 빈 항아리에 물이 가득 채워지고, 다시 그 물이 포도주로 변하니 모인 사람들에게 기쁨을 주었습니다. 천덕꾸러기 돌 항아리가 주목을 받기 시작한 것입니다. 이렇게 빈항아리 같은 존재가 은혜로 채워져야 합니다. 그러면 우리 집은 기쁨이 넘칩니다.

27

stewardship

우리 교회는 잔칫집과 같은 교회가 되는 것입니다.

집사(執事)란 단어가 요즘은 교회에서만 쓰이고 있지만 우리나라에서는 옛날부터 쓰이던 말입니다. 웬만한 부잣집에는 집사가 있어 집안일을 모두 맡아하고 있었습니다. 애굽으로 팔려간 요셉이 보디발의 집에서 가정 총무로 일을 하고 있었는데 이런 사람을 우리나라에서는 집사라 불렀습니다. 집사란 말은 헬라어 디아코노스(διάκονος)를 우리말로 옮긴 것입니다. 성경에 나오는 디아코노스란 단어가 우리말로 번역될 때 몇 가지로 번역이 되었는데 이 단어들을 살펴보면 집사의 의미를 잘 이해할 수 있습니다.

(1) 하인 – 주인의 식탁에 대령하고 있는 하인

"그의 어머니가 하인들에게 이르되 너희에게 무슨 말씀을 하시든지 그대로 하라 하니라"(요 2:5). 여기에 쓰인 하인이 디아코노스입니다. 이 하인은 주인의 식탁에 대령하고 있는 사람입니다. 예수님이 비유로 말씀하신 가운데 "너희 중에 누구에게 밭을 갈거나 양을 치거나 하는 종이 있어 밭에서 돌아오면 그더러 곧 와 앉아서 먹으라 말할 자가 있느냐? 도리어 그더러 내 먹을 것을 준비하고 띠를 띠고 내가 먹고 마시는 동안에 수종들고 너는 그 후에 먹고 마시라 하지 않겠느냐 명한대로 하였다고 종에게 감사하겠느냐"(눅 17:7-9) 하셨습니다. 물론 여기의 종은 디아코노스가 아니라 '둘로스'입니다. 그러나 식탁에서 종의 역할이 무엇인지 알 수 있는 내용입니다.

요즘 유명한 식당들의 특징은 종업원의 서비스입니다.

청 지 기

사실 음식 맛도 중요하지만 웬만한 식당은 음식 맛에 큰 차이가 없습니다. 그러나 서비스가 어떠냐에 따라 손님들이 찾아오고 합니다. 식당 가운데 셀프서비스인 곳도 있지만 고급식당에는 셀프서비스가 없습니다. 그런 곳은 가격으로 승부를 거는 싸구려 식당이지요.

고급식당에 들어가 보세요. 주차 안내가 아니라 주차대행부터 다릅니다. 입구에 들어서면 신발을 받아 넣어주고 예약석 혹은 지정석으로 친절히 안내합니다. 식사 주문이 끝나면 마치고 나올 때까지 담당 직원이 계속 붙어 있어 필요한 것을 챙겨주고 친절히 식사를 도와줍니다. 반찬이나 이것저것이 떨어지기 전에 미리미리 챙겨줍니다. 그러나 어느 식당에 가보면 손님이 자리에 앉아도 물수건을 갖다 줄 생각을 하지 않습니다. 반찬이 모자라도 본체만체하다가 좀 더 달라고 소리를 쳐야 한참 만에 가져다 주곤 합니다. 이런 경우 어떤 식당을 찾아가겠습니까?

교회도 마찬가지라고 봅니다. 교회는 영적 식당입니다. 목사님 설교는 사실 큰 차이가 없습니다. 모두 신구약성경이 한 가지 재료로 음식을 만드는데 잘하면 얼마나 잘하며 못하면 또 얼마나 못하겠습니까? 다만 조리 방법이 좀 다르고 양념 맛 차이지요.

따라서 성도들의 마음을 감동시키는 것은 디아코노스의 서비스입니다. 주차관리에서부터 은혜를 받거나 은혜를 떨어뜨리기도 합니다. 웬만한 교회의 주차장에는 '새신자석'이 있습니다. 안내위원의 역할이 얼마나 중요합니까? 서서 주보만 나누어주는 것이 아닙니다. 새신자가 오면 전

29

stewardship

담하실 분이 있어야 합니다. 예배시간 내내 도와드리고 예배가 끝나면 식당으로 안내하고 돌아가는 그 시간까지 최고의 대우를 해 드려야 합니다. 그래야 다시 찾아옵니다.

⑵ 사환 – 임금 앞에서 수종드는 하인

"임금이 사환들에게 말하되 그 손발을 묶어 바깥 어두운 데에 내 던지라 거기서 슬피 울며 이를 갈게 되리라 하니라"(마 22:13). 여기 쓰인 하인이 디아코노스입니다. 신하가 아닙니다. 따라서 계급도 없습니다. 그러나 임금 앞에 있다가 왕의 명령이 떨어지기가 무섭게 재빠르게 행동을 옮기는 사람이 디아코노스입니다.

애원, 청원, 부탁, 지시, 명령, 어명…. 이중 가장 귀중한 것이 어명입니다. 어명에는 '아니오'란 말이 없습니다. 무조건 순종을 해야 합니다. 사약(死藥)을 내려도 절을 하고 공손히 받아 마셔야 합니다. 드라마 장희빈을 보니 왕이 사약을 내리는데 받지 않고 발악을 하더군요. 있을 수 없는 일입니다. 그렇다고 해서 사약을 거절할 수 있습니까?

사환도 사환 나름입니다. 비서라고 다 같은 비서가 아닙니다. 회사의 사장 비서나 시장 군수의 비서도 소중한 자리이지만 대통령의 비서실장은 장관직입니다. 그러나 사실 장관보다 더 높은 권력을 행사하고 있다는 것은 누구나 다 아는 사실입니다. 이렇게 누구의 사환이냐에 따라 신분이 다릅니다. 우리는 영광스럽게도 하나님의 사환입니다. 따라서 우리는 하나님의 말씀을 받아 순종할 사람들입니다.

⑶ 섬기는 자 - 혹은 섬기기로 작정된 자

"형제들아 스데바나의 집은 곧 아가야의 첫 열매요 또 성도 섬기기로 작정한 줄을 너희가 아는지라 내가 너희를 권하노니"(고전 16:15). 제직들이 섬기려 하지 않고 섬김을 받으려니 문제입니다. 교회의 직분은 계급이 아니라 역할입니다. 그러나 사람들은 은연중 직분이 계급이라고 생각하고 있습니다. 예수님은 누가 큰 자라고 하셨습니까?

"예수께서 앉으사 열두 제자를 불러서 이르시되 누구든지 첫째가 되고자 하면 뭇 사람의 끝이 되며 뭇 사람을 섬기는 자가 되어야 하리라 하시고"(막 9:35).

어느 날 세베대의 두 아들 야고보와 요한이 예수님께 나아왔습니다. "선생님이여 무엇이든지 우리의 구하는 바를 우리에게 하여 주시기를 원하옵나이다" 너무 황당한 요구라서 주님은 너희에게 무엇을 하여주기를 원하느냐고 물었습니다. 그러자 그들은 말하기를 "주의 영광 중에서 우리를 하나는 주의 우편에 하나는 좌편에 앉게 하여 주옵소서"하고 부탁을 하였습니다. 요새 말로 인사 청탁을 한 것입니다. 그러자 예수님은 "너희 구하는 것을 너희가 알지 못하는도다. 너희가 나의 마시는 잔을 마시며 나의 받는 세례를 받을 수 있느냐?"고 물으셨습니다. 그들은 자신있게 "할 수 있나이다"라고 말했습니다. 그러자 예수님은 "너희가 나의 마시는 잔을 마시며 나의 받는 세례를 받으려니와 내 좌우편에 앉는 것은 나의 줄 것이 아니라 누구를 위하여 예비되었든지 그들이 얻을 것이니라" 하셨습니다. 더 기가 막힌 것은 이렇게 대화 나누시는 것을 들

31

던 열두제자들은 야고보와 요한에 대하여 분히 여겼습니다. 이 모습을 보고 계시던 주님이 다시 말씀하셨습니다. "이방인의 집권자들이 그들을 임의로 주관하고 그 고관들이 그들에게 권세를 부리는 줄을 너희가 알거니와 너희중에는 그렇지 않을지니 누구든지 크고자 하는 자는 너희를 섬기는 자가 되고 너희 중에 누구든지 으뜸이 되고자 하는 자는 모든 사람의 종이 되어야 하리라"(막 10:42-44).

그렇습니다. 집사는 주님을 섬기는 사람임과 동시에 뭇 사람을 섬기는 자요 섬기기로 애당초부터 작정된 사람입니다. 요한계시록 4장 10절을 보십시오. 영안이 열린 사도 요한이 천상에서 본 것이 무엇입니까? "이십사 장로들이 보좌에 앉으신 이 앞에 엎드려 세세토록 살아계시는 이에게 경배하고 자기의 관을 보좌 앞에 던지며 이르되…"(계 4:10). 장로의 역할은 엎드려 경배하는 것입니다. 그러니 이 땅에서 섬기는 훈련을 받지 못하면 천국에 가서도 고생을 많이 할 것입니다.

(4) 종 또는 일꾼 - 하나님의 종(일꾼)

"오직 모든 일에 하나님의 일꾼으로 자천하여…"(고후 6:4). "우리 형제 곧 그리스도 복음을 전하는 하나님의 일꾼인 디모데를 보내노니…"(살전 3:2). "네가 이것으로 형제를 깨우치면 그리스도 예수의 좋은 일꾼이 되어 믿음의 말씀과 네가 따르는 선한 교훈으로 양육을 받으리라"(딤전 4:6). 이처럼 '디아코노스'가 고린도후서 6장 4절이나 데살로니가전서 3장 2절에는 '하나님의 일꾼'으로 번역되었습니다. 디모데전서 4장 6절에는 '그리스도 예수의 좋은 일꾼'이라고 했습니다. 흔히 목사만 하나님의 종, 주의 종이라고 생각합니다. 아닙니다. 그렇지 않습니다. 집사도 하나님의 종이요 주의 종입니다.

종은 일을 잘해야 하지만 재능이 있고 일을 잘한다고 해서 다 되는 것이 아닙니다. 착하고 충성된 종이 되어야 합니다. 그래서 주님은 다섯 달란트, 두 달란트를 받았던 종들을 향해 "잘 하였도다. 착하고 충성된 종아"라고 하였습니다. 재능이 있어 일을 잘 해도 심성이 착하지 않으면 많은 사람의 마음을 아프게 합니다. 나중에는 이익을 따라 주인을 배신하는 경우도 생깁니다. 요즘 회사 직원들이 경쟁회사로 옮기면서 회사의 기밀을 빼내가는 경우를 봅니다. 사람이 착하고 충성된다면 이런 일이 일어나겠습니까? 그러므로 집사는 선한 일꾼이 되어야 합니다.

바울은 디모데에게 편지를 보내면서 하나님의 말씀과 기도로 형제를 깨우치면 "그리스도 예수의 좋은 일꾼이 되어 믿음의 말씀과 네가 따르는 좋은 교훈으로 양육을 받으리라"(딤전 4:6) 라고 하였습니다. 또한 집사는 신실한 일꾼이 되어야 합니다. 바울은 골로새 교회에 편지를 보내면서 "에바브라에게 너희가 배웠나니 그는 너희를 위한 그리스도의 신실한 일꾼이요 성령 안에서 너희 사랑을 우리에게 알린 자니라"(골 1:7-8) 라고 소개하고 있습니다. 착한 일꾼이 됩시다. 좋은 일꾼이 됩니다. 착하고 충성된 종의 반대는 '악하고 게으른 종' 입니다.

⑸ 사역자

바울은 "그런즉 아볼로는 무엇이며 바울은 무엇이냐 그들은 주께서 각각 주신 대로 너희로 하여금 믿게 한 사역자들이니라"(고전 3:5) 라고 하였습니다. 여기서 사역자가 바로 '디아코노스'입니다. 그러니까 아볼로, 바울, 게바와 같은 사역자들 모두가 다 디아코노스입니다. 사실 초대교회에서 집사와 목사는 크게 구분되지 않았습니다. 스데반은 집사로 부름 받았지만 전도하다가 돌에 맞아 순교하였으면 사도행전 7장에 기록된 그의 설교는 요즘 집사의 설교라고는 상상할 수 없는 유명한 설교입니다. 그뿐 아니라 디모데전서 3장을 보면 감독(목사)의 자격과 집사의 자격에 큰 차이가 없음을 발견하게 됩니다.

⑹ 청지기

바울은 "사람이 마땅히 우리를 그리스도의 일꾼이요 하나님의 비밀을 맡은 자로 여길지어다 그리고 맡은 자들에게 구할 것은 충성이니라"(고전 4:1-2)고 하였습니다. 베드로도 "각각 은사를 받은 대로 하나님의 여러 가지 은혜를 맡은 선한 청지기 같이 서로 봉사하라"(벧전 4:10)고 하였는데 여기 쓰인 단어가 각각 '디아코노스'입니다. 요즘 일반 사회에서는 청지기란 말은 잘 쓰이지 않는 말입니다. 이 말은 '집 맡은 자', '재산 관리자'란 뜻입니다. 옛날에 부잣집이나 고관들의 집에는 많은 하인들이 있었는데 그중에 청지기, 즉 집사가 있었습니다. 그는 주인의 집

과 종들을 모두 맡아 관리하는 사람이었습니다. 요새로 말
하면 지배인과 같은 위치라 하겠습니다.

애굽의 보디발은 요셉을 가정 총무로 삼으면서 자기 집
과 그의 소유를 모두 요셉에게 위탁했습니다(창 39:4). 다
만 자기가 먹는 음식과 아내만은 간섭하지 못하게 했습니
다. 이것까지 간섭한다면 그 사람이 주인이기 때문입니다.
그가 애굽의 총리가 되었을 때도 바로 왕은 "너는 내 집
을 다스리라 내 백성이 다 네 명령에 복종하리니 내가 너
보다 높은 것은 내 왕좌뿐이니라"(창 41:40)고 하였습니
다.

목사나 장로, 권사나 집사, 우리 모두는 하나님의 집을
맡은 청지기입니다. 이 청지기직에 대해서는 다음에 다시
한 번 말씀을 드리겠습니다. 그러나 우리가 분명히 알 것
은 주인은 청지기에게 어느 정도 재량권을 인정했습니다.

호텔이나 식당의 총지배인은 주인의 허락을 받지 않고
자기의 재량권에 따라 숙박비나 식사비를 어느 정도 할인
해줄 수 있습니다. 이것은 총지배인에게 이 정도의 권한은
위임했기 때문입니다. 하나님도 우리에게 재산을 맡기시면
서 어느 정도의 재량권은 인정하고 계십니다. 그러나 언젠
가는 반드시 셈할 때가 있을 것입니다.

3. 집사의 자격

집사는 하늘나라 창고의 청지기요, 무보수 봉사직입니
다. 최근에는 제도가 바뀌어서 시의원이나 구의원도 보수

를 드린다고 합니다. 그러나 얼마 전까지만 해도 시의원이나 구의원은 무보수 명예직이라고 했습니다. 이렇게 보수를 드리지 않아도 서로 시의원과 구의원이 되려고 나섰습니다. 왜냐하면 여기에는 명예가 따르기 때문이었습니다. 그러나 교회의 집사나 장로와 같은 제직은 보수는커녕 명예도 따르지 않습니다. 따라서 집사가 되기 전에 바른 성도가 되어야 합니다. 자격 없는 사람이 자리에 앉으면 자기도 모르게 교회를 어지럽히고 거룩한 주님의 일을 망치기 쉽습니다.

그렇다고 해서 서리집사가 어디 1년직입니까? 직분을 계속 주지 않으면 그나마 교회출석마저도 안 할까봐 해마다 다시 임명하는 것이 오늘 교회의 현실이 아닙니까? 그렇다보니 이미 말씀드린 대로 우리 교회를 포함해서 대부분의 한국교회들은 집사로 구성되어 있습니다. 그러니까 우리 교회는 집사가 바로 서면 교회가 바로 설 수 있습니다. 문제는 집사가 될 자격이 없는 사람이 집사로 세워지는데 있고, 자신이 자격이 없는 부족한 사람이란 사실을 깨닫고 낮아지고 겸손하며 더 나은 집사가 되려고 노력하지 않는데 있습니다.

사실 집사의 자격을 놓고 하나하나 심사를 한다면 그 자격에 적합한 사람이 몇 명이나 되겠습니까? 이것은 목사나 장로도 마찬가지입니다. 우리는 아직 완성되지 않은 사람들입니다. 더 나은 성도, 더 나은 집사, 더 나은 목사가 되기 위해 기도하고 노력해야 하는 것입니다. 이미 읽어본 대로 사도행전 6장에는 집사가 될 자격 세 가지를 제시하고 있습니다.

(1) 성령이 충만한 사람

에스겔 47장을 보면 에스겔은 성전 제단에서 물이 흘러 나오는 환상을 봅니다. 그런데 이 물이 흘러 내려갈수록 깊이가 점점 더 깊어갑니다. 맨 처음 문지방 밑에서 물이 흘러나올 때는 졸졸졸 흐르는 듯 했습니다. 그러나 일천 척을 척량하고 건너가 보니 물이 발목에 잠겼습니다. 다시 일천 척을 더 내려가서 건너가니 무릎에 오르고, 다시 일 천 척을 더 내려가서 건너보니 물이 허리에 잠겼습니다. 다시 일천 척을 더 척량한 후 건너보니 도저히 건널 수 없 을 만큼 많았습니다. 헤엄칠 물이었습니다. 그렇다고 해서 어디 샛강에서 물이 흘러 들어온 것이 아닙니다. 이것은 성령의 충만을 받은 사람에게 나타나는 증거입니다. 처음 에는 그저 알 듯 모를 듯 은혜를 받지만 점점 은혜의 깊이 가 더해가는 것입니다.

발목에 물이 올라 교회에 다니는 것이 즐거워집니다. 옛 날에는 구역장이 불러야 나왔고 마지못해 끌려 나왔습니 다. 성전 미문의 앉은뱅이를 보세요. 그는 매일 나왔지만 제 발로 걸어온 일이 없습니다. 사람들이 업고 오거나 메 고 와야 했습니다. 그러나 발과 발목에 힘이 오르니 자기 발로 걷기도 하며 뛰기도 하며 성전 안으로 들어갔습니다. 그 다음에는 무릎에 물이 오릅니다. 기도하는 은혜를 받는 것입니다. 무릎 끓는 즐거움을 체험합니다. "내 기도하는 그 시간 내게는 가장 귀하다" 하는 찬송의 의미를 이해하

37

게 됩니다. 조금 더 시간이 지나면 그 다음에는 허리에 물이 오릅니다. 봉사의 은혜를 받아 무엇인가 주님을 위해, 교회를 위해 봉사하고 싶어지는 것입니다. 그러나 더 깊은 은혜를 체험하게 되면 이제 물이 나를 인도합니다. 깊은 물에서는 내가 물을 건너는 것이 아니라 물이 나를 건너 주듯이 이제 성령의 은혜로 살게 되는 것입니다. 이것이 곧 헤엄칠 물입니다. 수영을 하는 사람들에게는 이 깊이에 이르면 제일 쉽게 건널 수 있는 것입니다.

신앙생활도 마찬가지입니다. 무엇인가 내가 해 보려고 하면 힘이 듭니다. 더구나 집사직은 평생 봉사직입니다. 자기 힘으로 봉사하려면 힘들 때도 있고 짜증이 날 때도 있습니다. 따라서 성령의 도우심이 필요한 것입니다. "누구든지 그리스도의 영이 없으면 그리스도의 사람이 아니라"(롬 8:9) 하셨습니다. 성령 충만 하지 않고는 하나님의 일을 할 수 없습니다. 이런 사람들은 하나님의 일을 세상적인 방법을 가지고 하려고 하기 때문입니다. 세상 사업이나 세상일은 경험과 인간적인 방법에 의해 얼마든지 할 수 있지만 하나님의 일은 하나님의 인도하심을 따라야 합니다. 그러므로 하나님 교회의 일꾼은 무엇보다도 성령이 충만하여 성령의 인도를 받는 사람이어야만 합니다.

성령 받은 사람과 성령 충만한 사람은 다릅니다. 예수를 믿는 사람은 누구나 다 성령을 받은 사람입니다. 성령의 도우심이 없이는 믿음을 가질 수 없기 때문이지요. 그러나 성령의 충만을 받아 성령이 주시는 능력을 소유해야 합니다. 그래서 "오직 성령이 너희에게 임하시면 너희가 권능을 받고 예루살렘과 온 유대와 사마리아와 땅 끝까지 이르러 내 증인이 되리라"(행 1:8) 하신 것입니다.

성령은 누구에게나 임하십니다. 그러나 권능은 받아야 합니다. 그래야 증인이 될 수 있는 것이지요. 그렇다면 어떤 사람이 성령 충만하여 성령의 인도를 받게 될까요? 먼저 말씀에 충만하고, 기도를 쉬지 않는 사람이어야 합니다. 그리고 성령님의 뜻에 자신을 온전히 맡기는 사람이어야 합니다. 이런 사람이 하나님의 교회에 일꾼이 될 수 있는 것입니다.

(2) 지혜가 충만한 사람

"지혜와 돈 어느 것이 더 귀한 것일까요?" 어느 날, 아들이 아버지에게 물었습니다. "그야 물론 돈보다 지혜가 더 귀하단다.", "이상하네요. 그런데 왜 지혜 있는 사람들이 돈 있는 사람들 밑에서 일하고 있는가요?", "그야 돈 있는 사람들은 지혜의 소중함을 모르지만 지혜 있는 사람들은 돈의 소중함을 알기 때문이지." 탈무드에 있는 이야기입니다.

성도는 세상에서 살 때 지혜 없는 자처럼 행하지 말고 지혜 있는 자처럼 살아야 합니다. 일찍이 예수님께서도 열두 제자들을 파송하시면서 "내가 너희를 보냄이 양을 이리 가운데 보냄과 같도다 그러므로 너희는 뱀 같이 지혜롭고 비둘기 같이 순결하라"(마 10:16) 고 가르치셨습니다. 그리고 불의한 청지기 비유를 말씀하시면서 "이 시대의 아들들이 자기 시대에 있어서는 빛의 아들들보다 더 지혜

로움이라"(눅 16:8) 하셨습니다. 적어도 집사라는 사람
이 세상 사람들보다 어리석어 매일 속고 당하고 살면 되겠
습니까? 그러므로 지혜가 필요한 것입니다. 그런데 기억할
것은 지혜에도 종류가 있다는 것입니다.

첫째, 하등동물의 지혜가 있습니다. 모든 금수나 곤충은
제각기 먹고 살아가기 위한 지혜가 있습니다. 쌀통 속에
사는 바구미는 위험한 일이 생기면 죽은 척 하는 지혜가
있습니다. 이런 하등동물의 지혜는 본능적 지혜입니다. 따
라서 성장도 없습니다. 발전이나 진전도 없습니다. 바구미
를 보세요. 열 번을 건드려도 똑같이 죽은 척 합니다. 10
년 전의 바구미가 하는 짓이나 10년이 지난 지금 하는 짓
이나 변함이 없습니다. 이것이 하등동물의 지혜입니다.

둘째, 사람의 지혜가 있습니다. 신자건 불신자건 사람들
은 누구나 인간적인 지혜를 가지고 삽니다. 노인에게서 배
울 수 있는 생활의 지혜가 있습니다. 나발의 아내 아비가
일 같은 처세술의 지혜(삼상 25:33)도 필요합니다. 사람들
은 이런 지혜를 배우려고 많은 노력을 합니다. 많은 학비
를 드려가면서 공부를 하고 연구합니다. 그러나 이런 인간
적인 지혜를 가지고 세상에서 좀 더 나은 삶을 살지는 모
르지만 이런 세상적인 지혜로는 하나님을 알지도 못하고
구원받을 수도 없습니다. 오히려 이런 지혜를 가지고 있는
사람들은 교만하여 하나님을 부인하고 헛된 생활을 하다가
절망에 빠져버리고 맙니다.

셋째, 하나님의 지혜가 있습니다. "하나님의 지혜에 있어서는 이 세상이 자기 지혜로 하나님을 알지 못한다"(고전 1:21)고 하였습니다. 하나님의 지혜는 신령한 지혜입니다. 하나님이 주신 지혜입니다. 하나님을 알고 하나님의 뜻을 아는 지혜입니다. 오홀리압과 브사렐 같은 기술의 지혜(출 35:30-34)를 말합니다. 솔로몬 왕과 같이 옳고 그름을 분별할 수 있는 지혜(왕상 3:28)도 하나님이 주신 영적 지혜의 하나입니다. 무엇보다도 하나님을 아는 것이 지혜의 근본입니다(시 111:10, 잠 9:10, 미 6:9). 더나가 참 지혜는 예수 그리스도입니다(고전 1:24). 이 지혜는 본래 감취었던 것인데(고전 2:7) 성령으로 우리에게 보이셨습니다(고전 2:10).

야고보서 3장 13-18절을 읽어보겠습니다. "너희 중에 지혜와 총명이 있는 자가 누구냐 그는 선행으로 말미암아 지혜의 온유함으로 그 행함을 보일지니라 그러나 너희 마음속에 독한 시기와 다툼이 있으면 자랑하지 말라 진리를 거슬러 거짓말하지 말라 이러한 지혜는 위로부터 내려온 것이 아니요 땅 위의 것이요 정욕의 것이요 귀신의 것이니 시기와 다툼이 있는 곳에는 혼란과 모든 악한 일이 있음이라 오직 위로부터 난 지혜는 첫째 성결하고 다음에 화평하고 관용하고 양순하며 긍휼과 선한 열매가 가득하고 편견과 거짓이 없나니 화평하게 하는 자들은 화평으로 심어 의의 열매를 거두느니라"

그러므로 여기서 말하고 있는 것은 인간적인 지혜를 말하는 것이 아닙니다. 세상적인 지혜도 아닙니다. 위로부터

41

stewardship

난 지혜입니다. 성령 충만하여 얻어지는 신령한 지혜입니다. 인간적이고 세상적인 지혜를 가진 사람은 어떻게 하면 고생을 좀 덜할 수 있을까 생각을 합니다. 소위 요령을 피는 사람들이 자기는 대단히 지혜가 있다고 생각을 합니다. 따라서 하나님이 주시는 지혜로 충만해야 합니다.

이런 지혜를 가진 사람은 하나님의 뜻을 분별할 줄 압니다. 무엇을 먼저 해야 하는지 일이 순서나 우선순위를 압니다. 하나님의 일과 자신의 일을 구별할 줄 아는 지혜입니다. 자신의 생각이나 뜻보다 하나님의 뜻을 앞세울 줄 아는 지혜입니다. 사탄의 유혹에 귀를 막을 줄 아는 지혜입니다. 하나님의 교회에 일꾼으로 세움 받으려면 이처럼 영적 지혜가 충만해야 합니다.

에베소서 5장 15-17절에 "그런즉 너희가 어떻게 행할지를 자세히 주의하여 지혜 없는 자 같이 하지 말고 오직 지혜 있는 자 같이 하여 세월을 아끼라 때가 악하니라 그러므로 어리석은 자가 되지 말고 오직 주의 뜻이 무엇인가 이해하라"고 하였습니다. 집사라면 때를 분별할 줄 아는 지혜가 있어야 합니다. 집사라면 주의 뜻을 이해하고 주의 뜻을 분별하는 지혜가 있어야 합니다.

(3) 칭찬 듣는 사람

목사나 집사와 같은 성직은 하나님을 섬기는 직분입니다. 그러나 결국 사람을 통해 섬깁니다. 그러므로 아무리 성령 충만하고 지혜가 있어도 덕망이 없으면 아무 소용이 없습니다. 누가 봐도 성실한 사람, 믿음직한 사람, 덕스러운 사람이라고 모두 칭찬할 만한 사람이어야 합니다. 특히 집사는 교회의 창고지기로서 재물을 다루는 사람입니다. 다른 사람들이 볼 때 고양이에게 생선을 맡긴 격이라는 생각을 갖게 해서야 되겠습니까? 성령 충만하여 하나님 편에 바로 서는 사람, 지혜가 충만하여 실수가 없는 사람, 덕망이 있어 칭찬을 듣는 사람이 집사로 세움 받을 수 있는 것입니다.

모세의 장인 이드로는 모세에게 "온 백성 가운데서 능력 있는 사람들 곧 하나님을 두려워하며 진실하며 불의한 이익을 미워하는 자를 살펴서 백성 위에 세워 천부장과 백부장과 오십부장과 십부장을 삼아"(출 18:21) 모세를 돕게 하라고 하였으니 한 번 참고할 필요가 있습니다.

또 바울은 디모데에게 이런 사람을 집사로 세우라 하였습니다. "이와 같이 집사들도 정중하고, 일구이언을 하지 아니하고 술에 인박히지 아니하고 더러운 이를 탐하지 아니하고 깨끗한 양심에 믿음의 비밀을 가진 자라야 할지니 이에 이 사람들을 먼저 시험하여 보고 그 후에 책망할 것이 없으면 집사의 직분을 하게 할 것이요 여자들도 이와 같이 정숙하고 모함하지 아니하며 절제하며 모든 일에 충성된자 라야 할지니라 집사들은 한 아내의 남편이 되어 자녀와 자기 집을 잘 다스리는 자일지니 집사의 직분을 잘한 자들은 아름다운 지위와 그리스도 예수 안에 있는 믿음에 큰 담력을 얻느니라"(딤전 3:8-13). 여기에 무슨 설명이 더 필요하겠습니까?

이러한 까닭에 교회는 일꾼을 뽑을 때 공동의회 투표를

통해 2/3이상의 표를 얻은 사람을 세웁니다. 아마 대통령을 뽑을 때 국민의 2/3이상의 지지를 얻는 사람을 세운다고 하면 대통령이 될 사람이 없을 것입니다. 2/3지지를 요구하는 곳은 교회 일꾼밖에 없습니다. 만약 집사나 장로임직을 한다고 현수막을 걸어놓았는데 지나가는 동네 사람이 "아니 저런 사람이 무슨 장로가 될 수 있어?" 한다면 되겠습니까? 예수 믿지 않는 사람들이라도 "그래, 맞아. 그 사람은 장로가 되고도 남지" 하는 말을 들어야 하지 않겠습니까? 이처럼 집사는 교회 안에서나 교회 밖에서나 칭찬 듣는 사람이 되어야 합니다. 하나님의 교회 일꾼이라면 기도하여 성령 충만한 사람, 말씀을 늘 가까이 하여 하나님이 주시는 지혜로 충만한 사람, 이웃들에게 덕을 끼쳐 칭찬 듣는 사람이 되어야 합니다.

제 2 장

집사의 자세

제2장 집사의 자세
(고린도전서 4:1-2)

집사, 권사, 장로와 같이 제직이 되는 것이 중요한 문제가 아닙니다. 문제는 어떤 제직이 되느냐 하는 것입니다. 제직은 올바른 자세로 남에게 본을 보여야 합니다. 바울 사도는 고린도교회에 편지를 보내면서 "내가 그리스도를 본받는 자가 된 것 같이 너희는 나를 본받는 자가 되라 너희가 모든 일에 나를 기억하고 또 내가 너희에게 전하여 준 대로 그 전통을 너희가 지키므로 너희를 칭찬하노라"(고전 11:1-2)라고 하였습니다.

또 데살로니가교회에 편지를 보내면서는 "또 너희는 많은 환난 가운데서 성령의 기쁨으로 말씀을 받아 우리와 주를 본받은 자가 되었으니 그러므로 너희가 마게도냐와 아가야에 있는 모든 믿는 자의 본이 되었느니라"라고 하면서 "주의 말씀이 너희에게로부터 마게도냐와 아가야에만 들릴 뿐 아니라 하나님을 향하는 너희 믿음의 소문이 각처에 퍼졌으므로 우리는 아무 말도 할 것이 없노라"라고 하였습니다.

우리말로 '본'이란 단어가 헬라어로는 '휘포그람모스'라고 합니다. 휘포그람모스는 '휘포'(under)와 '그라포스'(write)의 합성어로 문자 그대로 베끼어 쓰는 것(to write under, to trace letter)을 의미합니다.

누구나 가졌던 추억이겠지만 중학교에 입학하며 겪는 새로운 것 중 하나는 어려운 꼬부랑 글(영어)을 배우는 것이었습니다. 우리 한글과 영어는 그 글체의 모양에서 너무나 다르기 때문에 이 꼬부랑 글씨를 익히기란 그리 쉬운 것이 아닙니다. 이러한 어려움을 돕기 위하여 영어 펜글씨 교본이라는 것이 있었습니다. 그때는 누구나 어려운 시절이여서 지금처럼 볼펜이나 만년필이 흔하지 않았고 대부분은 잉크와 펜을 사용하였습니다. 그 때 펜글씨 교본에 점선으로 쓰여진 꼬부랑 영어 글씨를 따라 선을 그으면서 이국(異國)의 글씨를 익히느라고 얼마나 고생을 하였던가요.

이러한 펜글씨 교본의 유래를 살펴보면 놀랍게도 그 기원은 초기 신약성경이 작성되던 시대까지 거슬러 올라갑니다. 신약성경시대에 일반적인 필사 재료는 파피루스였습니다. 파피루스는 나일 강변의 갈대를 원료로 만든 최초의 종이로 값이 비싸서 그 당시 어린아이들의 글자 쓰기 연습용으로 쓰이지 못했습니다. 따라서 파피루스 대신 밀(wax)로 만든 밀판(wax tablet)을 사용하였습니다. 즉 교사가 먼저 이 밀판에다 글자를 적으면 학생들은 흠이 패인 글자를 따라서 썼습니다. 일종의 오늘날의 펜글씨 교본과 같은 것이라 할 수 있습니다.

흠으로 새겨진 글자는 글자를 배우는 학생이 따라 써야 하는 글자의 본(本)이였습니다. 즉 학생이 밀판에 새겨진 글씨본을 따라서 글자를 복사함으로 글씨쓰기를 배우는 것입니다. 밀판에 흠을 파서 새긴 글자들은 학생들의 서투른 손길로 잡은 펜끝이 글자 밖으로 나가지 못하도록 하였습니다. 그렇게 먼저 교사가 밀판에 새겨 쓴 글자나 선(線)을 그 당시 국제어였던 그리스어(헬라어)로 '휘포그람모스'라고 하였습니다.

처음에 교회에 나온 사람들은 어떻게 교회생활을 배웁니까? 요즘은 교회마다 새가족부 혹은 새신자부가 있어서 새로 교회에 나온 사람들이 교회생활과 신앙생활에 적응하도록 잘 가르쳐 주고 있지만 옛날에는 그런 것이 없었습니다. 자연히 눈치로 배울 수밖에 없었지요. 따라서 새신자는 그를 전도하거나 지도해주는 사람에 따라 여러 가지 모습으로 만들어집니다. 주일 낮 예배밖에 참석할 줄 모르는 사람이 전도하면 그 사람도 낮 예배만 참석을 합니다. 그러나 새벽기도회를 열심히 참석하는 사람이 전도하면 그 사람은 신앙생활을 시작할 때부터 새벽기도를 합니다. 본을 보고 따라 하기 때문이지요.

이처럼 교회의 전통과 습관은 먼저 신앙생활을 하고 우리 교회에 오래 출석한 제직이 만듭니다. 그렇다면 본을 보여야 할 집사는 어떤 자세를 가져야 할까요?

1. 청지기 자세

로마서 11장 36절에 보면 "만물이 주에게서 나오고 주로 말미암고 주에게로 돌아감이라"고 하였습니다. 우리의 주인은 하나님이시고 우리는 청지기에 불과합니다. 바울 사도는 말하기를 "사람이 마땅히 우리를 그리스도의 일꾼(즉 청지기)이요 하나님의 비밀을 맡은 자로 여길지어다 그리고 맡은 자들에게 구할 것은 충성이니라"(고전 4:1-2)고 하였습니다.

청지기는 주인의 대리인입니다. 마태복음 20장에 나오는 포도원 품꾼의 비유를 보면 하루 종일 일을 마치고나자 주인은 청지기에게 "품꾼들을 불러 나중 온 자로부터 시작하여 먼저 온 자까지 삯을 주라"(마 20:8)고 하였습니다. 품삯을 주는 일은 주인이 하는 일이지만 청지기가 하고 있습니다. 이처럼 청지기는 주인을 대신하여 일하고, 주인을 위하여 일하는 사람입니다. 따라서 바른 자세를 가진 청지기가 되어야 합니다.

(1) 착하고 충성된 청지기

마태복음 25장에 보면 다섯 달란트 받았던 종과 두 달란트 받았던 종을 '착하고 충성된 종'이라고 하였습니다 (마 25:23). 그럼 그 반대는 무엇일까요? 한 달란트 받았던 종에게 말한 대로 '악하고 게으른 종'입니다. 청지기는 심성이 고와야 합니다. 일은 충성스럽게 잘 하는데 심성이 착하지 않은 사람은 골치 아픈 사람입니다. 회사에서도 기술과 재능만 뛰어나고 회사를 사랑하는 착한 마음이 없는 사람이 문제입니다. 경쟁사에서 더 좋은 조건을 제시하면 언제든지 몸담고 있던 회사를 배신하고 회사 기밀까지 빼내어 떠날 수 있습니다.

개척 초기 출석교인이 채 20명도 안될 때 4가정이 한꺼번에 교회에 등록을 했습니다. 아이들까지 15명은 되었던 것 같습니다. 얼마나 반갑던지 처음 출석한 그날 등록을

받고 환영까지 다 마쳤습니다. 예배를 마친 후에는 교회에서 함께 식사를 하며 그 중 대표가 되는 듯한 백 집사님이란 분은 남자처럼 괄괄하고 시원한 목소리로 "앞으로 목사님을 잘 섬기겠다"고 약속을 하였습니다. 이제 교회가 쑥쑥 부흥되나보다 하며 좀체 흥분이 가라앉지 않더군요. 그런데 점심 식사를 마친 후 다 돌아간 뒤에 우리 교회 주집사님이 찾아왔습니다. "목사님 큰일 났습니다. 오늘 등록한 그 백집사, 보통 사람이 아닙니다. 우리 동네 아무개 교회를 홀딱 뒤집어 놓고 창동 어느 교회로 나갔었는데 이번에 그 여자가 교회를 온통 쑤셔놓고 나와 목사님이 교회 문을 닫아버렸답니다." 이 말을 듣고 앞이 캄캄해지더군요. 저녁예배에 나온 그 백집사님에게 우리교회는 나오지 말아달라고 부탁을 하였습니다. 아무리 교회 부흥도 좋지만 심성이 곱지 않은 사람은 환영받지 못합니다.

착하고 충성된 종은 적은 일에 충성하는 사람입니다. 예수님은 달란트 비유에서 두 달란트 받았던 종에게 "잘하였도다 착하고 충성된 종아 네가 적은 일에 충성하였으매 내가 많은 것을 네게 맡기리니 네 주인의 즐거움에 참여할지어다"(마 25:23) 라고 하였습니다. 보람이 있는 큰일에는 누구나 충성하려고 합니다. 그러나 적은 일에 충성하는 사람이 되어야 합니다.

우리 교회의 자랑 중 하나는 각 기관의 회장이 서기도 되고 총무도 한다는 것입니다. 다른 교회에서는 부회장이 회장으로, 회장을 몇 년 하다 마치게 되면 증경회장, 고문 등 자꾸 높여줘야 일하는 것으로 알고 있습니다. 그러나 이것은 옳지 못한 생각입니다. 교회의 모든 직책은 결코 계급이나 서열이 아니기 때문입니다. 그런즉 회장으로 충성할 수 있는 사람은 서기나 부서기를 맡겨도 충성할 수 있어야 합니다. 이런 의미에서 저는 우리 교회 집사님들이 주일학교 교사를 맡고 성가대석에 앉는 것을 자랑으로 여기고 있는 것입니다. 연초에 일을 맡길 때 가장 고마운 사람이 있습니다. "목사님 저는 관계없으니 아무 일이든지 맡겨 주세요" 하는 사람이 그렇게 고마울 수가 없습니다. 구역 식구를 적게 맡겨줘도 "괜찮아요" 말썽꾸러기 어린이를 맡겨줘도 "고맙습니다" 하는 분이 그렇게 고마울 수 없습니다.

착하고 충성된 종은 죽도록 충성하는 사람입니다. 예수님은 말씀하시기를 "네가 죽도록 충성하라 그리하면 내가 생명의 관을 네게 주리라"(계 2:10) 라고 하셨습니다. 죽도록 충성한다는 말은 죽는 시늉까지 내라는 말이 아닙니다. 죽을 때도 충성스럽게 죽으란 말입니다. 다윗이 베들레헴 전투에서 고향 생각이 났는지 "베들레헴 성문 곁 우물물을 누가 내게 마시게 할까" 하고 혼잣말로 이야기 하고 있었을 때 세 명의 용사들이 블레셋 사람의 진영을 돌파하고 지나가서 베들레헴 성문 곁 우물물을 길어 가지고 다윗에게로 가지고 온 일이 있었습니다(삼하 23:15-16). 다윗은 깜짝 놀라 그 물을 받아 마시지 못하고 여호와께 부어 드리며 "여호와여 내가 나를 위하여 결단코 이런 일을 하지 아니하리이다 이는 목숨을 걸고 갔던 사람들의 피가 아니니이까" 하였습니다. 이 용사들이야 말로 죽도록

51

충성한 신하들이 아니겠습니까? 사도 바울이 죽음을 눈앞에 두고 "전제와 같이 내가 벌써 부어지고 나의 떠날 시각이 가까웠도다 나는 선한 싸움을 싸우고 나의 달려갈 길을 마치고 믿음을 지켰으니"(딤후 4:6-7)라고 말할 수 있었던 것은 그가 죽도록 충성했기 때문입니다. 끝까지 충성하려면 죽도록 충성하려는 각오가 되어있어야 합니다. 분골쇄신(粉骨碎身)이란 말이 있습니다. 뼈가 가루가 되고 몸이 부숴질 때까지 충성하려는 자세입니다. 교회가 이런 사람 하나를 얻는 것은 교인 천 명을 얻는 것 보다 더 귀한 일입니다.

착하고 충성된 종은 겸손하게 충성하는 사람입니다. 겸손한 사람은 일을 하면서도 자신이 나타나기를 원치 않는 사람입니다. 알아주고 보아주는 데서는 열심인척 하다가 뒤에서는 엉뚱한 일을 하는 사람이 아닙니다. 참으로 겸손한 사람은 죽도록 충성하고서도 "우리가 하여야 할 일을 한 것뿐입니다"(눅 17:10) 하는 사람입니다.

더 나아가 착하고 충성된 종은 끝까지 충성하는 사람입니다. 사람은 처음도 중요하지만 마지막이 중요합니다. 훌륭한 사람은 끝마무리를 잘 하는 사람입니다. 데마는 바울과 함께하는 일꾼이었지만 이 세상을 사랑하여 결국 끝까지 충성하지 못하고 연로한 바울을 버리고 데살로니가로 갔습니다(딤후 4:10). 그러나 모세의 시종인 여호수아는 끝까지 충성하다가 모세의 후계자가 되지 않았습니까? 용두사미(龍頭蛇尾)가 되어서는 안 됩니다. 연초에 임명을 받았으면 연말까지는 그 일에 책임질 수 있는 사람이 되어야 합니다. 일을 하다보면 힘든 경우도 있고 마음에 내키지 않는 경우도 있습니다. 그러나 어떻게 좋아하고 원하는 일만 할 수 있습니까? 딸아이가 초등학교 시절 주산학원에 가기 싫어 방황할 때 당시 주산학원 원장이던 김기분 집사님의 말이 생각납니다. "싫은 것도 참고 하는 법을 가르쳐야 합니다. 학원을 쉬게 하고 싶으면 몇 개월 후에 쉬게 하셔요. 지금 쉬게 하면 나중에도 그런 식입니다. 모든 일에 인내를 못하고 하다가 싫으면 그만두는 아이가 됩니다." 착하고 충성된 청지기가 되시기 바랍니다. 하나님은 이런 사람을 기뻐하십니다.

(2) 지혜 있고 진실한 청지기

예수님은 말씀하시기를 "지혜 있고 진실한 청지기가 되어 주인에게 그 집 종들을 맡아 때를 따라 양식을 나누어 줄 자가 누구냐 주인이 이를 때에 그 종이 그렇게 하는 것을 보면 그 종은 복이 있으리로다 내가 참으로 너희에게 이르노니 주인이 그 모든 소유를 그에게 맡기리라"(눅 12:42-44) 라고 하셨습니다.

청지기라면 지혜가 있어 눈치가 빨라야 합니다. 그래서 주인의 마음을 알아야 합니다. 청지기들 가운데는 시키는 대로 고분고분 잘 하는 사람이 있는가 하면 주인의 마음을 알아서 미리미리 척척 일을 처리하는 사람이 있습니다. 창세기 24장을 보면 아브라함에게는 자기 집 모든 소유를 맡은 늙은 종이 한 명 있었습니다. 이 사람은 아브라함과 함께 늙어가고 있는 사람이었습니다. 아브라함은 며느릿감을

stewardship

구하러 이 종을 고향으로 보냅니다. "내 고향 내 족속에게로 가서 내 아들 이삭을 위하여 아내를 택하라"는 부탁을 받고 떠난 이 청지기는 주인 아브라함의 마음에 쏙 드는 며느릿감을 데려옵니다. 그런데 이런 정도가 되려면 1-2년을 함께 살아 가지고는 안 됩니다. 10년 20년을 같이 지내다 보면 이런 정도가 됩니다.

교회도 마찬가지입니다. 한 교회에서 10년 이상 한 목사님과 함께 섬기다 보면 목사님의 마음을 읽을 줄 아는 지경에 이릅니다. 교회가 필요한 것이 무엇인지 미리 다 알고 있습니다. 교회는 이렇게 지혜 있고 진실한 청지기가 필요합니다.

(3) 청지기는 낭비를 해도 안 되지만 너무 인색해도 안 된다

가끔 고급식당을 자나가다 보면 '이런 곳은 누가 올까' 하는 생각이 듭니다. 식사 한 끼에 10만원이 넘는데 도무지 돈을 주고 사 먹을 엄두가 나지 않으니까요. 그런데 대부분 이런 곳에 오는 사람은 자신의 돈으로 먹는 것이 아니라 접대비와 같은 공금을 사용한다고 하더군요. 내 돈 나가는 것이 아니니까 아까울 것이 없는 것이지요. 교회 각 부서에서 청지기로 일하다보면 이런 생각을 하기 쉽습니다. 그러나 과연 주인 되시는 하나님이 보시면 무어라 하실까요? 누가복음 16장 1절 이하를 보면 어떤 부잣집의 청지기가 주인의 소유를 낭비한다는 소문이 들리자 주인이 그 청지기를 불러 "네가 보던 일을 셈하라. 청지기 직무를 계속하지 못하리라" 하였습니다.

우리 하나님도 마찬가지입니다. 하나님이 맡기신 재물을 낭비하면 안 됩니다. 일반 직장에서는 연말이 되면 남은 예산은 어떻게 해서든지 다 쓰려고 합니다. 만약 남으면 내년에 예산이 줄어들 수 있기 때문이라는 것입니다. 이것은 옳지 않은 일이지요. 하물며 교회 각 부서에서 재정예산을 이런 식으로 낭비하면 되겠습니까?

그러나 반대로 너무 인색해도 안 됩니다. 교회는 돈을 모으기 위해 존재하는 것이 아닙니다. 오히려 적절한 곳에 잘 쓰기 위해 교회는 존재하는 것입니다. 특히 재정을 맡아 관리하는 제직들은 이 돈이 자신의 돈이 아니라 하나님의 돈이라는 사실을 늘 잊지 말아야 합니다. 재정부장 몇년을 하다보면 자신이 목사와 전도사 월급을 주는 것으로 착각을 하는 사람이 있습니다. 각 부서에서 예산 안에서 청구를 해도 잔소리를 하면서 지불을 하지 않으려는 사람이 있습니다.

그러면 어디에 쓰는 것이 낭비일까요? 낭비란 말의 개념을 무엇으로 정의할 수 있을까요? 한 마디로 말해서 주인이 원하는 곳에 주인을 위해 사용하는 것은 낭비가 아닙니다. 그러나 주인이 모르게 주인의 것을 사용했다면 적은 돈을 써도 그것은 낭비입니다. 개인회사에서 돈을 관리하는 경리과장이 있다고 생각해 봅시다. 어느 날, 주인이 경리과장에게 말했습니다. "내 승용차가 너무 오래 되었으니 이번에 체어맨으로 바꾸려고 하네. 오늘 가서 계약을 하고 오게." 그러자 경리과장이 정색을 하며 "아니 사장님, 체어맨이라니요? 소나타 2.0이면 충분합니다. 체어맨을 사시는 것은 낭비입니다" 하고 반대를 하는 것입니다. 내가 주인이라면 어떻게 하겠습니까? 저 같으면 이 사람에게 경리과장 맡기지 않을 겁니다. 이번에는 이 경리과장이 주인의 말을 듣고 체어맨을 계약하러 가서 생각해보니 자기도 승용차를 바꿀 때가 되었습니다. 그래서 사는 김에 사장님 체어맨 한 대, 그리고 자기는 그보다 좀 저렴한 승용차를 한 대 더 구입했습니다. 만일 내가 주인이라면 뭐라고 하겠습니까? 기억하시기 바랍니다. 우리는 청지기입니다. 청지기는 낭비를 해도 안 되지만 너무 인색해도 안 됩니다. 주인이 시키는 대로, 주인을 위해 사용하는 것은 결코 낭비가 아닙니다.

(4) 반드시 셈할 때가 있다.

주인과 청지기와 다른 점이 바로 이것입니다. 가게를 운영해도 주인이 운영하는 가게와 종업원이 운영하는 가게는 이것이 다릅니다. 종업원이 책임지고 일하는 가게는 저녁에 문 닫을 시간에 주인이 와서 결산을 합니다. 그러나 주인이 직접 운영하는 가게는 그냥 문을 닫으면 됩니다.

누가복음 16장에 나오는 불의한 청지기 비유를 다시 한 번 생각해 보십시오. 청지기가 주인의 소유를 낭비한다는 소문이 들리자 주인은 즉각 "네가 보던 일을 셈하라"고 합니다. 결산을 해보자는 말입니다. 다니엘 5장에 나온 이야기를 기억하십니까? 벨사살 왕이 귀족 천 명을 초청하여 잔치를 베풀고 있을 때 사람의 손가락들이 나타나서 석회 벽에 글자를 썼습니다. 아무도 읽지 못하는데 다니엘이 읽었지요? "메네 메네 데겔 우바르신"이라는 글씨였습니다. 왕을 저울에 달아보니 부족함이 보였다는 것입니다. 결국 왕의 나라가 나뉘어서 메대와 바사 사람에게 줄 것이라 하였습니다. 지금도 하나님은 우리를 저울에 달아볼 것입니다. 부족이 보이면 안 됩니다. 하나님이 저울에 달아보시고 "메네 메네 데겔 우바르신" 이라고 하시면 그 청지기는 불행해집니다.

2. 주인 자세

요한복음 2장에 보면 가나 혼인잔치에 예수님과 어머니가 참석한 이야기가 나옵니다. 그런데 손님이 너무 많이 온 것인지, 아니면 준비가 모자랐기 때문인지는 모르지만 그만 포도주가 모자랐습니다. 사람들은 허둥대지만 도무지 방법을 찾을 수 없습니다. 요즘처럼 어디 백화점이나 대형마트가 있는 것도 아니고 쉽게 만들 수 있는 떡도 아니고 포도주를 갑자기 어디서 구해온단 말입니까?

이때 예수님의 어머니인 마리아가 기지를 발휘합니다. 아직 때가 이르지는 않았지만 예수님이면 이 어려운 문제를 해결할 수 있을 것으로 믿었습니다. 그래서 예수님에게 "저 사람들에게 포도주가 없는데 어떻게 하면 좋겠느냐?"고 걱정을 합니다. 아마 이것은 포도주를 기적적으로 만들어 주셨으면 하는 생각에서 겸손히 말한 청원이라고 봅니다. 예수님께서 그 전에 이적을 행하신 일이 없었을 터인데, 그의 어머니께서 이런 청원을 어떻게 하였을까

요? 물론 예수님께서 그 전에 이적을 행하신 일이 없다 할지라도, 그의 인격에 초자연적이고 비범한 일들이 관련되어 있는 것인 만큼, 마리아로서 그에게서 이적을 기대할 만 하였을 것입니다. 그러나 예수님은 "여자여 나와 무슨 상관이 있나이까 내 때가 아직 이르지 아니하였나이다"라고 대답을 합니다. '여자여' 란 말이 우리말 어감으로는 퍽 어색하게 들리지만 헬라어 원어(귀나이)는 존칭호격이라고 합니다. 다만 기적을 행함으로써 그의 메시야 되심을 드러낼 시기가 아직 되지 않았다고 하십니다. 자칫하면 예수님은 그저 마술사와 같은 신비하고 영험 있는 사람으로 비추어지기 때문입니다.

그럼에도 불구하고 마리아가 이렇게 적극적으로 나서는 이유가 무엇일까요? 단순히 초대받은 손님이라면 이렇게 하지는 않았을 것입니다. 마리아가 음식물이 부족한 것을 잘 알고 있으며 또 하인들에게 명령을 하는 것을 보면 그녀는 주인의 사정을 잘 알고 있었을 것이며 어쩌면 이 잔치를 준비한 사람들 중 하나일지도 모릅니다. 전설에 의하면 이 혼인의 신랑이 마리아의 이종 조카인 사도 요한이라고도 합니다. 물론 구체적인 증거는 없습니다. 그러나 분명한 것이 있습니다. 마리아는 여기서 손님으로 앉아 있는 것이 아니라 포도주가 모자란 것에 대해 함께 걱정하고 대책을 강구하고 있었습니다.

다시 말해서 주인 자세를 가지고 있었습니다. 이처럼 청지기는 주인 자세를 가지고 있어야 합니다.

마찬가지로 교회의 신령상 주인은 하나님이십니다. 그러

나 조직상 주인은 교인들입니다. 특히 제직은 선택받은 주인들입니다. 어떤 분들은 목사가 주인이 아니냐고 합니다. 그러나 목사는 은퇴하고 나면 대부분 후임자에게 자리를 물려주고 조용히 그 교회를 떠납니다. 그러나 집사, 장로의 가정은 4대 5대를 이어가며 교회를 섬깁니다. 누가 조직상 주인입니까? 그렇다고 해서 주인 행세를 하라는 말이 아닙니다.

(1) 주인 의식을 가져야 한다

주인 행세를 하는 것과 주인 의식을 가지는 것은 엄연히 다릅니다. 어느 감리교회는 장로님이 자신의 생애에 교회당 하나를 지어 하나님께 바치기로 하였고 30여 년 전에 규모는 크지 않지만 그 지역에서 가장 멋진 예배당을 건축하였습니다. 그리고 들어가는 문 위에 '000장로 기념 예배당'이라고 새겨 넣었지요. 문제는 이 장로님이 교회에서 주인 행세를 하는 것입니다. 애들이 문만 쾅 닫아도 눈을 부릅뜨고 야단을 치고 교회당 안에서 뛰어다녔다가 호통을 맞은 아이들이 한 둘이 아닙니다. 심지어 목사님이 설교를 좀 못하거나 맘에 안 드는 일이 있으면 "이게 어떻게 세워진 교회인데 이럴 수가 있느냐"며 항의를 하였습니다. 그리고 정 맘에 안 들면 연회 감독에게 부탁을 하여 담임목사를 바꾸었습니다. 결국 30여 년 동안 목회자가 수 없이 바뀌고 교회는 부흥되지 않았습니다. 신기한 일은 그 장로님이 소천을 하시고 난 후에 교회는 오히려 안정을 되찾고 꾸준히 부흥하고 있다는 것입니다.

그러면 교회에 나오는 사람들 중에 주인과 손님은 어떻게 다르겠습니까? 이것은 일반 식당과 비교해 보면 금방 알 수 있습니다. 교회는 신령한 음식을 먹는 영적 식당이기 때문입니다.

어느 식당이 건물과 인테리어는 깨끗한데 음식은 맛이 없어 손님이 찾아오지 않는다고 가정합시다. 손님은 겉모양만 보고 들어왔다가 음식 맛을 보고는 혀를 찹니다. 그리고 "음식을 이렇게 만들어놓고 어떻게 돈을 받는담." 하면서 다시는 찾아오지 않습니다. 혹은 다른 사람이 가려고 하면 "그 집 음식 무척 맛이 없으니 가지 마."하고 말립니다. 반면 주인은 음식 맛을 보고는 누가 알까봐 쉬쉬하며 고민을 합니다. 음식 식자재에 문제가 있나, 양념이 문제인가? 주방장이 요리 솜씨가 없는 것일까? 그리고 문제를 해결하려고 노력을 합니다.

교회도 마찬가지지요. 예배당도 깔끔하게 새로 단장하여 아름다운데 목사님 설교가 예전 같지 않으면 손님으로 온 사람은 혀를 찹니다. "세상에 목사님이란 분이 어쩌면 이렇게 설교를 못할까? 내가 해도 그보다는 낫겠네."하며 돌아간 후에는 다시 찾아오지 않습니다. 그러나 주인은 목사님의 영력이 떨어지고 말씀이 예전 같지 않으면 목사님을 위해 새벽마다 기도하고 원인을 찾으며 대책을 강구합니다. 자신의 힘으로 도와드릴 것이 무엇인가 살펴보고 힘이 되어드립니다.

(2) 책임질 줄 알아야 한다

예수님은 말씀하셨습니다. "나는 선한 목자라 선한 목자는 양들을 위하여 목숨을 버리거니와 삯꾼은 목자가 아니요 양도 제 양이 아니라 이리가 오는 것을 보면 양을 버리고 달아나나니 이리가 양을 물어 가고 또 헤치느니라"(요 10:11-12). 주인 의식은 곧 책임 의식입니다. 삯꾼은 품삯을 받기 위해 일하는 사람이기 때문에 주인 의식이 없습니다. 몸담고 있는 식당이 잘 안 되어 손님이 없으면 다른 식당으로 일자리를 옮기면 된다고 생각하며 이곳저곳 갈 곳을 찾아봅니다. 그러나 주인은 갈 곳이 어디 있습니까? 죽으나 사나 이 식당을 일으켜 세워야 한다고 생각합니다. 교회를 가리켜 말하는 것입니다.

회사에도 유한책임사원과 무한책임사원이 있습니다. 무한책임사원(無限責任社員)이란 회사의 채무에 대하여 개인의 재산까지 동원하여 책임을 지는 사원을 말하는데 특히 합명회사(合名會社)는 이 무한책임사원으로만 구성됩니다. 그러나 합자회사(合資會社)는 무한책임사원과 유한책임사원으로 구성되어 있습니다. 무한책임사원은 회사 재산으로 회사 채무를 완전히 변제할 수 없는 경우나 회사 재산에 대한 강제집행이 유효하지 못한 경우에 제2차적 책임을 지게 됩니다. 또한 요즘 많이 볼 수 있는 주식회사의 주주는 간접, 유한책임을 부담합니다. 회사의 채무에 대해서는 주주는 아무런 책임이 없고 회사의 재산으로만 그 채무를 변제하지만 주주들도 자신이 주식을 산 금액만큼은 책임을 지게 됩니다. 자신이 주식에 투자해서 주식 가격이 떨어져

손해가 나도 책임은 각자 지는 것입니다.

　그렇다면 교회는 어떤 형태일까요? 아무래도 전원 무한 책임사원으로 구성된 합명회사를 생각하면 됩니다. 합명회사는 회사에 소속된 모든 직원이 회사 운영을 책임지고 모두가 대표의 권한을 가진 회사입니다. 모든 권한과 책임이 직원 모두에게 있기 때문에 회사가 망해도 모두 직원 모두의 책임입니다. 무한책임이라는 것은 회사가 잘되거나 잘못되어도 모든 책임이 직원 모두에게 있다는 의미입니다. 잘되면 좋지만 잘못되어 망해도 모든 빚을 직원 모두가 책임지는 것입니다. 보통 회사는 사장이 대부분의 책임을 져야 하지만, 합명회사는 회사 소유와 경영이 직원 모두에게 무한하게 있기 때문에 모든 책임이 각각 직원들이 다 함께 져야 합니다. 그러나 과연 성도들이 이런 책임 의식을 가지고 있을까요?

(3) 자기 위치를 지킬 줄 알아야 한다

　유다서 1장 6절에 보면 "또 자기 지위를 지키지 아니하고 자기 처소를 떠난 천사들을 큰 날의 심판까지 영원한 결박으로 흑암에 가두셨으며"라고 하였습니다. 천사들이라 할지라도 자기 지위를 지키지 아니하고 자기 처소를 떠난 천사들은 심판을 받게 되는데 하물며 성도된 우리야 어떠하겠습니까? 따라서 교회에서 우리에게 맡겨진 직분과 위치는 대단히 중요한 것입니다. 심지어 어떤 분들은 안수 받아 임직된 장로나 집사 권사를 소중히 여기지 않고 이 교회 저 교회 떠돌아다니는 사람이 있습니다. 이것은 옳은 자세가 아닙니다.

요한이 요단강에서 세례를 주고 있었습니다. 예루살렘 장안에는 이 소문이 파다하게 퍼졌고 사람들은 줄을 지어 세례를 받기 위해 요단강으로 나갔습니다. 이때, 유대인들은 제사장들과 레위인들을 보내 조사를 해 오도록 하였습니다. "네가 누구냐?" 이 말은 보냄 받은 사람들이 요한에게 따지듯 물은 질문입니다. "네가 메시야냐? 우리가 수백 년 동안 애타게 기다려온 메시야가 너냐?" 요한은 머뭇거리지 않고 분명히 대답하였습니다. "나는 그리스도가 아니다" 자신을 추앙하는 사람들 앞에서 "나는 그런 사람이 아니다"라고 대답하기란 쉽지 않습니다. 그는 메시야가 되고 싶어 하지도 않았고 다른 사람들이 그렇게 생각하도록 그냥 두지도 않았습니다. 자신의 위치를 바로 알고 있었기 때문입니다. "그럼 엘리야냐?", "아니다" "그럼 선지자냐?", "아니다"

이런 대답은 쉬운 것이 아닙니다. 이 말을 들은 사람들은 얼마나 실망했을까요? 메시야가 아닐까 하고 달려온 수많은 군중들, 말라기 선지자가 예언한 엘리야가 아닐까 하고 그에게 세례 받은 수많은 사람들이 얼마나 낙심했겠습니까? 그러나 그는 자기의 위치를 벗어나려 하지 않았습니다. 요한은 자신의 위치를 분명히 밝혔습니다. "나는 선지자 이사야의 말과 같이 주의 길을 곧게 하라고 광야에서 외치는 자의 소리로라"(요 1:23). 예수님은 말씀이지만 자신은 소리라고 했습니다. 소리는 말을 전달해 주기 위해 꼭 필요한 것입니다. 그러나 상대방의 귀를 울려 말을 전달했다면 사라져야 합니다. 만약 소리가 계속 고막을 울리고 있다면 사람은 그만 미쳐 버리고 말 것입니다. 이것이 바로 세례 요한의 위치였습니다. 위치를 잊는 사람이 있습니다. 목사가 자기 위치를 잊고 하나님처럼 군림하려고 하거나 장로가 위치를 잊고 목사의 직무까지 간섭하려고 하면 안 됩니다. 집사의 위치를 알아야 하고 구역장은 구역장의 위치를 알고 잘 지켜야 합니다. 헌금위원, 안내위원이 대수롭지 않아 보여도 그 위치를 잘 지키는 사람이 되어야 합니다.

(4) 섬길 줄 알아야 한다

예수님은 말씀하셨습니다. "이방인의 집권자들이 그들을 임의로 주관하고 그 고관들이 그들에게 권세를 부리는 줄을 너희가 알거니와 너희 중에는 그렇지 않아야 하나니 너희 중에 누구든지 크고자 하는 자는 너희를 섬기는 자가 되고 너희 중에 누구든지 으뜸이 되고자 하는 자는 너희의 종이 되어야 하리라"(마 20:25-27). 예수께서 가르치신 참된 성도의 가치관은 바로 섬김의 도리입니다. 예수님도 이 땅에 오신 것은 섬김을 받으러 오신 것이 아니라 도리어 섬기러 오셨습니다. 만약 섬김을 받기 원하신다면 하나님의 나라에 그냥 계시면 됩니다.

세상의 똑똑한 사람들은 으뜸이 되고, 크게 되기 위하여 출세의 길을 찾아 재빠르게 이리저리 줄타기를 잘하지만, 너희는 그렇지 아니하다고 하였습니다. 그렇다면 어떻게 하라는 것입니까? "너희 중에 누구든지 크고자 하는 자는 섬기는 자가 되고, 으뜸이 되고자 하는 자는 종이 되어야 하리라"고 하셨습니다. 이 말을 그대로 믿고 따르는 자들이라면 분명히 이 시대적 감각으로 보면 바보들입니다. 바보가 아니고서야 왜 섬김을 받는 것이 좋지 무엇 때문에 섬기는 자가 되며, 으뜸이 되는 것이 좋지 왜 종이 되어야 한다고 하겠습니까? 그래서 일찍이 니체는 이러한 예수님의 교훈을 역겹다고 생각하여 노예의 도덕이라고 박차 버리고 초인(超人) 수퍼맨을 주장했습니다.

오늘날에도 예수님을 따른다고 나선 사람들에게 늘 찾아오는 유혹이 있다면 섬기는 자 보다는 섬김을 받으려는 유혹이 있고, 종이 되어야 하겠다는 생각 보다는 으뜸이 되고자 하는 생각으로 차 있는 것이 사실입니다. 사도 베드로는 당부하시기를 만물이 가까웠으니 정신을 차리고 기도하면서 서로 사랑하라고 했습니다. 그 사랑의 표현이 무엇이겠습니까? 서로 대접하고 서로 봉사하는 것입니다. 그래서 "서로 대접하기를 원망 없이 하고 각각 은사를 받은 대로 하나님의 은혜를 맡은 선한 청지기 같이 서로 봉사하라"(벧전 4:9-10)고 하였습니다. 섬기는 삶은 높은 보좌에서 낮은 구유로 내려오는 것입니다. 섬기는 삶은 다른 사람의 잘못을 지적하거나 비난하기 전에 그 사람의 허물을 덮어 주고 그 사람의 발을 씻겨 주는 것입니다.

묵상 기도

청 지 기

제 3 장

집사의 신앙생활

제3장 집사의 신앙생활
(신명기 33:26-29)

성도가 되었다고 하는 것은 엄청난 특권이라고 할 수 있습니다. 그러나 이 특권을 누리기 위해 또한 우리가 마땅히 이루어 나가야 할 성도의 본분이 있습니다. 유대인들은 지나치리만큼 엄격한 안식일 성수와 음식물에 대한 규례들이 있습니다. 그러나 그들은 이것을 불편하다고 생각하는 것이 아니라 선민으로서의 특권이라고 생각합니다.

따라서 교회에서 집사 즉 일꾼이 되기 전에 기본기를 바로 갖춘 성도가 되어야 합니다. 그래야 나중에 집사가 되고 권사, 장로가 되어도 이름값을 할 수 있습니다. 바디매오가 '존경받는 자의 아들'이란 멋진 이름을 가지고 있었지만 실상은 맹인 거지였던 것처럼 성도, 집사, 권사 등 훌륭한 이름을 가지고 있으면서 이름값도 못한다면 얼마나 부끄러운 일이겠습니까?

저는 어릴 때 동네 개울에서 물에 빠져 죽을 뻔한 경험이 있어 수영을 아주 싫어했습니다. 그러나 나이가 먹으면 먹을수록 큰 무리 없이 하기 좋은 운동이 수영이라고 해서 수영장에 나갔습니다. 전혀 수영을 할 줄 모르는 사람이기 때문에 코치가 가르쳐 주는 대로 발 차기, 팔 돌리기, 호흡을 하는 법 등 처음부터 기본기를 철저히 익혔습니다. 그렇게 하기를 몇 년, 이제는 제법 물속에 떠다니며 수영을 즐기고 있습니다.

공부도 그렇고 운동도 그렇고 기초가 중요합니다. 기초가 잘 된 사람은 공부를 하면 할수록, 운동을 하면 할수록 실력이 쑥쑥 늘고 재미있습니다. 하물며 신앙생활도 기초가 굳건히 세워지지 않으면 점점 어려워집니다. 그러나 신앙의 기초가 잘 닦인 사람은 교회생활이 점점 재미있습니다. 주일성수, 예배생활, 말씀생활, 기도생활, 전도생활, 봉사생활 이 여섯 가지가 신앙생활의 기초가 되는 여섯 기둥입니다. 이중에 한두 개라도 약하면 늘 불안하고 한두 가지만 잘하면서 신앙을 지켜나가려면 언제 무엇에 걸려 넘어질지 알 수 없습니다. 따라서 이 여섯 기둥을 든든히 세워야 합니다.

반면에 이 여섯 가지 신앙의 기초를 바로 쌓아두면 어디를 가나 누구에게나 사랑받는 신앙생활을 할 수 있습니다. 어떤 제직이 우리 교회로 이사 와서 등록을 하면 우선 이 여섯 가지를 살펴봅니다. 그래서 이 여섯 가지 기초가 잘 닦인 사람을 보면 "참 신앙생활 잘 한다. 누구에게서 배웠는지 잘 배웠다" 하면서 모두 좋아하고 환영을 합니다. 그러나 이런 기초가 잘못 세워진 사람을 만나면 "무늬만 집사지 이름값도 못 하는구나" 하면서 별로 반가워하지 않습니다. 따라서 어디 가서나 사랑받는 신자로 서기 위해 이 신앙의 기초를 바로 세워 나가시기 바랍니다.

1. 주일성수(사 58:13-14)

(1) 주일성수는 기독교 신자의 표지이다

기독교 신자는 주일성수를 통하여 세상 사람들에게 기독교 신자임을 나타내 보입니다. 자신이 기독교 신자라고 하면서 주일날 교회에 가지 않고 산에 올라간다면 비웃을 것이 아닙니까? 기독교 신자라면서 일요일에 교회는 가지 않고 돈을 번다고 일하고 있으면 교회를 다니지 않는 사람들도 '나일론 신자'라고 합니다. 이만큼 주일성수는 기독교 신자의 기본이요 표지입니다.

사실 구약의 안식일과 우리가 지키는 주일과는 그 개념이 아주 다릅니다. 구약의 안식일을 지키라는 하나님의 추상같은 명령이 있었지만 제대로 지킬 수 없는 법이었고, 우리가 지키는 주일은 누가 명령한 일도 없었지만 초대교회로부터 지금까지 2천 년 동안 스스로 지켜온 법입니다. 따라서 성경에는 주일을 어떻게 지켜야 하는지 구체적인 가르침이 없습니다. 결국 우리는 구약에서 가르치는 안식일의 원리와 정신에 의해 주일을 지키게 됩니다.

주일성수는 믿음 안에서 가능합니다. 사람들이 주일성수를 제대로 하지 못하는 이유는 하나님의 약속을 믿지 못하기 때문입니다. 일찍이 하나님은 모세를 통해 계명을 주셨습니다. "안식일을 기억하여 거룩하게 지키라 엿새 동안은 힘써 네 모든 일을 행할 것이나 일곱째 날은 네 하나님 여호와의 안식일인즉 너나 네 아들이나 네 딸이나 네 남종이나 네 여종이나 네 가축이나 네 문안에 머무는 객이라도 아무 일도 하지 말라"(출 20:8-10). 엿새 동안 부지런히 일했으면 하루는 아무 일도 하지 말고 푹 쉬면서 하나님 앞에서 거룩하게 지키라고 하셨습니다. 그렇게 하면 하나님은 높여주시고 복을 주시겠다고 하셨습니다. 그런데 이 약속을 믿지 못하니 단골손님이 떨어질까 불안하고 매상이 줄어들까봐 불안하니 주일날도 나가서 일을 하게 되는 것입니다.

아마 주일성수하기 가장 힘든 직업 중에 하나가 이발소일 것입니다. 이발소는 협회가 있어서 주중에 하루는 모두 쉬지만 주일은 다 일을 합니다. 특히 주일 수입이 평일의 두세 배가 되기 때문에 주일에 문을 닫는 집을 찾기란 좀처럼 어렵습니다. 그러나 지금은 연세가 많아 일을 놓고 계시지만 양윤철 집사 부친께서는 이발소를 하면서도 주일을 성수했습니다. 협회 사람들도 이분에게만은 정기휴일에 예외를 인정해 주어서 주일에 문을 닫고 정기휴일에는 일을 하셨습니다. 한 번은 걱정이 되어서 물어봤습니다. 집사님은 껄껄 웃으시면서 대답하시더군요. "이 동네 사람들은 다 알고 있어요. 그래서 주일에 오실 단골손님들은 토요일에 다녀가십니다."

단순하게 계산을 해 보세요. 하루에 10만원씩 한 달 30일을 버는 사람과 주일은 쉬고 26일을 버는 사람과 누가 더 잘 살겠습니까? 그야 260만원 버는 사람보다 300만원 버는 사람이 더 잘 살 것이라고 생각합니다. 그러나 세상의 이치는 그렇게 단순하지 않습니다.

두 사람의 나무꾼이 장작을 패고 있었습니다. 하루 종일 열심히 장작만 팼습니다. 그런데 한 사람은 힘이 넘쳐 하루 종일 쉬지도 않고 일만 했습니다. 저녁때가 되었을 때 그의 장작더미는 큰 무더기를 이루었습니다. 다른 나무꾼은 50분을 일하고 10분간 휴식을 취했습니다. 날이 저물어 갈 무렵 이 사람은 먼저 사람보다 훨씬 더 큰 장작더미를 쌓을 수 있었습니다. "이게 어찌된 일인가?" 첫 번째의 나무꾼이 물었습니다. "나는 쉬지도 않고 일했는데…." "그건 간단하지." 그의 친구가 대답하였습니다. "나는 쉬고 있을 때 도끼날을 갈았다네."

우리의 도끼날도 갈아 주어야 합니다. 바쁜 삶속에서 사용하기만 하였으니 영혼의 도끼날은 무딜 대로 무디어졌습니다. 그래서 죄를 지어도 가책이 없습니다. 하나님 말씀을 들어도 깨달음이 없습니다. 사명과 책임에 대한 애타는 안타까움이 없습니다. 일주일에 하루는 일을 쉬고 영혼의 도끼날을 갈아야 합니다.

(2) 주일성수는 일을 하지 않는 것이 중요한 것이 아니라 무엇을 했느냐가 중요하다

어느 교회에서 주일 오후에 축구를 한 것이 문제가 되었습니다. 집사님 한 분이 "안식일에 '네 오락을 구하지 아니하며…'라고 했는데 거룩한 주일에 축구를 할 수 있느냐"고 따진 것입니다. 물론 이 집사님은 축구장에 따라가지 않고 집에가 쉬었습니다. 보다 못해 축구장에 갔던 집사님 한 분이 "그래 집사님은 집에 가서 무엇을 하셨습니까?" 하고 물었습니다. "나야 집에 가서 아이들과 함께 TV보고 놀았다"고 하자 "그럼 거룩한 주일에 축구를 하면 안 되고 집에서 TV를 보고 노는 것은 괜찮은 것이냐?"고 따지자 그만 말문이 막혔다는 것입니다. 오해하지 마십시오. 그렇다고 해서 주일에 축구를 한 것이 썩 잘 했다는 것은 아닙니다. 다만 우리가 무엇을 하지 않은 것이 중요한 것이 아니라 일이나 사사로운 오락을 하지 않은 그 시간에 무엇을 하고 있었느냐가 더 중요하다는 말입니다.

주일은 내 날이 아니라 주님의 날입니다. 그런데 요즘 그저 주일 낮 예배(그것도 11시건 오전 7시건 상관없이) 한 번 드렸으면 주일성수를 했다고 생각하는 것이 문제입니다. 주일은 주님을 위해 쓰는 날입니다. 그래서 전통적으로 주님을 사랑하는 사람들은 주일에는 가게 문을 닫고 예배와 성경공부 그리고 봉사로 온전히 하루를 보냈습니다. 그런데 요새는 평일은 직장이나 사업을 위해 드리는 날이요, 주일은 예배를 드린 후 내 자신을 위해 사용하는 날이라고 생각하는 사람들이 있습니다. 이렇게 생각을 하니 성가대나 주일학교 교사를 하지 않으려고 합니다. 그러면 자신을 위해 사용할 날이 없기 때문이지요.

요새 성가대원이 부족하고 주일학교에 교사가 부족한 원인이 여기 있습니다. 우리가 주일성수에 대한 개념을 분명히 안다고 하면 일꾼이 모자랄 이유가 없습니다.

기억하시기 바랍니다. 주님은 우리에게 주일날 쉬지 않고 일을 했느냐 책망하시기 보다는 무슨 일을 했느냐고 물으실 것입니다.

(3) 주일성수는 본교회를 철저히 지켜야 하는 것이다

어느 교회나 다 하나님이 계시고 하나님의 집이기 때문에 그저 편하게 가까운 곳 아무 교회에서라도 주일예배를 드리면 된다는 생각을 하기 쉽습니다. 이런 논리대로라면 꼭 교회만 나가야 하나님이 계신가요? 전 세계 방방곡곡 어디나 하나님의 숨결이 없는 곳이 어디 있습니까? 그러나 하나님이 나의 예배를 받기 위해 정하신 곳이 있습니다. 바로 내가 소속된 교회입니다.

교회가 없던 옛날 족장시대에도 그들은 아무 곳에서나 예배를 드리지 않았습니다. 하나님이 나타나셨던 곳이 있었습니다. 세겜, 벧엘, 브엘세바, 모리아와 같은 곳입니다. 그들은 이렇게 하나님이 나타나셨던 곳을 기억하고 언제나 거기서 제단을 쌓고 예배를 드렸습니다.

하나님은 "오직 너희의 하나님 여호와께서 자기의 이름을 두시려고 너희 모든 지파 중에서 택하신 곳인 그 계실 곳으로 찾아 나아가서 너희의 번제와 너희의 제물과 너희의 십일조와 너희 손의 거제와 너희의 서원제와 낙헌 예물과 너희 소와 양의 처음 난 것들을 너희는 그리로 가져다가 드리고 거기 곧 너희의 하나님 여호와 앞에서 먹고 너희의 하나님 여호와께서 너희의 손으로 수고한 일에 복 주심으로 말미암아 너희와 너희의 가족이 즐거워할지니라"(신 12:5-7)고 하셨습니다. 그러나 하나님은 당신이 택하신 곳이 어디인지 밝히지 않으셨습니다.

다윗은 성전을 건축할 장소를 물색하면서 아라우나의 타작마당을 사서 거기에 건축하리라 하였습니다. 왜냐하면 하나님의 사자를 만난 곳이 이곳이며 선지자 갓을 통하여 하나님께 제단을 쌓도록 지정하신 곳이 이곳이었습니다.

선지자의 말대로 다윗이 이곳에서 번제와 화목제를 드리자 하나님이 그 땅을 위한 기도를 들으셨기 때문입니다(삼하 24:16-25). 유대인들의 전승에 의하면 이 아라우나의 타작 마당은 아브라함이 이삭을 제물로 드린 모리아산이라고 합니다. 결국 다윗은 예루살렘에 있는 이곳에 성전을 짓도록 하였습니다.

후에 이스라엘 사람들은 이 하나님이 택하신 곳이 예루살렘이라고 믿었습니다. 그래서 시편기자는 "예루살렘을 위하여 평안을 구하라 예루살렘을 사랑하는 자는 형통하리로다 네 성 안에는 평안이 있고 네 궁중에는 형통함이 있을지어다 내가 내 형제와 친구를 위하여 이제 말하리니 네 가운데에 평안이 있을지어다 여호와 우리 하나님의 집을 위하여 내가 너를 위하여 복을 구하리로다"(시 122:6-9)라고 노래하였습니다.

성도라면 누구나 자기의 이름을 둔 본교회가 있습니다. 할 수만 있으면 본교회에서 주일성수를 하려고 노력해야 합니다. 벌써 10여 년 전의 이야기이지만 1997년 성지순례를 하다가 이집트의 국경 아키노 만에 있는 관광 휴양지 누에바에서 만난 '한강식당'의 주인은 당시 아직 직분도 없는 평범한 그리스도인이었지만 그는 주일이 되면 여기서 무려 456㎞나 떨어진 카이로에 가서 주일 예배를 드린다고 했습니다. 서울에서 부산보다 먼 거리이기 때문에 전날 밤

에 출발하여 다섯 시간을 달려 교회에 도착한다고 하는데 그것도 하루 이틀이 아니라 매 주일 빠지지 않고 교회에 나가신다는 말을 듣고 얼마나 은혜를 받았는지 모릅니다.

(4) 주일성수를 잘 하는 사람에게는
하나님의 약속하신 복이 있다

"만일 안식일에 네 발을 금하여 내 성일에 오락을 행하지 아니하고 안식일을 일컬어 즐거운 날이라, 여호와의 성일을 존귀한 날이라 하여 이를 존귀하게 여기고 네 길로 행하지 아니하며 네 오락을 구하지 아니하며 사사로운 말을 하지 아니하면 네가 여호와 안에서 즐거움을 얻을 것이라 내가 너를 땅의 높은 곳에 올리고 네 조상 야곱의 기업으로 기르리라 여호와의 입의 말씀이니라"(사 58:13-14).

주일과 안식일은 그 의미가 같다고 하였습니다. 그렇다면 주일성수를 잘 하는 사람에게 어떤 복을 약속하셨습니까? 여호와 안에서 즐거움을 얻을 것이라 하였습니다. 땅의 높은 곳에 올리고 즉 명예와 존귀를 얻게 하신다는 말이지요. 야곱의 기업으로 기르리라 하셨으니 산업의 복, 물질의 축복도 약속하셨습니다.

이미 고인이 되셨지만 감리교 고명균 목사님으로부터 들은 이야기입니다. 황해도 해주는 예로부터 사과로 유명한 곳입니다. 38선 이북에 사과가 나는 곳은 해주밖에 없다고 합니다. 해방 직후 이야기라고 합니다. 그해는 유난히 추위가 일찍 찾아와 사과밭에 사과를 따기도 전에 한파가 몰려왔습니다. 사과는 얼게 되면 아무데도 쓸데가 없습니다.

성도들은 주일예배가 마치기가 무섭게 부랴부랴 밭으로 나가 사과를 따 거두어 들였습니다. 문제는 이 교회 장로님입니다. 오후에는 주일학교 아이들을 가르쳐야 하는 까닭에 사과밭에 나갈 수 없었습니다. 그뿐 아니라 명색이 장로인데 주일날 밭에 나가 일을 할 수 있겠습니까? 동네 사람들은 다 비웃었답니다. "장로네 사과야 하나님이 지켜주시겠지만 우리는 누가 지켜주겠느냐?"면서 빈정거렸습니다.

오후 주일학교가 끝나고 저녁예배까지 마친 후 캄캄한 밤중에 사과 밭에 나가보니 사과는 모두 꽁꽁 얼어 못쓰게 되었습니다. 그까짓 사과밭 하나도 지켜주시지 못하는 하나님이 원망스럽기도 했겠지만 장로님은 내색을 하지 않고 사람들이 입방아에 오르내리는 것이 싫어서 다음날 사과를 모두 따 뒤뜰에 산더미처럼 쌓아놓았답니다.

문제는 그리고 얼마 지나지 않아 소련(현 러시아) 군대가 이곳 해주에까지 밀려온 것입니다. 소련 군인들은 거지떼 모양으로 몰려다니며 무엇이든 빼앗았습니다. 평양시내에는 양쪽 팔뚝에 시계를 너댓 개씩 차고 다니는 소련병사들이 수두룩했다고 합니다. 러시아말로 달라는 것을 '다와이'라고 하는데 소련병사들은 아무 곳에서나 '다와이'라 소리 지르며 빼앗아 갔다는 것입니다. 해주에 몰려온 그들은 집집마다 돌아다니며 '사과 다와이'를 외쳤습니다. 그리고 사과를 몽땅 빼앗아 갔습니다. 그러나 장로님 댁을 찾아온 소련 점령군은 사과가 다 얼어 못 먹게 생긴 것을 보고 그냥 돌아갔답니다.

얼마 지난 후 설 명절이 다가왔습니다. 제수용품을 구해야 하는데 북한 땅에 사과가 없었습니다. 해주바닥에 없으니 어디서 구하겠습니까? 값은 천정부지로 치솟지만 구할 길이 없었습니다. 그런데 이 장로님 댁에 사과가 있다는 소문을 들은 상인들이 몰려왔습니다. 장로님은 "꽁꽁 얼어 쓸모없는 사과를 어떻게 팔겠느냐, 봄에 썩혀 거름이나 할 것"이라고 거절하자 상인들은 신신 당부를 하더랍니다. "먹을 것이 아니고 제사에 쓸 거니까 얼었어도 상관이 없습니다. 그냥 사과만 있으면 되니 제발 사과를 팔라"고 말입니다. 이렇게 해서 장로님은 그해 다른 어느 해보다 몇 배의 수익을 올렸다고 합니다. 물론 간증은 그 사람에게 주신 하나님의 특별한 은혜이지 일반적이고 보편적인 이야기는 아닙니다. 그러나 하나님은 성경을 통해 분명히 약속하셨습니다. "내가 너를 땅의 높은 곳에 올리고, 네 조상 야곱의 기업으로 기르리라 여호와의 입의 말씀이니라" 금년에는 주일성수에 성공하시기 바랍니다. 1년 52주 우리 교회에서 한 번도 빠지지 않기를 결심하고 그렇게 할 수 있도록 도와달라고 기도하시기 바랍니다.

주일 예배를 드린 것으로 성수주일한 것이 아닙니다. 지금까지 마음이 놓이지 않아 오후에 가게 문을 열고 장사를 하신 분은 금년부터 온전한 성수주일을 해 보시기 바랍니다. 그리고 남는 시간에는 자신을 위해 성경을 읽고 배우며, 교회를 위해 주님을 위해 봉사하며, 믿지 않는 이웃을 위해 전도하는 날로 삼으시기를 바랍니다.

청 지 기

2. 예배생활(롬 12:1-2)

우리가 주일성수를 잘 해야 한다는 중요한 이유는 하나님께 예배를 드리기 위함입니다. 따라서 예배가 없는 주일성수는 아무런 의미가 없는 것이고 주일에 일을 하지 않고 쉰다고 해도 하나님이 기뻐하시는 예배를 드리지 못했다면 아무 의미가 없는 것입니다. 그렇다면 바른 예배생활이란 어떤 것일까요?

수가성에 살고 있던 사마리아 여인이 예수님을 만나 자기들의 조상은 그리심 산에서 제사를 드리고 유대인들은 예루살렘에서 제사를 드리는데 "과연 어디서 제사를 드리는 것이 옳은 일인가"를 질문하였습니다. 그때 예수님은 "어디서 제사를 드리는가"가 중요한 것이 아니라 "어떻게 제사를 드리는가"가 중요하다는 말씀을 하셨습니다. 그러면서 예수님은 영과 진리로 예배를 드리는 것이 중요하며 하나님은 그렇게 예배드리는 자를 찾으신다고 말씀하셨습니다. 신앙생활에서 가장 중요한 것이 있다면 그것은 예배입니다. 교육도 중요하고 선교도 중요하지만 가장 중요한 것은 예배입니다. 예배가 살아야 교회가 살고, 예배가 살아야 교인인 우리가 삽니다. 예배가 습관화되고 형식화되면 교회도 죽고 우리도 죽습니다. 영과 진리로 드리는 예배, 그리하여 은혜와 성령이 충만한 예배에 우리의 생명이 달려있다고 하여도 절대로 과언이 아닙니다.

제가 신학교에 들어가고 교회 안에서 생활하고 있을 때 가장 바빴던 날은 역시 토요일과 주일이었습니다. 토요일이 되면 중고등부를 지도하고, 저녁이 되면 청년부 모임을 인도했습니다. 그리고 모두 돌아간 밤이 되면 늦게까지 주보를 등사하고(옛날에는 복사기가 없었다) 어린이 설교준비를 끝내면 보통 2시가 넘었습니다. 잠깐 눈을 붙이다가 4시가 되면 새벽예배를 드리고 교회당을 청소합니다. 부랴부랴 세수를 하고 아침을 먹으면 다시 어린이 예배, 끝나면 어른 예배를 위해 예배당을 정리합니다. 그리고 교인들이 오기 시작하면 현관에서 주보를 나누어주고 안내를 보았습니다. 이렇게 바쁘게 움직이다가 교인들이 모두 들어오고 예배가 시작되면 안도의 숨을 쉬고 나서 갑자기 피로가 몰려옵니다. 그리고 설교시간에는 졸음이 몰려오기 시작했습니다. 뒤늦게 깨달은 사실은 내가 다른 교인들이 예배를 잘 드릴 수 있게는 했지만 정작 나는 예배를 바로 드리지 못했다는 사실이었습니다.

봉사도 중요하지만 예배가 더 중요합니다. 예배는 절대로 희생할 수 없는 것입니다. 예배를 드리지 않고 봉사만 열심히 하다보면 나중에 교회에 큰 문제를 일으키는 사람이 될 수 있습니다. 예배 없이 봉사하면 하나님의 마음과 생각으로 교회를 섬기지 않고 자기의 마음과 생각으로 교회를 섬길 수밖에 없습니다. 이처럼 자기의 생각과 마음으로 교회를 섬기다 보면 교회를 위해 봉사하면 할수록, 희생하면 할수록 골치 아픈 일들이 일어나게 됩니다.

우리 한국교회의 가장 골치 아픈 문제가 바로 여기에 있습니다. 예배는 건성으로 드리고 당회나 제직회, 노회나 총회 같은 회의를 열심히 하고, 봉사를 한답시고 열심을 내다가 결국은 교회의 주도권을 가지고 이 사람과 싸우고 저 사람과 싸우는 일이 한국교회의 가장 보편적이고 골치 아픈 문제입니다. 따라서 회의도 중요하고 봉사도 중요하지만 예배가 무엇보다 중요합니다.

하나님은 회의를 잘하는 사람도 찾고 봉사를 잘하는 사람도 찾으시지만 그보다도 영과 진리로 하나님께 예배하는 자들을 찾으십니다. 예배에 기쁨이 있다는 것을 아십니까? 예배에 기쁨이 있습니다. 예배에 은혜가 있습니다. 감동이 있습니다. 이런 예배를 사모해야 합니다. 그러기 위하여 예배를 건성으로 드리면 안 됩니다. 정성껏 영과 진리로 드려야만 합니다.

(1) 먼저 공적인 예배와 생활의 예배가 균형을 이루어야 한다

"그러므로 형제들아 내가 하나님의 모든 자비하심으로 너희를 권하노니 너희 몸을 하나님이 기뻐하시는 거룩한 산 제물로 드리라 이는 너희가 드릴 영적 예배니라"(롬 12:1)라고 하였습니다. 우리 몸을 하나님이 기뻐하시는 거룩한 산 제물로 드리는 것이 영적 예배입니다. 다시 말하면 우리의 생활 자체가 곧 예배란 말입니다.

따라서 예배는 주일날 교회에 나와 찬송을 부르고 기도를 하는 것만이 아닙니다. 엿새 동안 가정이나 직장에서, 혹은 학교나 사회에서 생활해 나가는 하나 하나가 모두 예배입니다. 따라서 학생은 하나님께 예배하는 자세로 공부하고, 가정주부는 예배하는 자세로 살림을 하고, 직장인은 예배하는 자세로 직장생활을 해야 합니다. 이렇게 엿새 동안 주어진 일터에서 영적 예배를 드리던 사람들이 주일날 하나님 앞에 함께 모여 "지난 한 주간 이렇게 살았습니다" 하고 고백을 하고 그 생활의 현장에서 도우신 하나님께 마음을 모아 경배하고 찬양을 드리는 것이 공예배 즉 주일예배입니다.

엿새 동안은 아무렇게나 살고, 아니 오히려 불신자들보다 더 못되게 살다가 주일 아침 교회에 나와 회개하고 예배를 드리면 모든 죄가 용서받는다고 생각하면 하나님을 기만하는 것입니다. 주일예배는 면죄부를 받는 시간이 아닙니다. 주일예배를 바로 드리면 한 주간 지은 죄가 다 용서받을 수 있다고 생각하면 큰 오산입니다. 물론 최선을 다 했지만 부족한 부분은 주님이 용서하시고 채워주시겠지만 주일예배 못지 않게 엿새 동안 생활의 예배가 바로 드려져야 합니다. 하나님은 그런 사람의 예배를 기쁘게 받으시는 것입니다.

예수님은 하나님 앞에서만 거룩한 척 이중적인 생활을 해오던 서기관과 바리새인들은 '외식하는 자들'이라고 크게 책망하셨습니다(마 23:13,15,23,25,27,29). "화 있을진저 외식하는 서기관들과 바리새인들이여 잔과 대접의 겉은 깨끗이 하되 그 안에는 탐욕과 방탕으로 가득하게 하는도다 눈 먼 바리새인이여 너는 먼저 안을 깨끗이 하라 그리하면 겉도 깨끗하리라. 화 있을진저 외식하는 서기관들과 바리새인들이여 회칠한 무덤 같으니 겉으로는 아름답게 보이나 그 안에는 죽은 사람의 뼈와 모든 더러운 것이 가득하도다 이와 같이 너희도 겉으로는 사람에게 옳게 보이되 안으로는 외식과 불법이 가득하도다" (마 23:25-28). 그러므로 주일날 교회에 나와 예배드리기 전에 엿새 동안 드려지는 삶의 예배가 얼마나 중요한지 모릅니다.

(2) 예배는 나의 만족을 위해 드리는 것이 아니라 하나님께 드리는 것이다.

교육이나 전도, 봉사는 그 대상이 사람입니다. 그러나 예배는 하나님께 드리는 것입니다. 따라서 내 형편에 따라 예배를 빠지기도 하고 내 사정에 따라 예배시간을 조정하고 하는 것은 바람직한 일이 아닙니다.

"우리 조상들은 이 산에서 예배하였는데 당신들의 말은 예배할 곳이 예루살렘에 있다 하더이다" 사마리아 사람들은 지금까지 축복의 산이라 불리는 그리심 산에서 예배하고 있었습니다. 예루살렘에서 예배를 드려야 하는가 아니면 그리심 산에서 예배를 해야 하는가? 사람들은 지금도 이런 문제를 가지고 고민을 합니다.

어느 교회를 가면 은혜가 있다고 합니다. 그래서 은혜가 넘치는 교회를 찾아 이 교회 저 교회 방황을 합니다. 그러나 주님은 이렇게 말씀하십니다. "여자여 내 말을 믿으라 이 산에서도 말고 예루살렘에서도 말고 너희가 아버지께 예배할 때가 이르리라 너희는 알지 못하는 것을 예배하고 우리는 아는 것을 예배하노니 이는 구원이 유대인에게서 남이라 아버지께 참되게 예배하는 자들은 영과 진리로

83

stewardship

예배할 때가 오나니 곧 이 때라 아버지께서는 자기에게 이렇게 예배하는 자들을 찾으시느니라 하나님은 영이시니 예배하는 자가 영과 진리로 예배할지니라"(요 4:21-24)

어느 교회에서 예배를 드리느냐가 문제가 아닙니다. 어떤 자세로 어떻게 드리느냐가 문제입니다. 예배는 하나님께 드리는 것입니다. 그런데 많은 사람들이 설교시간에 은혜를 받으면 예배를 잘 드렸다고 생각합니다. 반대로 은혜를 받지 못하면 예배를 잘 드리지 못한 것이라고 생각합니다. 착각하지 마십시오. 예배는 은혜를 받으려고 드리는 것이 아닙니다. 온전히 영과 진리로 하나님께 드리는 것입니다.

물론 바른 예배를 드리면 하나님께서 풍성한 은혜를 주시겠지만 그것으로 예배를 판단하고 평가해서는 안 됩니다. 설날 어른들에게 세배를 드릴 때 세뱃돈을 받기 위해 하는 것은 아닙니다. 세뱃돈을 많이 주시면 세배를 잘 한 것이고 세뱃돈이 적으면 세배를 잘 못했기 때문입니까? 세뱃돈의 많고 적음을 떠나서 내가 어르신을 공경하는 마음에서 우러러 나오는 참 세배를 드리면 그것으로 만족하는 것입니다.

오늘 내가 설교 말씀에 은혜를 받지 못했어도 이 말씀을 들은 사람들 중 누군가는 큰 은혜를 받은 사람이 있습니다. 예배에 참석하여 설교를 듣는 사람이 수십 수백 명입니다. 그들의 환경이 다르고 추구하는 것이 다르고 형편이 다른데 어떻게 한 설교를 통해서 그 모든 사람들에게 똑같은 은혜가 임할 수 있겠습니까? 따라서 예배는 내가 은혜

받기 위해 드리는 것이 아니라 하나님께 합당한 영광을 돌리는 것으로 만족해야 합니다.

(3) 경건한 태도로 예배드리기를 연습해야 한다

이렇게 사람의 편리만 추구하다 보면 앞으로 TV예배나 인터넷예배가 보편화될 날이 올 것입니다. 이미 기독교계 TV에서는 주일예배 실황을 중계하고 있고, 인터넷 사이트에 들어가면 예배 실황 동영상을 만날 수 있습니다. 만약 이런 TV예배를 용납하다보면 웃지 못할 해프닝이 벌어질 것입니다. 처음에는 사정상 주일날 교회를 가지 못했으니 TV앞에 모여 예배를 드리자고 하겠지요. 가장되는 사람이 질서를 잡을 것입니다. 모두들 옷을 단정히 입고 예배가 시작되기 전에 빨리 TV 앞에 모이라고 합니다.

그러나 한번 두번 지나고 나면 어떤 사람은 양말을 미처 못 신고 예배드릴 것입니다. 어머니는 미처 설거지를 다 마치지 못했기 때문에 설거지를 하면서 TV를 시청하는 것으로 예배를 드렸다고 할 것입니다. 그러나 우리가 분명히 알 것은 TV를 통해 설교는 들을 수 있지만 그것이 예배는 아닙니다. 예배는 인격적인 하나님께 드리는 것이기 때문입니다.

그렇다면 경건한 예배를 드리기 위해 우리가 생각해 보아야 할 것들이 무엇일까요?

첫째, 주일예배에 결석은 물론 지각을 하지 않도록 해야 합니다. 이렇게 말하면 "피치 못할 평신도의 사정을 목사

님은 모른다"고 할지 모릅니다.

목사님도 교회가 직장이니까 주일마다 안 빠지고 교회 오는 거지 그게 그리 쉽냐는 거지요.

그러나 신앙생활을 하는 데서 가장 중요한 것은 주일예배를 빠지지 않고 출석하는 일입니다. 저는 신병시절 그래도 신앙생활을 하는것에 비교적 자유로웠습니다. 그래도 교회를 다녀오려면 고참병의 눈치를 살펴야 했고 교회를 다녀온 후에 재래식 변소에 가득 찬 똥을 퍼내는 일은 당연히 내 몫이었습니다.

겨울에 꽁꽁 얼어 뾰족하게 올라온 얼음덩어리를 망치로 깨뜨리다 보면 얼굴로 튀고 입에 들어가기도 했습니다. 그래도 이등병 때부터 한 번도 빠지지 않고 교회에 나가다 보니 일년쯤 지난 후에는 아예 '죽어도 교회 가는 사람'이란 낙인이 찍혔습니다. 미적미적 눈치를 보면 "왜 교회 안 가고 있느냐"고 나무라기도 했고, 심지어 비상훈련이 있을 때에도 완전군장을 하고 교회에 가도록 허락해 주었습니다.

예전엔 그렇게 주일을 생명 걸고 지키는 교인들이 많이 있었습니다. 그런데 요즈음은 너무나 쉽게 주일을 어깁니다. 회사에 중요한 일이 생기면 주일날 교회 한 번 빠지는 것은 대수롭지 않은 일로 여기는 교인들이 뜻밖에 너무 많습니다. 그러나 그것은 아주 위험한 생각이 아닐 수 없습니다. 그렇게 빠지기 시작하면 사탄은 주일날 예배에 빠지게 되어야 할 만한 일들을 많이 만들 것이기 때문입니다.

다변화된 사회 속에서 주일날 근무를 해야 하는 경우도

있지만 부득이 그럴 경우에는 가까운 교회에 가서라도 주일예배는 빠지지 않겠다는 결심이 있어야 합니다.

결혼식에 참석하느라고 주일예배에 빠지는 분들이 있습니다. 일반 교인들이나 초신자들이 아니라 제직 중에도 가끔씩 그런 분들이 있어서 마음이 답답해지곤 합니다. 주일날 결혼식이 있다면 토요일쯤 축의금을 준비해 가지고 가서 미리 인사를 하면서 "내일은 주일이라 교회에 가서 예배를 드려야 하기 때문에 미리 왔다"고 하면 얼마나 근사할 것입니까?

무슨 일이 있어도 주일예배에 빠지지 않겠다고 결심해 봅시다. 이왕이면 지각도 하지 않겠다고 결심합시다. 하나님은 영과 진리로 정성껏 예배를 드리는 사람을 찾으신다고 하셨는데 뒤늦게 헐레벌떡 들어와 어떻게 영적인 예배를 드릴 수 있겠습니까? 게다가 늦게 들어오는 것이 미안하니까 밖에서 기다리고 있다가 기도시간이 되면 살금살금 앉은 자리를 밀고 들어와 다른 사람의 기도를 방해하는 사람도 있습니다. 이것은 하나님 앞에나 다른 성도들에게나 큰 결례입니다. 오히려 혹시 늦어 기도시간이 되었으면 기도가 끝나기까지 밖에서 기다리다가 기도가 끝나면 들어오시기 바랍니다.

그것보다 예배시작하기 10분 전까지는 교회에 도착하여 미리 바른 예배를 위해 기도하고 주보를 살펴 오늘 예배가 어떻게 진행되는가를 살펴보고 또 예배를 인도하고 설교를 하실 목사님을 위해 묵상기도를 하며 조용히 기다린다면 얼마나 은혜가 되겠습니까?

둘째, 단정한 옷차림으로 예배를 드려야 합니다.

한복이건 양장이건 할 수만 있으면 정장하고 예배드리기를 연습해야 합니다. 물론 하나님은 중심을 보시지 외모를 보지 않으십니다. 그러나 바른 자세는 바른 몸가짐에서 나옵니다.

어떤 사람은 경건이 지나쳐 체육대회나 등산을 갈 때도 양복을 입고 넥타이를 매고 오는 사람들도 있습니다. 그것은 어울리지 않습니다. 체육대회는 체육복 차림으로 나와야 하고 등산을 갈 때는 등산복을 입고 나와야 합니다. 이와 똑같이 주일날 교회에 나올 때 아무 옷이나 편한 대로 입고 나와 예배를 드리는 것이 아니라 깨끗한 옷을 단정히 입고 나와야 합니다. 외국영화에서 주일날 가족들이 교회에 가는 장면이 나올 때 보면 아이들까지 정장을 하고 넥타이를 매고 구두를 단정하게 신은 모습을 볼 수 있습니다. 이것이 옳은 일입니다.

사람은 어디를 가느냐에 따라 복장이 달라지고 누구를 만나느냐에 따라서도 복장이 달라집니다. 친구를 만날 때와 어른을 만날 때 복장은 달라져야 합니다. 사람을 만날 때 어떤 복장으로 만나느냐에 따라 상대방에 대한 자신의 생각과 평가가 달라지는데 입고 있는 옷을 보면 그것을 알 수 있습니다. 그래서 어떤 복장은 예의에 맞는 복장이 되기도 하고 어떤 복장은 예의에서 벗어나 결례가 되기도 합니다. 주일날 어떤 복장으로 교회에 나가느냐에 따라 그가 하나님을 어떻게 이해하고 있는가가 달려 있습니다. 생각 없이 아무 옷이나 편한 대로 입고 나가는 것은 하나님께

결례입니다.

로마의 베드로 성당 입구에서는 경비원이 지키고 있어 관광객이라 할지라도 반바지를 입은 사람은 들어가지 못하게 합니다. 밧모섬에 가면 요한이 유배되어 기도하며 살았다고 전해지는 '요한의 계시 동굴'이 있습니다. 이곳은 희랍 정교회에 소속된 곳인데 이 계시 동굴 입구에도 한 사람이 지키고 있어서 반바지를 입고는 들어가지 못하게 합니다. 이 사람들은 입구에 긴치마와 긴 바지를 여러 벌 준비해 놓고 빌려 주고 있었습니다.

그런데 요즘 우리의 형편은 어떤가요? 관광객도 반바지나 소매 없는 상의를 입으면 들여보내지 않는데, 요새 주일날 교회에 예배를 드리러 오는 성도들 가운데는 소매 없는 상의, 반바지나 핫팬츠 차림의 볼썽사나운 옷을 입고 슬리퍼를 질질 끌고 태연히 들어오는 사람들이 있습니다. 이것은 하나님께 예배드리는 사람의 태도라고 볼 수 없습니다.

세상의 행사와 의식 중에도 특별히 예를 갖추는 식이 있습니다. 그것을 우리는 예식이라고 합니다. 예식에는 반드시 예복을 입는 것이 상식이요 원칙입니다. 결혼식은 예식이므로 예복을 입습니다. 그것은 상식입니다.

하나님께 예배를 드리는 것은 예식 중에 예식입니다. 예배를 드릴 때 예복을 입어야 한다는 것은 그런 면에서 상식적인 일이 되어야 합니다. 경건과 삶의 실천에서 우리의 귀감이 되는 청교도들은 아무리 가난해도 주일날 입을 옷은 한 벌씩 지니고 있었습니다. 비싼 옷, 화려한 옷이 좋은 옷이 아니라 주일을 위해 구별된 옷이 좋은 옷입니다. 가능한 한 정장을 하고 가장 좋은 옷을 단정히 입고 가는 훈련을 하고 그와 같은 훈련을 어려서부터 아이들에게도 시킬 수 있어야 합니다.

저는 지금도 새로 사온 옷이나 세탁소에서 찾아온 양복은 맨 먼저 주일예배 시간에 입고 나서 다른 시간에 입고 있습니다. 이것은 제가 30년이 넘게 지켜오는 아름다운 고집입니다.

셋째, S석에서 예배드리기를 힘써야 합니다.

키가 남보다 작았던 저는 초등학교 때나 중학교 때나 언제나 맨 앞줄 가운데 자리에 앉았습니다. 그러니까 선생님의 교탁 바로 앞이지요. 언제나 선생님과 눈이 마주치는 곳이었기 때문에 수업에 집중하게 되었고 성적도 언제나 상위권을 유지할 수 있었습니다. 어른이 된 지금도 공부는 잘한다는 말을 듣는데 나는 지금도 그 이유가 학교 다니던 시절에 앉던 자리 때문이라고 생각합니다. 물론 자리가 좋다고 다 공부를 잘하는 것은 아니지만 상당히 큰 영향을 끼친다는 것을 부인할 사람은 아마 없을 것입니다.

실제로 신앙생활에서도 예배시간에 어느 자리에 앉아서 예배를 드리느냐에 따라 예배의 효과도 달라지고 받는 은혜의 정도도 달라집니다. 많은 사람들이 뒷자리는 동(銅), 가운데 자리는 은(銀), 맨 앞자리는 금(金)이라고 하는데 그것은 사실입니다. 특별한 사정 때문에 뒷자리에 앉아서 예배를 드릴 수도 있지만 언제나 뒷자리에서 예배를 드리려고 하는 것은 그만큼 예배와 하나님으로부터 마음이 멀어져 있다는 증거입니다. 마음으로 하나님을 가까이 하려고 한다면 자기도 모르는 사이에 앞자리로 나아가게 될 것입니다. 성도들 중에는 자기도 모르는 사이에 뒷자리나 구석 자리를 찾아 앉는 분들이 있습니다. 심지어는 기둥 뒤, 설교자가 보이지 않는 곳에 일부러 숨듯이 앉는 분들도 있습니다. 그런 분들은 대부분 예배 시간에도 주의가 산만하며 설교 시간에 조는 경우가 많습니다. 물론 앞자리에 앉아서도 조는 교인들이 있지만 그 경우는 대부분 정말 설교가 졸리는 설교이든가 아니면 정말 너무 피곤해서 깜빡 깜빡 조는 것입니다. 그러나 대개의 경우 뒷자리나 구석진 자리에 앉기를 좋아하는 교인들은 언제나 주의가 산만하고 집중도가 떨어지는 것을 보게 됩니다.

음악회에 가면 자리에 따라 S석, A석, B석, C석이 있습니다. 사람들은 가능하면 S석에 앉으려고 합니다. 그리고 실제로 좌석에 따라 감상의 질이 다릅니다. 예배당에도 S석과 A석, 그리고 B석과 C석이 있습니다. 돈이 모자라 음악은 B석에서 듣는 한이 있어도 설교와 예배는 S석에서 듣고 드리려고 힘쓰시기 바랍니다. 음악회와는 달리 교회는 누구나 S석에 앉을 수 있습니다. 그럼에도 불구하고 B석과 C석에서 예배를 드리는 사람은 영적으로 가난한 사람들입니다. S석에서 예배를 드리는 사람은 영적으로 부요한 사람들입니다. 세상에서 물질로서 가난한 사람이 되는 일은 내 의지와 상관없이 될 수도 있지만 영적으로 가난한 사람이 되는 것은 전혀 내 의지와 의사 때문입니다. 물질적으로 부요해지는 것은 내 마음대로 할 수 없지만 영적으로 부요해지는 것은 얼마든지 내 마음대로 할 수 있다는 것을 알아야 합니다. 따라서 음악회는 몰라도 예배는 근사한 S석에서 언제나 드리는 부요하고 근사한 사람들이 되시기를 바랍니다.

의자에 앉아 있는 자세도 중요합니다. 습관적으로 팔짱을 끼고 앉아 예배를 드리는 사람, 다리를 꼬고 앉아 예배를 드리는 사람이 있습니다. 의자에 반쯤 걸치고 앉아 예배 시간 내내 고개를 숙이고 있는 모습도 강단에 서 있는 목사가 보기에도 눈에 거슬리는데 이것도 하나님 앞에서 바로 드려지는 예배의 자세는 아닐 것입니다.

예배에 성공한 사람이 신앙에 성공하고, 신앙에 성공한 사람이 인생에 성공자가 됩니다. 사울 왕은 흠 없이 열심히 살았지만 예배에 실패하여 하나님께 버림을 받았지만 다윗 왕은 비록 실수가 많은 사람이었지만 예배에 성공자가 되어 하나님의 용서와 사랑을 받았습니다. 하나님께 사랑받고 목회자에게 사랑받고 성도들에게 사랑받는 사람은 바른 예배를 드리는 사람임을 기억해야 하겠습니다.

3. 기도생활(살전 5:16-18)

하나님은 우리가 구하기 전에 우리에게 필요한 것이 무엇인지 다 아신다고 하셨습니다. 그러므로 우리의 필요를 구하는 기도는 필요 없고 다만 하나님의 나라와 하나님의 의를 위해서 기도해야 한다고 주장하는 사람들이 있습니다.

퍽 믿음이 좋은 것 같고 고상한 믿음을 가진 사람처럼 여겨지지만 성경은 우리에게 그렇게 가르치지 않습니다.

예수님이 "구하라 그리하면 너희에게 주실 것이요 찾으라 그리하면 찾아낼 것이요 문을 두드리라 그리하면 너희에게 열릴 것이니 구하는 이마다 받을 것이요 찾는 이는 찾아낼 것이요 두드리는 이에게는 열릴 것이니라"(마 7:7-8) 하신 말씀은 반드시 영적인 것만 구하라는 뜻은 아닙니다. 이것은 "너희 중에 누가 아들이 떡을 달라 하는데 돌을 주며 생선을 달라 하는데 뱀을 줄 사람이 있겠느냐 너희가 악한 자라도 좋은 것으로 자식에게 줄 줄 알거든 하물며 하늘에 계신 너희 아버지께서 구하는 자에게 좋은 것으로 주시지 않겠느냐"(마 7:9-11) 하신 것을 보면 잘 알 수 있습니다.

한국교회의 부흥 성장의 원동력은 기도생활이라고 합니다. 새벽기도는 기본입니다. 철야기도, 산상기도, 특별기도, 작정기도, 금식기도 등 기도의 형태도 참 다양합니다. 그런데 아직도 많은 성도들은 하나님과 만나는 이 기도시간의 소중함을 알지 못하고 있습니다. 그래서 하나님과 약속한 시간을 소홀히 하기 쉽고, 또 기도생활을 하다가도 바쁘고 급한 일이 생기면 맨 먼저 잘라먹는 시간이 기도시간입니다. 한국교회를 잘 아는 어느 선교사는 한국을 떠나면서 유명한 말을 남겼습니다. "온 세계에서 한국인들처럼 기도를 많이 하는 사람들이 없을 것이다. 그러나 한국처럼 기도 응답을 받지 못하는 나라도 드물 것이다."

(1) 우리의 기도는 하나님으로부터 약속을 받은 기도이다

모든 종교는 각자 나름대로의 기도의식이 있습니다. 그러나 기독교 신자의 기도가 다른 종교의 기도와 다른점이 있습니다. 대부분 종교의 기도는 사람이 신에게 일방적으로 소원을 비는 것인 반면에, 기독교 신자의 기도는 하나님의 약속에 따라 간구하는 것이라는 점입니다. 우리의 기도는 약속을 받은 기도입니다. 하나님께서는 말씀하셨습니다. "너는 내게 부르짖으라 내가 네게 응답하겠고 네가 알지 못하는 크고 은밀한 일을 네게 보이리라"(렘 33:3). "구하라 그러면 너희에게 주실 것이요 찾으라 그러면 찾아낼 것이요 문을 두드리라 그러면 너희에게 열릴 것이니"(마 7:7). 예수님은 분명히 말씀하셨습니다. "내가 진실로 진실로 너희에게 이르노니 너희가 무엇이든지 아버지께 구하는 것을 내 이름으로 주시리라 지금까지는 너희가 내 이름으로 아무 것도 구하지 아니하였으나 구하라 그리하면 받으리니 너희 기쁨이 충만하리라"(요 16:23-24).

주님의 동생인 야고보는 "너희가 얻지 못함은 구하지 아니하기 때문이요 구하여도 받지 못함은 정욕으로 쓰려고 잘못 구하기 때문이라"(약 4:2-3)고 가르치셨습니다.

그러므로 우리가 간절한 마음으로 기도했다면 "하나님께서 나의 이 기도에 대하여 어떻게 응답하시는지 보자"하는 자세를 가져야 합니다. 대학의 진학을 위해 기도한 사람은 하나님께서 내 기도를 따라 어떻게 합격시키시는지 보기 위해 힘써 공부해야 합니다.

친구의 영혼 구원을 위해 기도했다면 하나님께서 어떻게

그 친구를 전도하실 지 알아보기 위해 그 친구를 찾아갈 필요가 있습니다.

기도만 해 놓고 공부는 하지 않는다든지, 친구를 구원시켜 달라고 기도하면서도 그 친구에게 전도를 하지 않는다면 그런 기도는 하나 마나인 것입니다.

선지자 하박국은 하나님께 기도한 후에 어떻게 응답하시는지 기다렸습니다. "내가 내 파수하는 곳에 서며 성루에 서리라 그가 내게 무엇이라 말씀하실는지 기다리고 바라보며 나의 질문에 대하여 어떻게 대답하실는지 보리라"(합 2:1)

첫째, 하나님의 약속이 이루어지는 때가 있기 때문입니다. "이 묵시는 정한 때가 있나니 그 종말이 속히 이르겠고 결코 거짓되지 아니하리라 비록 더딜지라도 기다리라 지체되지 않고 정녕 응하리라" 하셨습니다. 하나님의 모든 약속은 정해진 때가 있습니다. 하나님께서는 우리에게 가장 좋은 때를 알고 계십니다. 중학교 다니는 학생이 형들이 오토바이를 타고 신나게 달리는 것이 부러워 아버지에게 오토바이를 사 달라고 조른다면 무어라 대답하시겠습니까? 아직 때가 되지 않았으니 조금 더 기다리라고 하지 않겠습니까?

요셉을 보십시오. 보디발의 집에서 누명을 쓰고 옥에 갇히고 말았습니다. 그는 옥에서 나오기를 소원했고 또 하나님께 기도했을 것입니다. 그러나 하나님은 그가 옥에서 나올 가장 좋은 때를 알고 계셨습니다. 만약 요셉의 소원대

stewardship

로 그때 당장 옥에서 나왔다면 그는 계속 노예 신분을 벗어나지 못했을 것입니다. 그러나 가장 좋은 때 나오게 되니 총리의 자리에 오를 수 있지 않았습니까?

우리는 얼마나 조급한지 하나님이 하시는 일의 결과를 보기 전에 성급히 평가하고 결론을 내릴 때가 많습니다. 그러나 일이 완성되었을 때에야 진정한 평가를 할 수 있는 것입니다. 집을 짓는 사람이 완성도 되기 전에 지어 가는 모습을 보고 잘 지었다 못 지었다 평가하는 것은 어리석은 짓입니다.

둘째, 기다리기 위해서는 하나님을 믿는 믿음이 필요합니다.

하나님이 어떤 분인지 알고, 하나님의 신실하심을 믿는 사람은 조금도 불평하거나 원망하지 않을 것입니다. 지금 하시는 일을 이해할 수 없어도 하나님은 결국 그 백성을 위하실 것이라는 믿음이 필요합니다. 믿음은 이해를 초월하는 것입니다. 하나님의 하시는 일을 이해할 수 없지만 우리가 하나님의 인격을 믿는다면 조금도 두려워하거나 걱정하지 않을 것입니다. 하나님이 우리를 사랑하고 계신다는 것을 믿는다면 하나님께서 지금 하고 계신 일이 이해되지 않는다 해도 역시 우리를 위해 가장 좋은 일을 하고 계심을 믿을 수 있습니다.

그래서 시온 산에 선 십사만 사천 명 속에 들어갈 수 있는 사람은 정절이 있어 어린양이 어디로 인도하든지 믿고 따라가는 사람(계 14:4) 이라고 하였습니다. 지금 가는 길

이 험하고 거칠어도 우리 주님은 가장 좋은 곳으로 인도하
신다는 믿음을 가진 사람은 불평하며 따르지 않을 것입니
다. 그러므로 "의인은 그 믿음으로 말미암아 살리라" 하
신 것입니다.

(2) 언제 기도해야 하는가

성경은 우리에게 항상 기도할 것을 말씀하고 있습니다.
"항상 기뻐하라 쉬지 말고 기도하라 범사에 감사하라 이
것이 그리스도 예수 안에서 너희를 향하신 하나님의 뜻이
니라"(살전 5:16-18) 말씀 하셨습니다. 어떤 일을 만나도
항상 기뻐하고, 모든 일에 감사할 수 있는 삶은 기도를 통
해서만 가능합니다. 그래서 쉬지 말고 기도하라고 하신 것
입니다.

사무엘 선지자도 말하기를 "나는 너희를 위하여 기도하
기를 쉬는 죄를 여호와 앞에 결단코 범하지 아니하고 선
하고 의로운 길을 너희에게 가르칠 것인즉 너희는 여호와
께서 너희를 위하여 행하신 그 큰일을 생각하여 오직 그
를 경외하며 너희의 마음을 다하여 진실히 섬기라"(삼상
12:23-24)고 하였습니다.

많은 분들이 말하기를 기도는 영혼의 호흡이라고 합니
다. 숨쉬기를 통해 몸 안에 있는 나쁜 것을 배출하고 신선
한 공기를 들이 마시는 것처럼, 기도를 통해 우리 마음속
에 있는 부정적이고 불신앙적인 생각들을 떨쳐버리고 긍정
적인 믿음과 감사하는 믿음을 받아들이기 때문입니다. 그
러면 우리는 언제 숨을 쉽니까? 우리는 의식하지 않고 있

는 이 순간에도 쉬지 않고 계속 숨을 쉽니다. 기도생활도 마찬가지입니다. 우리가 느끼지 못하고 의식하지 못하는 순간에도 우리 영은 하나님에게 계속 기도하고 있어야 합니다.

이것이 쉬지 말고 기도하라는 뜻입니다. 숨 쉬는 것은 아주 쉽습니다. 따라서 숨이 가쁘고 숨쉬기가 어려운 사람은 병이 든 사람입니다. 마찬가지로 기도가 힘들고 어렵다면 자신의 영적 상태를 한 번 점검해 볼 필요가 있습니다.

아무리 기도를 하지 않는 사람도 발등에 불이 떨어지면 기도합니다. 개척 초기에 참 말을 듣지 않는 성도가 있었습니다. 주일 빼먹는 것이 교회 나오는 날보다 많았고, 기도생활은 아예 접고 사는 집사였습니다.

그러던 어느날 밤, 늦은 시각에 전화가 왔습니다. 수화기를 들자 상대편에서 어느 여인의 흐느끼는 울음소리가 들려왔습니다. 당황하고 놀라 누군가 가만히 들어보니 그 분이었지요. 남편이 의식을 잃고 조금 전에 구급차에 실려 병원으로 갔다는 것입니다. 병원에 가기 전에 교회를 들리겠으니 기도하여 달라는 것입니다. 잠자리에서 전화를 받은 저는 부랴부랴 옷을 입고 교회로 나가보니 어느새 먼저 교회에 나와 흐느끼며 남편을 살려 달라고 울며 기도하고 있었습니다.

문제가 있을 때만 기도하는 사람이 있고 언제나 기도하는 사람이 있습니다. 만약에 우리가 평소에는 기도를 하지 않다가 문제가 생길 때만 기도한다면 아마도 하나님은 우리에게 기도를 시키시려고 언제나 문제를 일으켜 주실 것입니다.

어느 목사님은 목회를 하면서 도무지 이해되지 않는 것이 있었다고 합니다. 목사인 자기는 어느 문제가 있을 때 금식을 하고 밤을 지새워 울부짖어야 이루어지는데 사모님은 그저 평범하게 기도하는데도 매사 너무 쉽게 일이 풀어지더라는 것이지요. 화가 나기도 하고 야속하기도 했지만 곰곰 생각해 보니 이해가 되더랍니다. 목사님은 부모의 신앙을 물려받은 것이 아니라 당신이 처음 예수를 믿고 겨우 부모님을 전도하여 예수를 믿게 했는데, 사모님은 3대째 목회자 가정이랍니다. 그러니 친정식구들은 대부분이 기도 많이 하시는 목사요 장로이니 얼마나 많은 기도의 후원자가 있으며 자신 또한 어릴 때부터 기도생활을 하였겠습니까? 그러나 목사님은 당신이 첫해 텃밭을 일구는 사람 같아서 힘들고 어려울 수밖에 없었답니다. 그래서 자신이 기도를 쌓아두고 또 자녀들에게 기도를 가르치는 것이 행복한 삶을 보장받는 길임을 깨달았다는 것입니다.

기도는 저축하는 것입니다. 평소 은행에 자주 다니며 돈을 저축한 사람은 필요할 때 얼마든지 다시 찾아 쓸 수 있고 또 돈이 모자라면 대출도 쉽게 해 줍니다. 그러나 평소에는 은행에 한번 가보지도 않은 사람이 갑자기 돈이 필요하여 은행을 찾아가봐야 저축한 것이 없으니 찾아 쓸 돈이 없고 대출을 받으려 해도 신용이 없으니 불가능한 것입니다. 그러므로 기도는 문제 있을 때만 하는 것이 아니라 평소에 항상 습관화 되지 않으면 안 됩니다.

우리 아이들이 평소에는 아는 척도 안 하고 인사도 하지 않다가 아쉬울 때만 "아빠" 하고 부르면 얼마나 괘씸하겠습니까? "아빠" 하고 불러서 "왜" 하고 대답하면 기다렸다는 듯이 "만 원만 주세요" 하고 손을 벌려 보세요. 아빠 소리 듣기가 무서울 것입니다. 그러나 "아빠" 하고 부르기에 "왜?" 했더니 "아니, 그냥. 난 아빠가 너무 좋아" 하고 목에 매달린다면 고생하며 자식 키운 보람이 있고 또 무엇인가 사주고 싶고 해주고 싶은 마음이 드는 것입니다. 평소에는 하나님과 한 마디 대화도 없다가 아쉬울 때만 "하나님" 하고 부른다면 얼마나 섭섭하시겠습니까? 오히려 "하나님, 저는 주님이 너무 좋아요" 한다면 하나님이 얼마나 좋아하실까요?

(3) 시간을 정하고 하는 기도가 중요하다

기도생활을 하지 않는 사람이 하는 변명이 있습니다. "꼭 시간을 정해서 교회 나와 기도해야 하나? 기도는 쉬지 말고 하라고 했고 골방에 들어가 은밀한 중에 계시는 하나님께 하라고 했지"라고 말합니다. 그러나 제 신앙의 경험에 비추어보면 시간을 정하여 규칙적인 기도를 하지 않는 사람은 평소에도 기도하지 않고, 새벽기도나 금요기도처럼 규칙적인 기도생활을 하는 사람은 언제나 기도로 살아가고 있다는 것입니다.

그러므로 다니엘은 왕 이외에 누구에게도 기도하지 못하는 법령이 공포되었지만 "이 조서에 왕의 도장이 찍힌 것을 알고도 자기 집에 돌아가서는 윗방에 올라가 예루살렘으로 향한 창문을 열고 전에 하던 대로 하루 세 번씩 무릎

을 꿇고 기도하며 그의 하나님께 감사하였더라"(단 6:10)
고 했습니다. 베드로와 요한도 제9시 기도시간에 성전에
올라가다가 미문에서 구걸하던 사람 다시 말해서 나면서
못 걷게 된 사람을 고쳐주었습니다(행 3:1).

영국의 유명한 찰스 고든(Charles George Gorden) 장군이
있었습니다. 그는 매일같이 아침 일정한 시간을 하나님과
만나는 시간으로 정했고 그 어떤 사람이라도 그 시간을 방
해하는 것을 결코 용납하지 않았다고 합니다. 그가 하나님
을 만나는 시간에는 그 표시로 막사 밖에 흰 손수건을 걸
어 놓았습니다. 그가 아프리카 수단을 여행하는 동안에도
그의 막사 밖에는 날마다 한 시간씩 흰 손수건이 걸려 있
었습니다.
부대에 있는 모든 사람들은 그 조그만 표시가 무엇을 의
미하는 것인지 잘 알고 있었습니다. 설령 종교가 다른 사
람일지라도 그것을 신성하게 여기며 존중했습니다. 아무리
긴급한 메시지라도 그 시간에는 전달할 수가 없었습니다.
그 메시지의 내용이 무엇이든, 설사 작전이나 혹은 생사에
관한 것일지라도 세워놓은 표시가 치워질 때까지 기다려야
만 했습니다. 사람들은 모두가 고든 장군이 하나님과 함
께 있다는 것을 알았습니다. 그 흰 손수건이야말로 두려움
을 모르고 헌신적으로 살았던 그의 성자같은 삶의 비밀입
니다.
많은 신자들은 하나님과 만나는 이 기도시간의 소중함을
알지 못하고 있습니다. 그래서 하나님과 약속한 시간을 소

홀히 하기 쉽고, 또 기도생활을 하다가도 바쁘고 급한 일이 생기면 제일 먼저 잘라먹는 시간이 기도시간입니다. 그러나 규칙적으로 기도하는 시간과 장소를 정하여 기도하는 것이 좋습니다.

우리 한국교회는 전통적으로 새벽기도회가 있습니다. 이 새벽기도는 전 세계 개신교 중에서도 오직 우리나라에만 있는 특이한 기도시간이고 전 세계 한인 교회들 또한 대부분 새벽기도를 합니다. 이 새벽기도의 창시자는 유명한 길선주 목사님인데 한국의 새벽기도는 100년이 넘는 전통을 가진 신앙의 열매이며 전 세계 종교계에 매우 자랑스러운 것입니다.

그러나 새벽기도의 시작은 주님이셨고 하나님은 이미 그 이전부터 이른 새벽에 복을 내리셨습니다. 만나를 내린 시각이 이른 새벽이었습니다. 홍해가 갈라진 것도 밤새 바람이 불어 새벽에 갈라졌습니다. 여리고 성을 하루에 일곱 바퀴나 돌았다면 무너진 시각은 새벽일 것입니다. 예수님의 부활도 새벽 미명에 일어난 사건이었습니다.

성경은 "내가 날이 밝기 전에 부르짖으며 주의 말씀을 바랐사오며 주의 말씀을 조용히 읊조리려고 내가 새벽녘에 눈을 떴나이다"(시 119:147-148)라고 고백하였고 예수님도 "새벽 아직도 밝기 전에 예수께서 일어나 나가 한적한 곳으로 가사 거기서 기도하시더니"(막 1:35)라고 기록되어 있습니다. 사실 새벽기도가 처음에는 참 어렵습니다. 잠에 취하여 몽롱한 상태로 말씀 듣고, 졸며, 기도하며,

졸며, 시간이 어떻게 지났는지도 모르게 그렇게 시작하여 처음 몇 주간은 어렵지만 늘 성령님께서 인도해주시기를 간구하고 꾸준히 하다 보면 나중에는 아예 일상화가 됩니다.

저는 21살 때 처음 예수를 믿으면서 처음 교회에 나가고 몇 주 지나지 않아 새벽기도회가 있다는 것을 알고 그날부터 새벽기도회에 나갔습니다. 자명종 시계가 없던 시절이라 젊은 청년이 새벽 4시에 일어나기가 얼마나 어려웠던지 모릅니다. 그러니 요즘에는 휴대폰 알람기능이 워낙 잘 되어 있어서 깨워주는 것은 일도 아니지 않습니까? 저녁에 일찍 푹 자고 새벽 일찍 일어나 기도로 하루를 여는 사람은 행복한 사람입니다.

첫 생각을 하나님께 드립시다. 아침에 일어나 입에서 처음 나오는 말을 하나님께 드립시다. 아침에 자리에서 일어나 거기서 나오기 전에 하나님께 기도합시다. 기도로 하루의 일과를 시작합시다. 할 수 있다면 새벽기도회에 참석하십시오. 하루의 첫 시작을 교회에서 예배와 기도로 연다는 것은 특별한 은혜요 축복이 아닐 수 없습니다.

(4) 믿음으로 기도하고 낙심하지 말아야 한다

하나님의 응답은 반드시 내가 원하는 대로 이루어지는 것은 아닙니다. 많은 사람들은 기도를 하면서 하나님이 이렇게 응답하시고 이렇게 도우실 것이라는 나름대로 시나리오를 작성합니다. 그러나 하나님의 생각은 우리의 생각과 다를 때가 있습니다. 우리가 원하는 대로 응답해 주기도 하지만 우리의 생각과 다르게 응답하실 경우도 있습니다.

103

stewardship

따라서 "그래, 네 소원대로 이루어주마(Yes)" 하는 것만이 응답은 아닙니다. 때로는 "조금 더 기다려라 (Wait)" 하실 경우도 있고 더나가 "그건 안 된다(No)" 하시거나 다른 방법으로 응답하시는 경우도 있습니다. 그러나 설령 "안 된다" 하셔도 그것은 우리를 위한 가장 소중한 응답이라는 것을 알아야 합니다. 뿐만 아니라 응답은 약속이지 성취가 아닙니다. 응답이 이루어지는 날까지 응답을 기다리며 최선의 삶을 살아가는 것이 귀한 일입니다. 그런데 많은 사람들은 기도하다가도 응답이 쉽게 이루어지지 않으면 그만 포기하고 맙니다.

다니엘은 조국을 위해 3주 동안을 슬퍼하며 3주가 끝나기까지 좋은 떡을 먹지 아니하며 고기와 포도주를 입에 대지 않고 또 기름을 바르지 아니하였다고 했습니다. 그런데 첫째 달 이십사일에 하나님의 사자가 나타났습니다. "다니엘아 두려워하지 말라 네가 깨달으려 하여 네 하나님 앞에 스스로 겸비하게 하기로 결심하던 첫날부터 네 말이 응답 받았으므로 내가 네 말로 말미암아 왔느니라 그런데 바사 왕국의 군주가 이십일 일 동안 나를 막았으므로 내가 거기 바사 왕국의 왕들과 함께 머물러 있더니 가장 높은 군주 중 하나인 미가엘이 와서 나를 도와주므로 이제 내가 마지막 날에 네 백성이 당할 일을 네게 깨닫게 하러 왔노라 이는 이 환상이 오랜 후의 일임이라"(단 10:12-14) 하였습니다.

만약 다니엘이 응답이 없다고 낙심하여 포기했다면 어떻게 되었을까요? 그래서 찰스 스펄전 목사님은 말하기를

"우리의 기도 응답은 언제 오는가? 내가 기도하다가 낙심하고 포기한 그 다음날이다"라고 했습니다.

예수님께서도 항상 기도하고 낙심하지 말아야 할 것을 비유로 말씀하셨습니다. "어떤 도시에 하나님을 두려워하지 않고 사람을 무시하는 한 재판장이 있는데 그 도시에 한 과부가 있어 자주 그에게 가서 내 원수에 대한 나의 원한을 풀어 주소서 하되 그가 얼마 동안 듣지 아니하다가 후에 속으로 생각하되 내가 하나님을 두려워하지 않고 사람을 무시하나 이 과부가 나를 번거롭게 하니 내가 그 원한을 풀어 주리라 그렇지 않으면 늘 와서 나를 괴롭게 하리라 하였느니라." 그리고 말씀하시기를 "불의한 재판장이 말한 것을 들으라. 하물며 하나님께서 그 밤낮 부르짖는 택하신 자들의 원한을 풀어 주지 아니하시겠느냐 그들에게 오래 참으시겠느냐? 내가 너희에게 이르노니 속히 그 원한을 풀어 주시리라. 그러나 인자가 올 때에 세상에서 믿음을 보겠느냐?" (눅 18:1-8) 하셨습니다.

(5) 들어주지 아니하시는 기도가 있다

하나님은 분명히 계십니다. 그리고 그분은 우리의 기도를 들어주겠다고 약속하셨습니다. 그렇다면 우리의 느낌이나 감정과 상관없이 기도는 응답해 주십니다. 다만 안 들어주시는 기도가 있습니다. 그 이유는 무엇일까요?

첫째, 하나님의 뜻을 거역한 죄가 있을 때 우리의 기도가 응답되지 않습니다. 죄는 하나님과 우리 사이를 갈라놓

기 때문입니다. 이사야 59장 1-2절에는 "여호와의 손이 짧아 구원하지 못하심도 아니요 귀가 둔하여 듣지 못하심도 아니라 오직 너희 죄악이 너희와 너희 하나님 사이를 갈라놓았고 너희 죄가 그의 얼굴을 가리어서 너희에게서 듣지 않으시게 함이니라" 라고 기록되어 있습니다.

우리가 우리 마음속에 죄악을 품으면 하나님께서 우리의 기도에 응답하시지 않으십니다.

둘째, 불순종으로 하나님을 슬프게 했을 때 우리의 기도가 응답되지 않습니다. 모세는 하나님께 신뢰받는 하나님의 종이었습니다. 그런데 신명기 3장 23-29절에는 모세가 가나안 땅에 들어가고 싶어 하나님께 간청하는 모습이 나옵니다. 그러나 모세의 기도를 하나님이 들어주시지 않았습니다. 하나님 앞에 불순종한 모세는 살아서 가나안 땅에 들어가지 못하고 느보 산에서 죽음의 시간을 맞이했습니다.

우리는 우리의 삶 속에 분명히 하나님의 뜻을 알고 말씀을 깨달았음에도 불구하고 하나님을 정면으로 불순종한다면 아무리 하나님께 도움을 청하고 부르짖어 기도해도 응답 받지 못합니다. 그러므로 우리는 언제나 하나님의 말씀에 귀를 기울이고 믿고 순종하고 나아가야 합니다.

셋째, 고난당하는 것이 우리 삶에 유익이 될 때 하나님께서 응답하시지 않습니다. 바울은 하나님의 영광을 본 사람입니다. 받은 계시와 묵시가 너무 커서 하나님께서는 바울이 교만해질까봐 사탄의 사자, 곧 육신의 가시를 그의 몸에 허락하셨습니다. 사도 바울은 견디다 못해 하나님께 육신의 가시, 즉 사탄의 가시를 떠나가게 해달라고 세 번 간절히 기도했습니다. 그러나 하나님은 응답하시지 않았습니다. 고난이 더 큰 유익을 가져다 줄 때 하나님은 그 고난을 없애지 않으십니다.

넷째, 잘못된 동기로 구하는 것은 기도 응답을 받을 수 없습니다. 야고보의 어머니가 그 아들 야고보와 요한을 데리고 예수님께 찾아왔습니다. 그리고는 예수님께 하늘나라에서 자신의 아들들을 예수님의 좌우편에 각각 세워 달라고 간청을 했습니다. 예수님은 야고보의 어머니의 간청에 응답하지 않았습니다.

탐욕으로 구하는 자는 주님께서 응답하지 않으시기 때문입니다. 동기가 바르지 못하면 기도 응답이 오지 않습니다. 우리가 탐욕이 동기가 되어서 기도하면 응답받지 못합니다. 야고보서 4장 3절은 "구하여도 받지 못함은 정욕으로 쓰려고 잘못 구하기 때문이라"라고 말씀하고 있습니다.

다섯째, 믿음으로 구하지 않으면 응답 받지 못합니다. 성경은 "오직 믿음으로 구하고 조금도 의심하지 말라 의심하는 자는 마치 바람에 밀려 요동하는 바다 물결 같으니 이런 사람은 무엇이든지 주께 얻기를 생각하지 말라 두 마음을 품어 모든 일에 정함이 없는 자로다"(약 1:6-8)라고 말씀하고 있습니다. 우리가 기도 응답을 받지 못하는 것은 믿음으로 구하지 않기 때문입니다. 환경을 보고 두려워해

서도 안 됩니다. 고난의 폭풍에 난파되어서도 안 됩니다. 어느 상황이든 믿음으로 기도할 때 응답은 반드시 다가올 것입니다. 아브라함을 보십시오. 나이 100세가 되고 사라의 나이가 90세가 되었음에도 불구하고 하나님이 아들을 주시겠다고 약속하시자 사라의 태가 죽은 것 같음을 알고도 믿음이 약해지지 않고 오히려 더욱 강해져 하나님께 영광을 돌렸습니다. 말씀 위에 서는 것이 믿음이요, 하나님의 뜻을 기대하는 것이 믿음인 것입니다.

그리고 믿음으로 구할 때는 마음의 확신과 더불어 인내해야 합니다. 하나님의 능력이 나타날 때까지 오래 견디는 것입니다. 그래서 히브리서 기자는 "믿음이 없이는 하나님을 기쁘시게 하지 못하나니 하나님께 나아가는 자는 반드시 그가 계신 것과 또한 그가 자기를 찾는 자들에게 상 주시는 이심을 믿어야 할지니라"(히 11:6)라고 하였습니다.

(6) 기도에 대한 몇 가지 부연 설명을 하겠습니다

첫째, 공기도(혹은 대표기도)는 준비를 하여야 합니다.

이것은 문자 그대로 온 회중을 대표해서 기도하는 것이기 때문에 모든 회중들이 잘 듣고 "아멘" 할 수 있도록 큰 소리로 또박또박 기도해야 합니다. 중언부언 하지 않기 위해서 준비가 꼭 필요합니다. 때로는 기도내용을 빼먹지 않도록 메모를 하거나 스스로 혼자 기도하면서 기도문을 작성할 수도 있습니다. 예배전의 기원과 예배기도, 헌금기도 등 목적에 맞는 기도를 해야 합니다.

둘째, 식사기도를 생활화해야 합니다.

가족이나 교인들끼리 모여 식사를 할 때는 기도를 하고 식사하는 것이 어렵지 않으나 직장이나 집 밖에서, 특히 믿지 않는 사람들이 많이 있는 곳에서 기도하고 식사를 한다는 것은 쉬운 일이 아닙니다. 특히 식당과 같이 모르는 사람들이 많은 곳에서 기도하고 식사하는 것보다 믿지 않는 직장 동료들이 보는 앞에서 기도하고 식사를 한다는 것은 생각처럼 쉬운 일이 아닙니다. 이런 때 건성으로 남이 잘 눈치 채지 못하도록 잠깐 눈만 감았다 뜨면서 번개처럼 기도를 하든가 아니면 아예 기도를 취소하고 식사를 하든가 하는 경우가 있다면 부끄러운 일입니다.

믿지 않는 직장 동료들이 함께 식사하는 자리에서 기도를 하고 식사할 수 있는 사람이 되기를 위하여 노력할 필요가 있습니다. 그것은 신앙생활을 하면서 가장 중요한 일 중의 하나이기 때문입니다.

일용할 양식은 하나님이 주시는 것입니다. 정말 감사한 마음으로 정성껏 기도해야 합니다. 우리는 매끼 식사를 할 때마다 하나님의 은혜를 알아야 합니다. 먹을 수 있는 음식이 있고 먹을 수 있는 건강이 있다는 것은 축복입니다. 이것을 진심으로 감사할 줄 알아야 합니다. 식도암으로 별세를 한 국내 모 재벌이 "내 입으로 음식을 씹어 내 힘으로 음식을 목구멍으로 넘길 수 있게 해 주는 사람이 있다면 내 재산의 절반을 주겠다"고 약속했다고 하지만 그러나 어느 의사도 그의 재산의 절반을 받지 못했습니다. 먹을 것을 주신 것 보다 먹고 싶은 식욕 주신 것이 감사하고 식욕보다 먹을 수 있는 생명 있음을 감사하는 사람이라면 매끼 밥을 대하면서 진심으로 머리 조아려 기도를 올릴 수 있을 것입니다.

셋째, 자녀들을 위해 매일 기도해 줍시다.

큰 아이가 처음 태어났을 때였습니다. 새벽기도를 마치고 돌아와 맨 먼저 하는 일은 아이의 머리에 손을 얹고 기도해 주는 일이었습니다. 이제는 장성해서 그때처럼 매일 기도해 주지는 못하지만, 요즘엔 그 딸이 낳은 외손녀에게 새벽마다 기도해 주고 있습니다. 이 아이가 중고등학생이 되자 중간고사나 기말고사가 되면 마음에 부담이 되는 것 같았습니다. 나는 학교에 가는 아이의 손을 붙잡고 한 손은 머리에 얹고 기도해 주었습니다. 그랬더니 그렇게 좋아할 수가 없었습니다.

자녀를 위하여 기도하는 것이 부모의 가장 큰 책임 중에 하나입니다. 또 그것은 동시에 놀라운 특권입니다.

이스라엘 부모들은 아이가 잠들기 전에 성경을 읽어주고 기도를 해 줍니다. 아이들은 어려서부터 부모의 기도 속에 잠이 들곤 하는데 그렇게 자란 아이들은 잘못될 수 없습니다. 이스라엘 사람들 중에 훌륭하고 유능한 사람들이 많이 배출되는 중요한 이유가 바로 여기에 있습니다.

넷째, 때로는 철야나 금식 같은 특별기도가 필요한 때가 있습니다.

하나님은 우리에게 "구하라, 찾으라, 두드리라"고 말

씀하셨습니다. "구하면 주시고, 두드리면 열어주시고, 찾으면 찾게 하시겠다"고 하신 말씀인데 이 말씀을 곰곰이 생각해보면 우리가 살다 보면 힘들고 어려운 일들이 있을 것이라는 암시임을 알 수 있습니다.

살아가는 동안 힘들고 어려운 일, 부족한 일이 생기는 것은 하나님께 구하라는 뜻입니다. 살아가는 동안 잃어버리는 일이 생기는 것은 찾으라 하심입니다. 살아가는 동안 닫히는 일이 생기는 까닭은 두드리라 하심입니다. 살아가는 동안 이런 저런 문제가 생기는 까닭은 하나님께 기도하라는 하나님의 뜻입니다. 그러므로 어떤 문제가 생기든지 우리는 하나님께 기도해야 합니다. 간절히 기도하면 모든 문제를 풀고 해결할 수 있습니다.

야곱과 같이 하나님께 매달려 기도하면 그것이 어떠한 문제이든 간에 다 해결됩니다. 그러므로 힘들고 어려운 일이 있을 때 새벽기도를 시작하십시오. 날을 작정하고 금식기도를 시작하십시오. 철야기도를 하나님께 드려보십시오. 부르짖으면서 기도하고 울면서 기도하십시오. 떼를 쓰면서 기도하십시오. 힘들고 어려운 일이 있을 때 기도하는 사람들에게 중보기도를 부탁해 보십시오.

힘들고 어려운 일이 생기는 것은 하나님이 우리를 포기하시고 버리셔서가 아니라, 오히려 우리로 하여금 하나님께 더 가까이 나아오도록 하기 위하여 기도하라고 그렇게 하시는 것입니다. 힘들고 어려운 일이 생기면 기도하라는 하나님의 사인(sign)인 줄로 알면 틀림없습니다.

기도는 하나님께서 우리에게 주신 특권이요, 우리에게

명령하신 의무입니다. 저는 목회를 하면서 기도는 하지 않으면서 무엇인가 일을 하려고 하는 사람이 제일 두렵습니다. 무슨 일을 저지를지 모르기 때문입니다. 모든 인간적인 생각과 방법이 여기서 나옵니다. 따라서 기도하기 전에 행동으로 옮기지 마십시오.

기도하여 하나님의 뜻을 깨달아 알았다면 믿음으로 도전하십시오. 하나님은 우리의 기도를 이미 들으셨습니다.

4. 말씀생활(딤후 3:13-17, 계 1:3)

기독교는 특별히 말씀의 종교입니다. 무당이 굿을 할 때는 그가 무어라 경을 읽는 지 궁금해 하지도 않습니다. 그저 우리 잘 되라고 우리 복 받으라고 하는 말이려니 하고 열심히 절을 하면 된다고 생각합니다. 절에 가는 사람들도 마찬가지입니다. 옆에서 아무리 스님이 불경을 낭랑한 목소리로 들려준들 불경 소리를 귀담아 듣는 사람은 없는 것 같습니다. 그래서 우이독경(牛耳讀經) 즉 '소귀에 경 읽기' 라는 말이 나온 것입니다. 요즘은 좀 변한 것 같지만 로마 가톨릭에서는 불과 몇 십 년 전까지만 해도 라틴어로 미사를 집전했습니다. 그러니 일반인들은 알아들을 수 없었던 것입니다.

그러나 기독교는 근본부터가 다릅니다. 말씀을 중요하게 여기는 종교입니다. 따라서 천주교는 예전 즉 미사 중심의 예배를 드리고 있고, 기독교는 성찬식을 일 년에 몇 차례만 실시하고 말씀 중심의 예배를 드리고 있어 예배시간에 설교가 차지하는 비중이 대단합니다. 따라서 기독교 신자가 말씀에 무지하면 이는 곧 신앙이 없다는 말과 같습니다. 하나님께 사랑받는 신앙생활을 하려면 말씀을 가까이하고 말씀에 순종하는 생활을 하지 않으면 안 됩니다.

(1) 말씀에는 신비한 능력이 있다

요한복음 1장 1절은 이렇게 시작합니다. "태초에 말씀이 계시니라 이 말씀이 하나님과 함께 계셨으니 이 말씀은 곧 하나님이시니라" 그러니까 말씀은 곧 하나님이시고 말씀이 몸을 입고 오신 분이 예수 그리스도입니다. 이것이 신비한 일이지요. 따라서 말씀 안에는 우리가 잘 알지 못하는 신비한 능력이 있습니다.

첫째, 창조의 능력이 있습니다(창 1:2).

하나님이 천지를 창조하실 때 말씀으로 창조하셨습니다. "빛이 있으라" 하시니 빛이 있었고 "땅은 풀과 씨 맺는 채소와 각기 종류대로 씨 가진 열매 맺는 나무를 내라" 하시니 그대로 되었습니다. 어떻게 생명이 없는 땅이 생명 있는 풀과 나무를 낼 수 있습니까? 살아있는 말씀이 함께 하였기 때문입니다. 말씀에 생명이 있기 때문입니다. 그래서 마른 뼈가 가득한 골짜기에서 에스겔이 하나님의 말씀을 대언하니 뼈들이 살아나 큰 군대를 이루었고(겔 37장), 죽은 지가 나흘이나 되어 냄새가 나는 나사로지만 "나사로야 나오라" 말씀하시자 죽은 나사로가 수족을 베로 동인 채 나오지 않았습니까?(요 11:43-44).

둘째, 변화의 능력이 있습니다(히 4:12).

남태평양 한가운데 떠 있는 '타히티'란 섬이 있습니다. 타이티는 프랑스의 영토입니다. 그런데 그 섬에서 반란이 일어나 어려움을 겪게 되었습니다.

결국 반란은 진압되었고 폭도들은 법적인 절차에 의해 처형되거나 혹은 감옥살이를 하게 되었습니다. 9명의 프랑스인과 6명의 타이티 원주민 남자들, 12명의 타이티 여자 원주민들이 반란에 가담했다고 해서 그들을 1790년에 '핏케인'이란 섬으로 영구 유배를 보낸 일이 있었습니다. 그들은 섬으로 들어가자마자 방탕한 생활을 했습니다. 양심도 없고 도덕 윤리도 없는 생활을 했습니다.

그로부터 10년 후에 프랑스 남자 하나와 원주민 남자 하나와 원주민 여자 몇 명, 그리고 그에게서 태어난 어린아이들 몇 명만 남고 다 죽었습니다.

그런데 혼자 남아있는 그 프랑스 남자가 자기 옛날 짐을 챙기다가 다 낡은 성경을 한 권 발견하게 되었습니다. 그는 성경을 읽기 시작했고, 여자들에게 성경을 가르치고, 아이들에게 성경을 가르쳤습니다. 그로부터 또 10여 년 후인 1810년에는 그 섬의 인구가 배 이상으로 늘어났지만 그 섬은 낙원으로 변했습니다. 지금도 도둑이 없고, 감옥이 없고, 위스키가 없는 섬이 되었습니다. 주민들은 부지런히 일하는 것으로 즐거움을 삼고 온 섬이 주일을 성수하게 되었습니다.

그렇습니다. 하나님의 말씀은 사람을 변화시키는 신비한 힘이 있습니다. 그래서 히브리서 4장 12절 말씀에도 "하나님의 말씀은 살아 있고 활력이 있어 좌우에 날선 어떤 검보다도 예리하여 혼과 영과 및 관절과 골수를 찔러 쪼개기까지 하며 또 마음의 생각과 뜻을 판단하나니"라고 하였습니다.

셋째, 축복의 능력이 있습니다.

스페인에 사는 '비도 마터'라는 사람은 24세 때 대학원을 졸업하면서 학위를 따기 위하여 논문 준비를 하고 있었습니다. 그는 바르셀로나에 있는 대학 도서관을 찾아 갔습니다. 그는 당시 잘 알려지지도 않은 '히에로'라는 18세기 스페인 철학자의 논문을 찾고 있었습니다.

얼마 후에야 도서관 한 쪽에서 간신히 얄팍한 그의 논문집을 발견하였습니다. 몇 장을 넘기다가 그는 누렇게 색이바랜 종이쪽지 한 장을 보게 되었는데 그것은 저자인 히에로의 유언장이었습니다. 이 유언장에는 "이 책을 맨 처음 찾아 공부하는 사람에게는 유언장에 기재된 재산을 주겠다"라고 적혀 있었습니다. 이제까지 아무도 펼쳐보지 않은 책을 마침 마터가 처음으로 펼쳤던 것입니다. 스페인 법원에서는 그 유언장의 내용대로 마터에게 24만 달러 즉 3억 가까운 돈을 상속하도록 판결을 내렸습니다.

소설 벤허를 쓴 루 월레스(Lew Wallace, 1827-1905)장군은 본래 불신자였으나 성경을 읽다가 변화를 받아 그리스도를 영접하고 벤허라는 유명한 소설을 썼습니다. 가난한 시골에서 태어났던 에이브러햄 링컨(Abraham Lincoln, 1809.2.12-1865.4.15)을 대통령으로 만든 한 권의 책도 성경이었습니다.

성경은 말합니다. "이 예언의 말씀을 읽는 자와 듣는 자와 그 가운데에 기록한 것을 지키는 자는 복이 있나니 때가 가까움이라"(계 1:3).

그렇습니다. 성경은 축복의 능력이 있습니다. 혹시 집 안에도 한 번 펼치지 않아 먼지가 쌓이고 있는 행운의 책이 있지는 않습니까? 히에로의 철학 서적이 아니라 성경 말입니다. 별로 특별한 책이 아니라고 생각할지 모르지만 그 책을 읽고 또 그 사실을 믿게 될 때 실로 3억 원 이상의 엄청난 보화를 발견하게 될 것입니다. 즉 이제까지의 모든 죄를 용서받아 하나님의 심판에서 구원받으며 영생을 얻어 하나님과 평화를 누리고, 그리스도와 더불어 하나님의 자녀가 되는 특권을 발견하게 될 것입니다.

그러면 성경은 누가 배워야 하며 배움으로써 어떤 유익이 옵니까? 먼저 성경은 그리스도 예수 안에 있는 믿음으로 말미암아 구원에 이르는 지혜가 있게 합니다. "믿음은 들음에서 나며 들음은 그리스도의 말씀으로 말미암았느니라"(롬 10:17)고 하였습니다. 불신자가 성경을 읽고 배우면 믿음이 생기고 그 믿음은 구원에 이르게 하는 것입니다.

그렇다면 구원받은 사람은 이제 성경을 읽지 않아도 되고 배우지 않아도 되는 것입니까? 그렇지 않습니다. 오히려 구원받은 성도가 이 말씀을 읽고 배우면 이 말씀이 그를 교훈하고, 책망하고, 바르게 하며 의로 교육합니다. 그리고 교훈을 받은 사람들이 이 말씀을 읽고 배우면 하나님의 온전한 사람을 이루게 합니다. 하나님의 감동으로 쓰여진 책이기에 읽고 배우는 사람들 안에서 다시 역사하시기 때문입니다.

그러므로 성경은 누구나 읽고 배우며 그 안에 거해야 할 책입니다. 그리스도의 장성한 분량이 충만한데 이를 때까지(엡 4:12-13) 계속 성장해야 합니다.

(2) 하나님의 말씀을 잘 들어야 복을 받는다

똑같은 시간에 같이 앉아 설교를 들어도 어떤 사람은 졸기만 하고 은혜가 되지 않는다고 말하고 또 어떤 사람은 그 설교를 통해 은혜를 받습니다. 설교는 설교를 하는 사람에게도 달려 있지만 설교를 듣는 사람에게도 달려 있기 때문입니다.

사도행전에 보면 베드로의 설교와 스데반의 설교가 나옵니다. 베드로와 스데반 중에 누가 더 설교를 잘 했다고 생각되십니까? 설교의 차이는 없었습니다. 논리적인 면으로만 이야기하자면 베드로의 설교보다는 스데반의 설교가 더 논리적이었습니다. 그러나 두 사람의 설교가 모두가 다 복음적이었다는 데에는 차이가 없습니다. 그리고 두 사람의 설교를 듣고 사람들은 마음이 찔렸다고 했습니다. 그런데도 불구하고 베드로가 설교할 때는 3천 명이 회개를 하였는데 스데반이 설교를 하자 사람들은 스데반에게 돌을 던졌습니다. 설교자의 차이가 아니라 듣는 사람의 차이 때문임을 우리는 알 수 있습니다.

예수님은 가끔 말씀 중에 "들을 귀가 있는 자들은 들을

지어다" 라는 말씀을 하신 적이 있습니다. 귀가 있다고 다 말씀을 듣는 것은 아닙니다. 말씀을 들을 수 있는 귀가 따로 있습니다. 설교를 들을 때마다 은혜를 받으려면…

첫째, 설교를 들을 마음의 준비가 되어 있어야 합니다.

설교를 들을 때마다 방해되는 두 가지 요소가 있는데 졸음과 어수선한 마음입니다. 세상에서 제일 무거운 것이 눈꺼풀이랍니다. 아무리 힘이 센 천하장사라도 내려오는 눈꺼풀을 막을 재간이 없습니다. 그러므로 토요일에는 일찍 잠자리에 들어야 하고 예배 전에 힘든 일을 하거나 피곤하고 바쁘게 돌아다니는 것은 좋지 않습니다. 말씀을 듣기 전에 푹 쉬어서 몸이 가벼워야 졸리지 않습니다.

둘째, 설교를 들을 때마다 믿음을 가지고 집중해야만 합니다.

설교를 들을 때마다 오늘 이 설교를 통하여 하나님께서 반드시 내게 은혜를 주실 것이라는 믿음을 가지고 설교를 기대하고 설교에 집중해야 합니다. 그래서 예배 시간에는 미리 와서 말씀을 통해 은혜 받기를 기도하라고 한 것입니다. 또 설교 시간에 잡담을 하거나 괜히 성경책이나 주보를 뒤적이고 순간이나마 공상을 하거나 지긋이 눈을 감는 것은 절대 도움이 되지 않습니다.

정신을 차리고 두 눈을 크게 뜨고 뚫어져라 설교자를 쳐다보며 은혜를 사모하는 마음으로 설교를 들어보십시오. 그리고 조금이라도 은혜가 되는 말씀이 나오면 입으로든 마음으로든 "아멘, 아멘" 외치며 설교에 호흡을 맞추다 보면 설교를 듣는 사람도 하는 사람과 하나가 됩니다.

목사님의 설교를 들을 때는 앞자리에 앉아서 얼굴을 바라보고 집중하여 들어야 합니다. 이렇게 들을 때 은혜를 받고 능력이 나타납니다. 이렇게 들을 때 병이 낫습니다.

TV드라마를 볼 때는 TV 앞에 앉아 눈길이 떠나지도 않으면서 설교 말씀을 들을 때는 이것저것 참견하고, 이 생각 저 생각 다하고 있으니 무슨 은혜가 있고 무슨 능력이 나타납니까?

셋째, 긍정적인 마음으로 설교를 들어야 합니다.

모든 금은 돌 속에 들어 있습니다. 돌이 금 속에 들어 있는 것이 아니라 금 속에 돌이 들어 있습니다. 그러니까 금보다는 언제나 돌이 더 많다는 이야기입니다.

모든 설교에는 금도 있지만 언제나 돌도 있습니다. 사람의 말로 전하다 보니 자연히 쓸데없는 돌과 같은 말도 들어가게 마련입니다. 그런데 금을 캐는 사람들은 돌은 버리고 그 속에 들어 있는 금만 캡니다. 설교도 그렇게 들으면 됩니다. 그런데 개중에는 금을 버리고 돌만 캐는 사람도 있습니다. 똑같은 설교를 듣고 어떤 사람은 은혜를 받았고 어떤 사람은 잡담으로 들리는 이유는 설교에 금도 있고 돌도 있기 때문입니다. 그러나 누가 복이 있는 사람입니까? 돌을 캐는 사람이 아니라 금을 캐는 사람입니다. 부정적인 마음과 생각을 가지고 들으면 모든 설교가 다 마음과 귀에 거슬립니다. 그러나 금을 캐고자 하는 마음을 가지고 설교

를 들으면 하찮은 설교에서도 은혜를 받을 수 있습니다.

말씀을 듣는 데도 네 가지 형태가 있습니다. 터널 형, 교통순경 형, 탁구선수 형, 그리고 스펀지 형이 있습니다. 터널 형은 한 귀로 들어왔다가 다른 귀로 나가는 형입니다. 교통순경 형은 말씀을 들으면서 '이 말씀은 박 집사에게 딱 맞네', '그래, 이 설교는 남편이 들어야 해' 하고 이리 저리 보내주는 형입니다. 탁수선수 형은 '사돈 남 말하네. 목사님이나 잘 하셔' 하고 말씀을 받아 칩니다. 통통 튀지요. 그러나 바짝 마른 스펀지처럼 빨아들이는 형이 있습니다. 나는 어떤 형입니까? 어떤 자세 어떤 마음으로 설교 말씀을 듣고 있습니까?

넷째, 설교를 복습해야 합니다.

제가 노회의 고시부를 맡아 목사 고시나 장로, 전도사 고시 문제를 출제하면서 거의 빼놓지 않고 출제하는 문제가 있습니다. 그것은 '지난 주일 낮 예배의 설교 제목과, 본문, 그리고 내용을 약술하라' 는 것입니다. 그런데 기억나는 사람이 있습니다. 어느 교회에서 오신 여전도사님이 시험시간이 다 끝나도록 시험지를 제출하지 못하고 고민을 하고 있었습니다. 이미 다른 분들은 필기고사를 끝내고 면접고사를 치고 있었기에 안타까워서 가까이 다가가 "100점을 맞지 않아도 됩니다. 60점만 맞아도 되니 시험지를 내고 나가세요" 했더니 이 분이 난처한 듯 호소를 하였습니다. "목사님, 지난 주일 우리 목사님 설교가 도무지 생각이 나지 않아요. 다른 문제는 몰라도 이 문제를 틀리면 어떻게 목사님 얼굴을 뵐 수 있겠어요?" 결국 이 분은 시간이 다 지나도록 지난 주일 설교 내용은 고사하고 제목도 성경본문도 쓰지 못하고 울먹이면서 시험장을 빠져나갔습니다.

그렇다면 지난 주 담임목사의 설교 내용이 무엇이었는지 기억할 수 있습니까? 공부는 복습을 잘 해야 합니다. 그런데 왜 설교는 복습을 하지 않습니까? 만일 우리의 자녀들이 우리가 신앙생활을 하듯 그저 학교에서 강의만 듣고 노트도 하지 않고 복습도 하지 않는다면 백이면 백, 다 낙제생이 될 것입니다. 평생 동안 교회를 다녔는데도 신앙의 낙제생이 많은 이유가 바로 여기 있습니다. 그러면 들은 말씀이 기억 속에 남게 하는 설교 복습의 방법은 어떤 것들이 있을까요?

먼저, 설교를 노트하는 방법이 가장 효과적입니다. 유대교 회당에 가면 몇 가지 주의사항을 주는데 그 중에 하나가 설교를 받아쓰지 말라고 합니다. 설교는 말씀의 선포이지 공부가 아니기 때문이라는 것인데 전혀 근거가 없는 말은 아닙니다. 그러나 설교를 노트하라는 것은 설교시간에 목사의 설교를 받아쓰라는 말이 아니라 예배시간에는 귀를 기울여 설교를 경청하며 간단히 메모만 하고 집에 돌아와 전날 들은 설교를 기억해 내면서 차분히 정리하면 되는 것입니다.

그리고, 주보에 실린 설교를 다시 한 번 읽는 것입니다. 우리 교회는 개척부터 지금까지 매주 지난주일 설교를 싣고 있습니다. 사실 목사에게서 이것은 무척 부담이 가는

121

stewardship

일이고 어려운 일입니다. 그러나 과연 주보에 실린 지난 주 설교를 다시 한 번 정독하는 성도는 몇 명이나 될까요? 오늘이라도 주보에 실린 지난 주 설교를 읽어보시기 바랍니다.

또 하나, 설교 테이프를 몇 번 반복하여 듣는 방법이 있습니다. 우리 교회에서는 1988년부터 목사의 주일설교를 녹음하여 테이프로 제작, 2주에 한 번씩 무료로 배부하고 있습니다. 물론 설교를 듣지 못한 사람들에게 나누어주어 전도의 기회를 삼을 수도 있지만, 예배 시간에 들었던 말씀을 다시 반복하여 들을 수 있는 기회를 주기 위해서입니다. 나 자신이 내 설교를 다시 들으면서도 은혜를 받습니다. 설교 테이프를 듣다 보면 설교시간에 미처 깨닫지 못한 내용이나, 듣지 못하고 놓친 부분이 있음을 알게 되기도 합니다.

주의할 일은 설교 테이프를 듣기 위해서는 누구에게도 방해받지 않는 조용한 시간을 선택하여 정신을 집중하고 들어야 한다는 점입니다. 운전을 하면서 듣거나 설거지나 빨래를 하면서 듣게 되면 깊은 은혜를 체험하지는 못하기 때문입니다.

(3) 이 말씀을 읽고 배워야 한다

디모데후서 3장 15-17절에 보면 "또 어려서부터 성경을 알았나니 성경은 능히 너로 하여금 그리스도 예수 안에 있는 믿음으로 말미암아 구원에 이르는 지혜가 있게 하느니라 모든 성경은 하나님의 감동으로 된 것으로 교훈과 책망과 바르게 함과 의로 교육하기에 유익하니 이는 하나님의 사람으로 온전하게 하며 모든 선한 일을 행할 능력을 갖추게 하려 함이라" 라고 하였습니다. 예배시간에 들은 것만 가지고는 부족합니다. 그것도 일주일에 겨우 한 번, 한 달에 서너 번 말씀을 들으면서 무슨 능력을 체험하고 무슨 기적을 맛봅니까? 그래서 매시간 계속 말씀을 듣고 기도하는 부흥회 때 더 큰 기적이 나타나는 것입니다. 그러나 매주 부흥회를 할 수는 없지 않습니까? 그러므로 베뢰아 사람들처럼 집에서 성경을 부지런히 읽어야 합니다. 젊은 분들은 암송을 하십시오. 성경을 직접 써보기도 하고, 교회 성경공부 시간에 참석하여 배울 수도 있습니다.

성도들의 가정마다 몇 권씩의 성경이 있으나 과연 얼마나 읽히고 있을까요? 성경이 베스트셀러(많이 팔리는 책)는 되지만 사실 베스트리더(많이 읽히는 책)가 되고 있을까요? 가방 안에 넣어 두기만 하는 성경, 책꽂이에 꽂아둔 성경, 심지어 교회에 두고 다니는 성경이 없어야 합니다. 그러면 능력이 나타나지 않습니다. 개척 초기 어느 성도님 댁에 심방을 갔는데 성경을 어디에 두었는지 찾지 못하여 당황하는 사람을 보았습니다.

서양 속담 중에 "깨끗한 성경을 가진 사람은 더러운 크리스천" 이라고 하였습니다. 우리는 성경 읽기를 습관화해야 하겠습니다. 매일 세끼의 식사를 하듯 최소한 3-4장의 성경은 읽어야 할 것입니다. 이렇게 꾸준히 읽으면 1년에 1독은 할 수 있습니다. 저는 개인적으로 신앙의 연륜(나이)만큼 성경을 읽어야 한다고 가르치고 있습니다. 예수

123

stewardship

10년 믿었다면 10번 이상 성경을 완독해야 하지 않겠습니까?

사도 요한이 받은 계시를 보면 "이 예언의 말씀을 읽는 자와 듣는 자들과 그 가운데 기록한 것을 지키는 자들이 복이 있나니 때가 가까움이라"(계 1:3)고 하였습니다. 당시에는 성경이 흔치 않았기 때문에 회당과 같은 공공장소에서 한 사람이 성경을 읽고 나머지는 귀담아 들었습니다. 따라서 읽는 사람이 한 명(읽는 자)이라면 수십 수백 명(듣는 자들)이 들었습니다. 그러나 이젠 대부분 고등교육을 받았기 때문에 누구나 성경을 읽을 수 있습니다. 또 누구나 성경을 손쉽게 구할 수 있기 때문에 어디서나 읽을 수 있습니다.

사람은 처음에 무엇을 하느냐가 중요합니다. 아침에 눈 뜨고 첫 생각이 무슨 생각인가, 첫 마디가 무슨 말인가, 첫 사람이 누구인가는 중요합니다. 아침에 눈을 뜨자마자 성경을 찾는 사람과 눈을 뜨자마자 신문을 펼치는 사람과는 삶의 자세가, 삶의 의미가 다릅니다. 하루를 성경으로 시작하는 사람은 행복한 사람입니다.

(4) 성경을 많이 읽었다면 하나님의 말씀대로 살아야 한다

우리가 하나님 앞에 갔을 때 하나님께서는 성경을 몇 번 읽고 왔느냐고 묻지 않으실 것입니다. 성경 시험을 보아서 천국에 들여보내는 것도 아닙니다. 따라서 성경을 많이 읽은 것이 자랑이 아니라 그 말씀 안에 살고 있는 것이 중요합니다. "하나님의 말씀은 살아 있고 활력이 있어 좌우에

날선 어떤 검보다도 예리하여 혼과 영과 및 관절과 골수를 찔러 쪼개기까지 하며 또 마음의 생각과 뜻을 판단하나니"(히 4:12)라고 하였습니다. 성경 말씀은 생명력이 있는 말씀이기 때문에 사람을 변화시키는 능력이 있습니다.

세상이 악해져 갈수록 거짓된 교사들이 자꾸 나타나고 있습니다. 이들은 성경이 무지한 사람들을 속이고 노략하고 믿음에 병들게 합니다. 따라서 이런 자들의 간교한 속임수에 넘어가지 않는 길은 부지런히 배우고, 부지런히 가르치는 길 밖에 없습니다. 그래서 바울은 디모데에게 "너는 배우고 확신한 일에 거하라"라고 하였습니다.

하나님의 말씀은 졸업이 없습니다. 다 배웠다고 할 수 있는 사람이 누구입니까? 또한 배운 것만으로는 충분하지 않습니다. 그 배운 말씀이 마음에 적용되어 생활을 변화시키지 아니하면 안 됩니다.

기독교의 신앙은 하나님의 능력을 빌어 내 욕심을 채우고 이룰 때 천국의 생활이 나타나는 것이 아니라, 나의 욕심과 생각을 버리고 하나님의 말씀과 뜻대로 순종하여 살 때 하나님의 나라가 임하는 것입니다. 그러므로 우리는 말씀을 떠나 존재할 수 없습니다. 그럼에도 불구하고 많은 교인들이 미신을 섬기는 사람들처럼 하나님의 말씀보다는 하나님의 능력에만 집착하는 신앙생활을 하고 있습니다.

따라서 바른 신앙생활을 위하여 말씀생활의 훈련처럼 중요한 것은 없습니다. 성경을 읽고 묵상하며, 설교를 듣고 그 말씀대로 순종하여야 합니다. 신앙생활을 하는 데서 가장 중요한 것은 하나님의 말씀대로 순종하여 말씀을 이 세

stewardship

상에서 적용하고 실천하는 일입니다. 그리고 결과를 열매로 얻어 그 맛을 보는 것입니다. "너희는 여호와의 선하심을 맛보아 알지어다"(시 34:8) 아멘.

5. 전도생활(눅 15:3-32)

가만히 생각해 보면 우리가 하는 수고들은 다음 네 가지로 분류될 수 있습니다. 첫째, 해서는 안 될 일이 있습니다. 무슨 일이 있어도 해서는 안 되는 일입니다. 둘째, 해도 되는 일이 있습니다. 그러나 이런 일은 차라리 하지 않는 편이 낫습니다. 셋째, 해야 할 일이 있습니다. 이런 일들은 하지 않는 것보다는 하는 편이 낫습니다. 넷째, 마땅히 해야 할 일이 있습니다. 무슨 일이 있어도 꼭 해야 하는 일입니다.

많은 성도들이 전도는 해야 할 일인 줄 알지만 꼭 해야 하는 일이라는 데는 동의하지 않습니다. 3번 인줄 알지만 사실은 4번입니다. 몇년전 부산에서 끔찍한 사건이 발생했습니다. 이른바 '택시운전사 철길 발목절단 사건'입니다. 개인택시 운전사인 손운진(40,부산시 금정구 서동)씨의 입을 테이프로 막고 엎드리게 한 뒤 사지는 나일론 끈을 이용, 레일에 난 구멍과 레일옆 기점을 표시하는 높이 1m 가량의 콘크리트 기둥에 홀치기로 묶어 놓은 것입니다. 결국 달리는 열차에 손씨는 왼쪽 발목이 절단되고 왼손 새끼손가락 등 손가락 2개를 다쳤습니다. 이렇게 가정을 해 봅시다. 제가 만약 그곳을 지나가다가 이렇게 철길에 묶여있는 사람을 발견했다고 합시다. 이 사람의 묶인 끈을 풀어 주는 것은 '해야 할 일'입니까, 아니면 '마땅히 해야 할 일'입니까? 그야 물론 4번이라고 할 것입니다. 왜냐하면 한 사람의 생명과 관계된 것이기 때문입니다. '내가 묶어놓은 것이 아니니 나와는 별 상관없는 일이다'라고 말할 사람은 아무도 없을 것입니다.

어떤 사람이 강에서 보트를 타며 놀고 있습니다. 그들은 강 밑에 급류나 폭포가 있다는 사실을 모르고 유유히 노를 저으며 놀고 있습니다. 그러나 나는 그 강의 사정을 알고 있습니다. 그런데 강에서 노를 젓고 노는 것은 당신의 자유라면서 방관할 수 있습니까? 한두 번 주의하고 말일입니까? 그럴 수는 없을 것입니다. 급류에 휩쓸려 줄을 줄 뻔히 아는데 어떻게 방관합니까? 그렇습니다. 전도는 단순히 사람을 교회에 나오게 하는 것이 아닙니다. 전도는 교회의 부흥을 위해 하는 일이 아닙니다. 죽은 생명을 살리는 일입니다. 지옥갈 백성을 건지는 일입니다. 따라서 예수를 믿지 않는 가족들에게 '교회에 다녀오겠습니다.' 하고 나올 수는 없는 일입니다. 마땅히 함께 예수를 믿도록 해야 합니다.

하나님은 과거나 지금이나 온 인류가 아무도 멸망하지 않고 다 회개하기에 이르기를 원하고 계십니다(벧후 3:9). 그래서 이 일을 위해 우리를 부르셨고(마 4:19), 우리를 세상에 내보내시는 것입니다. 따라서 주님의 제자들에게 내리신 가장 큰 명령은 '전도명령'입니다. 하나님이 원하시는 것은 한 사람이라도 잃어버리지 아니하고 마지막

날에 다시 살리는 것(요 6:39)이며 예수님은 이 일을 위해 이 땅에 오셔서 아름다운 삶을 사시다가 십자가에 죽으셨습니다. 그리고 주님은 우리들로 하여금 이 일에 증인되기를 원하십니다.

　　주님은 제자들에게 말씀하셨습니다. "하늘과 땅의 모든 권세를 내게 주셨으니 그러므로 너희는 가서 모든 민족을 제자로 삼아 아버지와 아들과 성령의 이름으로 세례를 베풀고 내가 너희에게 분부한 모든 것을 가르쳐 지키게 하라 볼지어다 내가 세상 끝날까지 너희와 항상 함께 있으리라"(마 28:18-20). 또한 예수님은 "너희가 나를 사랑하면 나의 계명을 지키리라"(요 14:15)고 하셨습니다. 그뿐 아니라 예수님이 승천하신 후 보혜사로 오신 성령께서는 우리가 이런 삶을 살 수 있도록 능력을 부어 주셨습니다. 그래서 주님은 친히 당부하시기를 "오직 성령이 너희에게 임하시면 너희가 권능을 받고 예루살렘과 온 유대와 사마리아와 땅 끝까지 이르러 내 증인이 되리라 하시니라"(행 1:8)라고 하신 것입니다.

(1) 전도는 성도의 의무요 특권이다

　　첫째, 전도는 거절할 수 없는 하나님의 명령입니다.

　　성경 어디를 찾아보아도 전도는 명령형으로 되어 있지 전도하라고 부탁이나 당부나 애원을 하지 않았습니다. 예수님은 "너희는 가서 모든 족속으로 제자를 삼아 … 내가 너희에게 분부한 모든 것을 가르쳐 지키게 하라"(마

28:19-20)라고 명령하셨습니다. 바울은 "내가 복음을 전할지라도 자랑할 것이 없음은 내가 부득불 할 일임이라 만일 복음을 전하지 아니하면 내게 화가 있을 것이로다"(고전 9:16)라고 하였습니다.

전도는 부탁이 아닙니다. 명령입니다. 이 복음 전도를 위해 일생을 바쳐온 바울은 그의 제자 디모데에게 편지를 보내면서 "하나님 앞과 살아 있는 자와 죽은 자를 심판하실 그리스도 예수 앞에서 그가 나타나실 것과 그의 나라를 두고 엄히 명하노니 너는 말씀을 전파하라 때를 얻든지 못 얻든지 항상 힘쓰라"(딤후 4:1-2)고 명령하였습니다. 이것은 바울이 디모데에게만 내린 명령이 아니라 성령께서 이 시대를 살고 있는 우리에게 내리신 명령입니다.

이처럼 전도는 해도 되고 안 해도 되는 것이 아닙니다. 주님의 명령입니다. 바울은 이에 대해 "나는 사명을 받았노라"(고전 9:17)고 했습니다. 바울이 "만일 내가 복음을 전하지 아니하면 내게 화가 있을 것이로다"라고 한 것은 전도 명령을 받은 자이기 때문입니다. 이처럼 전도는 명령이요 또한 피할 수 없는 필연적 사명이기에 바울도 "내가 부득불 할 일"이라고 했습니다. 다시 말하면 어쩔 수 없이 할 수밖에 없다는 말입니다. 어느 분은 말하기를 요즈음 성도들은 전도를 안 하기로 작정하고 결심한 사람들 같다고 합니다.

어느 슈퍼마켓에서 물건을 싸게 팔거나, 개업 기념으로 사은품을 주기만 해도 빨리 그곳에 가 보라고 전화를 하면서 예수님께 나가보라고는 말하지 못합니다. 구원이 사은

품으로 주는 플라스틱 바가지만도 못하기 때문입니까? 모든 족속으로 제자를 삼아야 합니다. 인종이나 학력, 직업이나 남녀노소의 구별이 없습니다. 예수를 믿어봐야 소용없는 사람이 없습니다. 그렇다고 해서 예수를 믿지 않아도 구원받을 수 있는 사람이 없습니다. 따라서 우리가 만나는 모든 사람에게 복음을 전하여 예수님을 소개시켜 드리는 일은 세상에 하는 모든 일들 중에 가장 보람 있는 일입니다.

둘째, 전도는 빚을 갚는 것입니다.

바울은 로마에 있는 사람들에게 편지를 쓰면서 "헬라인이나 야만인이나 지혜 있는 자나 어리석은 자에게 다 내가 빚진 자라"(롬 1:14)고 하였습니다. 남을 구제하거나 도와준 사람은 자랑거리가 될지 모르지만 빚진 것을 갚는 것이 뭐 자랑스러운 일입니까. 당연한 일일뿐입니다. 오히려 빚을 갚지 않으면 크게 부끄러움을 당하고 맙니다.

바울이 비록 주님의 직접적인 부르심을 입었지만 그가 전도자로 쓰임 받기까지는 바나바나 브리스길라 부부 등 많은 사람들의 도움이 있었습니다. 하물며 우리야 더 말할 나위 없습니다. 우리 모두 복음의 빚진 자라는 사실을 기억하여야 합니다. 만약 빚을 지고도 갚지 않으면 주님은 책망하실 것입니다.

사람은 누구나 강박관념(強迫觀念)에 사로잡혀 삽니다. 일에 대한 강박관념, 돈에 대한 강박관념, 자녀교육에 대한 강박관념, 학생들은 공부나 진학에 대한 강박관념이 있습니다. 때문에 때로는 직장에 나가기 싫어도 나가야 하고, 때로는 공부하기 싫어도 도서관에 틀어 박혀 책과 싸워야 합니다.

그러나 전도에 대한 강박관념을 가져보셨습니까? 전도 때문에 스트레스를 받아 잠이 오지 않고, 잠꼬대를 하거나, 전도 때문에 소화불량에 걸려보신 일이 있습니까? 예레미야는 "내가 다시는 여호와를 선포하지 아니하며 그의 이름으로 말하지 아니하리라 하면 나의 마음이 불붙는 것 같아서 골수에 사무치니 답답하여 견딜 수 없나이다"(렘 20:9) 라고 고백하였습니다. 바울을 편히 있지 못하도록 만든 것은 영혼에 대한 그 열정이었습니다. 그는 수 없이 옥에 갇히고 매도 수 없이 맞고 여러 번 죽을 고비를 넘겼지만 이런 것이 그로 하여금 전도를 포기하게 하지는 못했습니다. 그런 속에서도 그의 걱정은 오직 교회를 위한 염려뿐이었습니다(고후 11:23-28).

셋째, 전도의 사명은 우리에게 주신 특권입니다.

어느 사람이든 아무리 똑똑한 사람이라 해도 자기 지혜로 하나님을 알 수 있는 사람은 없습니다. 그래서 하나님은 사람을 구원하실 때 전도라는 좀 미련해 보이는 방법을 통하여 믿는 사람들을 구원하기로 하셨습니다(고전 1:21).

전도하는 내용이 세상적으로 현명한 사람들이 보기에는 미련해 보이고 어리석어 보일지 모릅니다. 인격을 쌓아라, 수양이 중요하다, 자선을 베풀어라 하면 이해가 되겠으나 예수의 이름을 부르면 구원받는다는 말이 이해되겠습

니까? 이렇게 전도의 방법이 세상 사람들이 보기에는 어리석어 보일지 모릅니다. 하나님이 직접 초자연적인 방법을 쓰시면 쉬울 텐데 왜 사람들이 찾아가 예수 믿으라고 사정을 하게 하시는지 이해되십니까? 그런데 하나님은 그런 방법을 잘 쓰지 않으십니다. 사람의 전도를 받아들이지 않는 사람은 비록 죽은 자가 다시 살아나서 전도를 해도 믿지 않기 때문입니다(눅 16:27-31).

어느 대학교수가 있었습니다. 그는 믿지 않는 친구 한 명에게 전도하기 위해 별의별 방법을 다 동원하는 중이었습니다. 자기가 갖고 있는 모든 학식을 다 동원하여 과학적으로도 성경이 틀림이 없는 책이라는 것을 증명하여 보기도 하였고, 노아의 방주의 유적이 실제로 있다는 고고학적 증거, 진화론의 맹점 등을 이야기하기도 하였습니다. 주일 아침마다 친구 집에 가서 함께 교회에 가자고 졸라보기도 하였으며, 부흥회가 있을 때에는 자기 돈으로 밥까지 사주고 교통비도 줘가면서까지 그 친구를 불러댔습니다. 그러나 여전히 친구는 끄떡도 하지 않았습니다. 오히려 서당개 3년이면 풍월을 읊는다고 먼저 선수를 치는 것이었습니다. "그러니까 예수 그리스도가 나를 위해 돌아가셨으니까 믿으라는 말 아닌가? 자네나 믿어"하는 식이었습니다. 교수는 한편으로는 약이 올라 '전도자 수칙', '전도폭발' 등등 수많은 전도 비방들을 배우고 달달 외워 친구에게 계속 적용하고자 하였지만 친구는 계속 마이동풍(馬耳東風)이었습니다. 교수는 조금씩 지치게 되었고, 그래서

"에이 지옥에 가든지 말든지 내가 알게 뭐냐" 하는 생각
도 들곤 하였습니다.

그러던 어느 날, 교수는 친구와 함께 길을 걷게 되었습
니다. 또 다시 예수 얘기가 나온 것은 물론입니다. 친구
는 짜증을 내면서 "제발 이제 예수 얘기는 하지 말게. 계
속 그러면 자네와 절교하겠네." 그러자 교수는 이렇게 제
안 하였습니다. "여보게. 자네 예수 믿기를 그렇게 싫어
하는데 저기 길 건너 교회에 가서 '나는 예수님을 믿습니
다. 왜냐하면 주님께서는 나를 구원하고자 십자가에 못 박
혀 돌아가셨기 때문입니다' 라고 소리치고 나오면 10만원
을 내가 줄 뿐 아니라, 다시는 자네 앞에서 예수 얘기는
안하겠네.", "믿지도 않는데 창피하게 그렇게 소리치라
는 말인가?", "그러니까 10만원씩이나 주겠다는 말 아닌
가. 그리고는 두 번 다시 자네 앞에서 예수 얘기는 안 꺼
내겠네."

한편으로는 귀찮을 정도로 예수 얘기만 하는 것이 싫어
친구는 그러기로 했습니다. 그래서 교회 안으로 들어가 몇
몇 성도들이 기도 중에 있었지만 개의치 않고 이렇게 소
리쳤습니다. "나는 예수님을 믿습니다. 왜냐하면 주님께
서 나를 구원하고자 십자가에 못 박혀 돌아가셨기 때문입
니다!" 친구는 그렇게 소리친 뒤 교수에게로 와서 그렇
게 했으니 돈을 내 놓으라고 했습니다. "한 가지만 더 부
탁하세. 다시 한 번 들어가 십자가를 보면서 '예수님 당
신께서 그 모든 일을 저를 위해 하셨다지만 그것이 도대체
저와 무슨 상관 입니까?' 라고 한 번만 더 해주게나. 이건

자네의 생각이 아니겠나." 친구는 다시 교회로 들어가 배짱 좋게 외쳤습니다. "예수님 당신께서 그 모든 일을 저를 위해 하셨다지만 그것이…." 그는 다음 말을 할 수 없었습니다. 그를 바라보는 성도들의 눈길을 느끼며 한동안 아무 말도 하지 못하더니 그는 "주님, 주님께서 그 모든 일을 저를 위해 하셨습니다" 하고 다시 한 번 외치더니 울음을 터뜨렸습니다. 그 순간 성령께서 그의 믿음의 문을 열어주셨던 것입니다. "내 말과 내 전도함이 설득력 있는 지혜의 말로 하지 아니하고 다만 성령의 나타나심과 능력으로 하여 너희 믿음이 사람의 지혜에 있지 아니하고 다만 하나님의 능력에 있게 하려 하였노라"(고전 2:4-5).

또한 하나님은 유명한 사람들을 잘 쓰지 않으십니다. 웅변가나 정치가, 부자, 권력가, 학식이 많은 사람이 전도를 하면 얼마나 잘하겠습니까? 그러나 예수님은 당시 왕이나 성경학자들을 불러 쓰지 않으셨습니다. 오히려 어부나 세리와 같은 사람을 부르셨습니다. 지금도 하나님은 부족한 사람, 신분이 낮은 사람, 배우지 못하고, 약하고 천한 우리를 불러 쓰기 원하십니다. 그러므로 우리가 부름 받았다는 것은 특권이 아닐 수 없습니다.

(2) 우선 잃어버린 양에게로 가야 한다

예수님은 제자들에게 말씀하셨습니다. "이방인의 길로도 가지 말고 사마리아인의 고을에도 들어가지 말고 오히려 이스라엘 집의 잃어버린 양에게로 가라"(마 10:5-6). 이 말씀은 이방인이나 사마리아 사람들은 전도의 대상에서 제외되었다는 말씀이 아닙니다. 우선순위를 말씀하고 계신 것입니다. 사도행전 1장 8절에서도 이 순서는 명백합니다. 먼저는 예루살렘이고 그 다음이 유다, 사마리아, 그리고 땅 끝까지 나가서 증인이 되어야 하는 것입니다.

요즘 우리의 선교 정책을 보면 이런 우선순위의 선정이 잘못된 것을 알게 됩니다. 해외선교보다 더 시급한 것이 국내전도입니다. 국내에서도 우리의 가까운 이웃을 전도하는 일이 가장 급선무입니다. 우리가 흔히 학교, 군부대, 그리고 병원을 삼대 황금어장이라고 부르고 있습니다. 전도하기 가장 좋은 곳이라는 뜻이지요.

그러나 우리는 해외에 선교사 파송은 잘하면서 이런 국내 황금어장에는 선교사를 파송하지 않고 있단 말입니다. 군 선교를 위해서 관심을 가져야 합니다. 다행히 우리나라에는 군목 제도가 있어서 이 황금어장에서 복음을 전하고 있는 군목들이 있습니다. 그러나 교회는 이분들의 사역에 관심을 갖고 있지 않습니다. 오히려 나라에서 이들을 책임지고 있습니다. 그러나 나라에서는 복음 전하는 목사님들만 지원하는 것이 아닙니다. 오히려 불교의 법사나 가톨릭의 신부 보다 기독교의 목사가 너무 많다고 하면서 우리가 무관심한 사이에 군목의 숫자를 줄이고 있습니다. 병원선교도 그렇습니다. 병원에서 원목을 모시고 있는 경우도 있지만 교회가 병원에도 원목을 파송해야 합니다. 학원선교도 마찬가지입니다. 열악한 사학재단에 교목이 적다고 불평할 것이 아니라 교회들이 한 학교씩 맡아 교목을 파송해야 합니다. 우리가 해외에 경쟁적으로 선교사를 파송하는 그 열성과 관심만 있다면 그보다 적은 비용으로 황금어장에 그물을 던질 수 있는 것입니다.

주님의 일차적인 관심은 이스라엘 집에 있고 또한 잃어버린 양에게 있습니다. 주님께서 잃어버린 양에게 얼마나 관심이 있는지는 누가복음 15장에 나오는 세 가지 비유를 통해 잘 알 수 있습니다. 곧 잃었던 양의 비유, 잃었던 드라크마의 비유, 그리고 잃었던 아들의 비유입니다.

잃었던 양은 목자를 떠났지만 곧 후회하고 있는 사람입니다. 그러나 그는 제 발로 돌아오지 못합니다. 이런 사람은 다시 찾으러 가면 얼마나 기뻐하는지 모릅니다. 잃었던 드라크마는 주인에게서 떨어져 나갔지만 아무런 감각도 느낌도 없는 사람입니다. 자신의 얼굴에 먼지가 쌓이고 더럽혀져도 도무지 감각이 없습니다. 그러나 이런 사람도 찾아가야 합니다. 흔하지는 않지만 잃었던 아들 같은 사람도 있습니다. 교회를 떠났다가 제 발로 돌아오는 사람이지요. 이런 사람에게 과거의 잘못을 묻지 않고 너그럽게 사랑으로 받아들이는 마음이 있어야 합니다.

이 세 가지 비유의 공통적인 특징이 무엇입니까? 곧 다시 찾은 기쁨입니다. "내가 너희에게 이르노니 이와 같이 죄인 한 사람이 회개하면 하늘에서는 회개할 것 없는 의인 아흔 아홉으로 말미암아 기뻐하는 것보다 더하리라"(눅 15:7).

(3) 전도자는 하나님의 전권대사이다

천사들도 부러워하는 이 귀한 사명을 받은 우리는 어떤 자세를 가져야 할까요? 우리가 한 사람이라도 더 많은 사람을 얻기 위해 어떻게 해야 할까요? 바울은 유대인에게는 율법 아래 있는 유대인 같이, 율법 없는 이방인에게는 이방인 같이, 약한 자들에게는 약한 자들 같이 되었다고 하였습니다. 이것은 전도자의 자세를 보여주는 것입니다.

첫째, 거룩하고 깨끗한 삶을 살아야 합니다.

전도에는 직접 전도와 간접 전도가 있습니다. 전도지를 들고 직접 거리에 나가고 가가호호 방문하여 전도하는 일도 중요하지만 가족이나 이웃에게 본이 되어 영향력을 주고 감화력을 주어 예수 믿게 하는 간접 전도는 더욱 중요합니다. 실제로 교회에 나오는 새신자들을 보면 낯모르는 사람에게서 전도 받고 교회에 나오는 사람들보다는 가까운 사람들의 권유를 받고 예수 믿기 시작한 사람이 훨씬 더 많습니다. 그러므로 우리는 먼저 일상생활에서 이웃 사람들에게 본이 되어야 합니다. 향기가 나면 벌과 나비가 모이지만 악취가 나면 파리 떼가 모여듭니다. 성도들에게서는 그리스도의 향기(고후 2:14-15)가 나야지 썩은 사망의 냄새가 나서는 안 됩니다.

둘째, 원만한 인간관계를 맺어야 합니다.

바울이 유대인에게는 유대인처럼, 이방인에게는 이방인처럼, 약한 사람들에게는 약한 사람처럼 대했던 것을 배워

야 합니다. 일본의 어느 보험회사 외판원은 재벌 총수를 보험에 가입시키려고 아예 그 집 근처로 이사하여 바둑을 배우고 낚시를 함께 다니면서 10년 동안 사귄 끝에 성공했다고 합니다. 전도 대상자를 정한 후에는 그 사람과 바른 관계를 맺어야합니다. 나를 버리고 상대방의 입장에 서야 그 사람을 얻을 수 있습니다.

성공적인 삶을 살려면 성공적인 자세가 절대로 필요합니다. 그 중에 하나가 인간관계입니다. 바른 인간관계가 성공적인 삶의 원리인 것입니다. 어느 회사의 벽에 이런 글귀가 붙어 있었습니다. "인간관계에서 성공하려면 기분 좋게 웃어라. 항상 산뜻하고 깨끗하라. 화내지 말라. 논쟁을 피하라. 단점을 발견하지 말라. 뻔뻔스런 사람이 되지 말라. 말하고 싶다고 다 말하지 말라. 돈을 빌리거나 빌려주지 말라. 새로운 일에 반대하지 말라. 거만하게 행동하지 말라. 거짓말 하지 말라. 남을 놀리거나 빈정대지 말라." 결코 어려운 내용이 아닌 것 같습니다. 특히나 예수를 믿는 성도들이 유념해야 할 것 같습니다. 그리스도인들이 전도하기 위해서는 인간관계를 잘해야 하기 때문입니다.

셋째, 희생의 사람이 되어야 합니다.

바울은 노예가 아니었습니다. 모든 사람에게 자유자였습니다. 그러나 복음을 위해서 그 자유마저도 포기했습니다. 세상에서 자랑할 만한 학벌, 재벌, 문벌 등이 다 있었지만 모두 포기하였습니다(빌 3:4-9). 한 영혼을 구원하기 위하여 시간을 희생해야 합니다. 노력을 투자해야 합니다. 때로는 재물도 희생해야 합니다.

넷째, 겸손의 사람이 되어야 합니다.

이상의 모든 삶을 산다 해도 겸손이 들어가지 않으면 아무 소용이 없습니다. 그것은 가증된 것이요, 가식의 삶이기 때문입니다. 자기를 자랑하지 아니하고 모든 공적, 모든 영광을 하나님께 돌려 드리는 겸손, 주를 위해 충성 하고도 "나는 무익한 종입니다" 하는 자세, 자신의 무능함을 알아 항상 겸손히 무릎을 꿇어 기도하고 성령님의 도우심을 받는 사람이 영혼을 얻을 수 있습니다.

(4) 전도에 성공하려면

첫째, 전도에 성공하려면 예수 그리스도의 십자가를 전해야 합니다. 바울 사도는 무엇이라 했습니까? "내가 너희 중에서 예수 그리스도와 그의 십자가에 못 박히신 것 외에는 아무 것도 알지 아니하기로 작정하였음이라." 왜냐하면 "십자가의 도가 멸망하는 자들에게는 미련한 것이요 구원을 얻는 우리에게는 하나님의 능력"(고전 1:18)이기 때문입니다.

십자가를 전하려면 먼저 십자가를 체험해야 합니다. 요리 강습이나 신부 수업을 다 했다고 잘 사는 게 아닙니다. 오히려 결혼이 무언지도 모르고 그냥 시집간 시골 처녀가 자식 잘 낳고 잘 사는게 뭔지도 모르면서 잘 삽니다. 산부인과 의사가 아기를 낳지 못하는 경우도 있습니다.

성경을 많이 안다고 전도를 잘 하는 것도 아닙니다. 신학을 전공한 신학박사도 가끔 엉뚱한 소리를 합니다. 그러나 성경도 찬송도 모르는 할머니가 더 잘 믿기도 합니다. 십자가를 체험하지 못하면 유식해도 소용없습니다. 십자가를 전하려면 십자가를 실천해야 합니다. 십자가는 사랑입니다. 십자가는 희생입니다. 십자가는 용서입니다. 십자가 목걸이가 중요한 것이 아니라 생활에서 십자가를 보여 주어야 합니다.

둘째, 전도에 성공하려면 성령의 능력으로 전해야 합니다.

처음에 교회 개척을 하고 매일 500-600가정씩 아파트를 돌아다니며 전도를 하였습니다. 하나님과의 약속이었거든요. 그런데 솔직히 사람들 만나는 것이 두려웠습니다. 아파트 벨을 누르면서도 누가 나올까봐 겁이 났습니다. 아무 소식도 없는 것이 오히려 편했습니다. 전도지만 꽂아 놓고 오면 되니까요. 그러니 무슨 전도가 되겠습니까?

그런데 바울 사도도 자기 말, 자기의 지혜를 의지하고 나섰을 때는 약하며 두려워하며 심히 떨었다고 했습니다. 그러나 성령의 인도를 받으니 어떠했습니까? "오직 모든 일에 하나님의 일꾼으로 자천하여 많이 견디는 것과 환난과 궁핍과 고난과 매 맞음과 갇힘과 난동과 수고로움과 자지 못함과 먹지 못함 가운데서도 깨끗함과 지식과 오래 참음과 자비함과 성령의 감화와 거짓이 없는 사랑과 진리의 말씀과 하나님의 능력으로 의의 무기를 좌우에 가지고 영광과 욕됨으로 그러했으며 악한 이름과 아름다운 이름으로 그러했느니라 우리는 속이는 자 같으나 참되고 무명한 자 같으나 유명한 자요 죽은 자 같으나 보라 우리가 살아 있고 징계를 받는 자 같으나 죽임을 당하지 아니하고 근심하는 자 같으나 항상 기뻐하고 가난한 자 같으나 많은 사람을 부요하게 하고 아무 것도 없는 자 같으나 모든 것을 가진 자로다"(고후 6:4-10)라고 하였습니다.

그러므로 예수님을 전하기에 앞서 첫째, 예루살렘을 떠나지 말고 성령을 기다릴 것과 둘째, 성령이 임하시면 권능을 받으라 하신 것입니다. 예수님의 제자들을 보세요. 예수님이 죽으신 후 사람들이 두려워 문을 꼭 닫고 숨어 있었지만(요 20:19) 성령의 능력을 덧입으니 담대히 전도할 수 있었습니다(행 2:1-4). 베드로가 인간적인 지혜로 주님을 따라가려 하다가 오히려 조그마한 계집아이 앞에서 주님을 부인하고 맹세하고 저주하였습니다(마 26:69-75). 그러나 성령이 충만하니 담대히 예수님을 전하고, 유대인들이 잡아 때리며 전도하지 못하게 하니 "하나님 앞에서 너희의 말을 듣는 것이 하나님의 말씀을 듣는 것보다 옳은가 판단하라 우리는 보고 들은 것을 말하지 아니할 수 없다"(행 4:19-20)고 하였습니다.

전도하기가 두렵습니까? 기도하여 성령의 능력을 받으십시오. 무슨 말을 할지 모르겠습니까? 성령께서 말씀을 주시도록 기도하고 맡기십시오. 그리고 인간적인 얕은꾀를 쓰려고 하지 말고 성령의 능력으로 전도하십시오. 주님만 바라보고 십자가만 증거하십시오. 주님은 주님을 따르며 복음을 전파하는 이들에게 함께 하시고 언제나 능력으로

141

채워 주십니다.

셋째, 전도에 성공하려면 실망하지 말아야 합니다.

아무리 전도해도 열매가 없을 때 우리는 실망하기 쉽습니다. 바울 사도는 디모데에게 마지막 편지를 보내면서 "너는 말씀을 전파하라 때를 얻든지 못 얻든지 항상 힘쓰라"(딤후 4:2)고 하였습니다. 그렇습니다. 점점 사람들은 바른 교훈, 즉 복음에는 귀를 기울이지 않으려 하고 허탄한 이야기만 좋아합니다. 그래도 때를 얻든지 못 얻든지 항상 힘써야 합니다. 기회가 왔든지 기회가 안 왔든지 핑계치 말고, 듣든지 아니 듣든지 전하라는 말입니다. 듣지 않는 것 같아도 다 듣고 있습니다. 지금은 아무 반응이 없을지 몰라도 때가 되면 그 말씀이 생각날 것입니다.

더구나 기회는 기다리는 사람에게 오는 것이 아닙니다. 기회는 대가를 주고 사는 것입니다. 바울이 말했던 세월을 아끼라(엡 5:16)는 말의 본래 뜻은 그렇습니다. 때가 이를 것입니다. 그러나 그때는 점점 좋은 방향으로 오는 것이 아니라 갈수록 태산입니다. 사람들은 점점 귀를 진리에서 돌이키게 됩니다. 그러므로 지금이 가장 좋은 때입니다. 지금보다 더 전도하기 좋은 기회는 돌아오지 않을 것입니다. 사람들은 점점 바른 교훈을 받지 않을 것입니다. 좋은 약보다는 사탕을 좋아할 것입니다. 귀가 가려워서 자기의 사욕을 따를 스승을 많이 둘 것입니다. 그들은 헛된 망상에 빠져 살면서 그 망상을 채워줄 스승을 찾게 될 것입니다. 그저 축복이나 빌어주고 듣기 좋은 말만 해주는 스승을 원할 것입니다.

그뿐 아니라 진리보다는 허탄한 이야기를 좋아할 것입니다. 극장은 연일 만원이지만 교회당은 점점 쓸쓸해 질 것입니다. 설교시간에는 졸지만 코미디 프로그램을 보면서는 졸지 않을 것입니다. 하나님 말씀은 30분만 지나도 안절부절 하지만 영화를 보면서는 두 시간도 짧다고 할 것입니다. 설교말씀은 지난 주일에 듣지 못했어도 궁금하지 않지만 연속 드라마는 하루만 못 봐도 재방송을 보고 비디오에 녹화를 하려고 할 것입니다. 그러나 실망하지 마십시오. 그래도 지금은 나은 편입니다. 갈수록 더해질 테니까요. 지금이 가장 좋은 때입니다. 부지런히 복음을 전파해야 합니다.

넷째, 전도에 성공하려면 인내심을 가지고 오래 참으면서 힘써야 합니다.

대부분 몇 번 찾아가 사정하고 나서 말을 듣지 않으면 이제는 미안해서 못갑니다. 그러나 미안하기는 피차 일반입니다. 계속 찾아가기 미안한 것처럼 상대방은 계속 찾아오는 사람을 거절하는 것이 미안합니다. 문제는 누가 먼저 포기하느냐 하는 것입니다.

주안장로교회에서 가장 전도를 많이 한 안강자 집사님의 일화가 있습니다. 그분은 전도 대상자를 정하면 새벽마다 그를 위해 기도를 하고 끈질기게 찾아간다고 합니다. 한번은 길에서 항상 기도하고 있던 전도 대상자를 만났습니다. 마침 저만큼 앞서 가고 있어서 기회를 놓칠세라 달려

갔습니다. 그러나 이를 눈치를 챈 아주머니는 재빠르게 도
망칩니다. 지금 바쁜데 저 지독한 아줌마 만나면 길에서
십여 분은 설득을 받아야 할 것이기 때문입니다. 그렇다고
포기할 안집사님이 아닙니다. 안강자 집사님도 놓칠세라
뒤를 쫓아갑니다. 도망치던 아주머니가 흘깃 뒤를 돌아보
니 지독한 교회 아주머니가 자기를 보고 쫓아오지 않겠습
니까? 도저히 안 되겠는지 달리던 걸음을 멈추고 돌아서서
소리쳤습니다. "다음 주일에 교회 나가면 될게 아니에요.
왜 자꾸 따라오세요!" 이렇게 해서 또 한 사람을 전도했
다는 것입니다.

전도하려면 이처럼 끈질기게 찾아가는 인내가 필요합니
다. 그러므로 모든 일에 근신하여 고난을 받으며 힘써야
합니다. 근신하라는 말은 정신 차리며, 침착하라는 뜻으로
전도인의 일과 직무를 수행할 때 가져야 할 조용하고 온전
한 태도를 말합니다. 전도는 화를 낸다고 되는 것이 아닙
니다. 전도하면서 싸우는 사람은 어리석은 사람입니다. 그
저 차분히 침착히 그리고 꾸준히 전하면 됩니다. 반대나
핍박을 무서워해서는 안 됩니다.

(5) 결과는 하나님께 맡기자

"성공적인 전도는 성령의 능력 안에서 그리스도만을 전
하고 그 결과는 하나님께 맡기는 것이다." 제가 전도훈련
을 받으면서 가장 도전을 받은 말은 바로 이 말이었습니
다. 씨를 뿌리는 자가 있고 씨를 거두는 자가 있습니다.
우리가 열심히 전도하지도 않았는데 순순히 교회에 나와

예수를 믿는 사람을 봅니다. 누군가 이미 이 사람에게 복음의 씨를 뿌렸던 것이고 그 씨가 이제야 싹이 난 것입니다. 그러니 결과에 연연하지 맙시다.

어느 집사님은 보험회사 사원연수교육을 다녀와서 깊이 깨달았다고 합니다. 보험회사 직원들처럼 하면 전도 못할 일이 없다고 하셨습니다. 그들은 "거절은 기본이다"라고 한답니다. 사람을 만나면 우선 거절합니다. 아무 생각 없이 귀찮으니 거절합니다. 그러므로 받아들이지 않는다고 포기하는 것은 전도의 기본을 모르는 처사입니다. 전도는 은사가 아닙니다. 전도에는 지름길이 없습니다. 인내심을 가지고 오래 참으면서 힘쓰면 됩니다. 침착하고 꾸준히 찾아가 전하면 됩니다.

주님은 결과를 묻지 않으십니다. 다만 우리가 전도인의 직무에 최선을 다했는가 물으실 것입니다. 이것이 전도인의 자세입니다.

예수님은 제자들에게 사람 낚는 어부가 되게 하리라고 하셨습니다(마 4:18-22). 그리고 우리는 주님의 명령대로 나가서 사람을 낚는 어부의 일을 하게 됩니다. 곧 전도를 하는 것이지요. 사람들이 고기를 잡는 방법은 두 가지가 있습니다. 낚시로 잡는 방법과 그물로 잡는 방법입니다. 이 두 가지는 차이가 있습니다. 낚시로 잡는 사람은 고기 잡는 것이 취미입니다. 취미는 잡히면 기분이 좋고 잡히지 않으면 그만 두는 것입니다. 그러나 그물로 잡는 사람은 고기 잡는 것이 직업입니다. 생활입니다. 까닭에 어떻게 해서든 잡아야 합니다. 주님은 비유를 통해 그물을 가지고 잡는다고 하셨습니다. 왜요? 신앙생활은 취미가 아닙니다. 전도하는 것도 취미생활이 아닙니다. 그러나 예수 믿는 것을 취미로 아는 사람이 있습니다. 전도하는 것을 취미로 아는 사람이 있습니다. 취미생활은 자기가 싫으면 언제든지 그만둡니다. 그러나 직업은 하기 싫어도 해야 하는 것입니다. 취미생활은 힘들면 그만둡니다. 비가 오면 하지 않습니다.

성경에 그물이 두 가지가 나옵니다. 마태복음 4장의 그물은 투망입니다. 그러나 13장에 나오는 그물은 저인망입니다. "또 천국은 마치 바다에 치고 각종 물고기를 모는 그물과 같으니 그물에 가득하매 물 가로 끌어내고 앉아서 좋은 것은 그릇에 담고 못된 것은 내버리느니라"(마 13:47-48). 이 그물은 2m 높이에 길이는 100m 정도 되어 위는 콜크 부표와 밑에는 무거운 추를 달아 한 끝을 해안에 고정시키고 다른 한 끝은 배를 타고 나가 큰 원을 그리고 돌아오거나, 두 배가 각각 한 끝을 잡고 나가다가 한데 만나 고기를 잡습니다. 그러므로 낚시처럼 잡으면서 고기를 선별할 수 없습니다. 그물에는 큰 고기나 작은 고기, 먹을 수 있는 고기나 먹지 못하는 고기가 다 잡혔습니다.

하나님은 어부인 우리에게 고기 선별 능력을 주시지 않았습니다. 좋은 고기건 나쁜 고기건 많이 잡아오기만 하면 됩니다. 예수님은 왕의 잔치 비유에서 "악한 자나 선한 자나 만나는 대로" 데려오라고 하셨습니다(마 22:10). 그렇기 때문에 교회에 나온 사람이 더 선하고 더 훌륭한 사람은 아닙니다. 교회 안에 있는 사람이나 교회 밖에 있는 사람이나 차이가 없는 것입니다. 에베소 교회가 왜 사랑이 식어져 책망 받았습니까?(계 2:1-7) 그들은 교회 안에 오는 사람들의 시험관 노릇을 했습니다. 정결하고 큰 고기만 골라 그물에 담으려 했기 때문입니다.

어떤 분들은 이렇게 말합니다. '우리 교회에는 몇 명 안 되지만 알곡만 있다'고 합니다. 아닙니다. 알곡이건 쭉정이건 다 데려와야 합니다. 알곡과 쭉정이는 마지막 날 고르실 것입니다. 잡혀온 고기를 선별할 때가 있습니다. 이것은 교회의 목사가 할 일이 아닙니다. 구역장이나 장로가 할 일도 아닙니다. 성도가 할 일도 아니고 할 수 있는 일도 아닙니다. 이것은 세상 끝날 천사들이 와서 행할 것이라고 하였습니다. 이것은 지금 할 일이 아닙니다. 세상 끝날에 할 일입니다. 알곡과 쭉정이를 가를 날이 있습니다. 곡식과 가라지가 구별될 날이 있습니다. 양과 염소가 구별될 때가 있습니다. 알곡은 하늘 창고에 들어가게 하지만 쭉정이는 불에 사를 것입니다. 가라지도 불에 사를 것입니다.

1912년 4월 14일, 세계 최대의 해난 사고가 발생했습니다. 1만 6천 톤의 거대한 여객선 타이타닉호가 22노트의 속력으로 북대서양을 항해하던 중 빙산에 부딪힌 것입니다. 그 배에는 구명대가 승객 수의 절반밖에 구비되지 않았기 때문에 희생자가 무려 1,517명이나 되었습니다. 승객 중에 한 사람인 존 하퍼 씨는 시카고의 무디교회에 설교하러 가던 중이었습니다. 그는 예수 그리스도의 전도자요 부흥사요 설교가였습니다. 그는 바다에 빠져 죽기 전 생애의 마지막 수 분 동안 바다 위에 떠서 전도를 한 비장한 역사의 주인공이 되었습니다. 그는 물 위에 떠 있으려고 안간힘을 쓰면서 자신과 똑같은 형편에 있는 한 젊은이에게 다가갔습니다. "젊은이 구원 받았는가?", "아니오." 파도가 두 사람을 떼어놓았습니다. 최선의 노력 끝에 몇 분 후 그들은 다시 조금 가까워졌습니다. 하퍼 씨가 조금 큰 소리로 또 물었습니다. "젊은이 하나님과 화해했는가?", "아직 못했습니다." 이때, 큰 파도가 하퍼 씨를 삼켰습니다. 그는 다시 떠오르지 않았습니다. 그러나 그의 "구원 받았는가?" 라는 음성은 파도 소리에 실려 계속 젊은이의 귓전을 울리고 있었습니다. 그로부터 두 주일 후에 그 젊은이는 뉴욕의 한 교회에서 신앙 간증을 하고 있었습니다. "저는 존 하퍼 씨의 마지막 구원자입니다."

지금까지 몇 사람이나 구원의 길로 인도하였습니까? 마지막 죽는 순간까지라도 복음을 전하고자 했던 존 하퍼 같은 사람을 하나님이 존귀하게 여기지 않으시겠습니까? 말라기 3장 16-18절에 나와있는 대로 이런 사람의 이름을 기념책에 기록하고 하나님의 특별한 소유로 삼지 않으시겠습니까?

한 평생 오직 복음을 전하기 위해 살았던 사도 바울은 이렇게 고백했습니다. "나는 선한 싸움을 싸우고 나의 달려갈 길을 마치고 믿음을 지켰으니 이제 후로는 나를 위하여 의의 면류관이 예비되었으므로 주 곧 의로우신 재판장이 그 날에 내게 주실 것이며 내게만 아니라 주의 나타나심을 사모하는 모든 자에게도니라"(딤후 4:7-8).

마치 운동선수가 힘을 다해 달리거나 싸운 후에 승리의 면류관을 얻게 되는 것처럼 바울은 자신에게 맡겨진 사명에 최선을 다했으므로 면류관을 얻게 될 것을 소망하고 있습니다. 그는 선한 싸움을 싸웠습니다. 달려갈 길을 마치고 믿음을 지켰습니다. 한 평생 달려야 하는 장거리 마라톤을 유감없이 달려왔습니다. 그는 페어플레이를 했습니다. 마지막 골인 지점까지 달렸습니다. 그리고 모든 경기 규칙을 준수했습니다. 결과는 그리 중요하지 않습니다. 부끄럽지 않은 경기를 했기 때문입니다. 바울은 결코 결과에 연연하지 않고 미련 없이 최선을 다한 후에 점수가 나타날 전광판을 바라보는 심정으로 서있습니다.

지금까지 어떤 삶을 살아오셨습니까? 누구를 위해, 무엇을 위해 그렇게 열심히 살아오셨습니까? 주 앞에 설 때 무엇이라고 고백하시겠습니까? 지금까지 몇 사람에게 복음을 전해보셨습니까? 주님 앞으로 인도한 사람은 몇 명이나 됩니까?

전도는 하나님을 기쁘시게 하는 일입니다. 전도는 예수님의 지상명령(至上命令)입니다. 전도는 성도의 신앙고백입니다. 전도는 교회를 부흥시키는 유일한 길입니다. 전도는 하나님의 복을 받는 지름길입니다.

예수를 믿고 지금까지 전도에 무관심했다면 그것은 성도의 수치입니다. 아직까지 한 번도 전도해 보지 못했다면 그것은 성도의 게으름입니다. 정말 한 영혼도 구원하지 못했다면 예수님으로부터 책망 받아 마땅한 일입니다. 그러므로 오늘 우리는 바울 사도의 심정을 가집시다.

바울이 가슴 아파한 것처럼 아파하면서 "복음을 전하지 않으면 내게 화로다" 하는 뜨거운 마음으로 전도하는 일에 힘껏 동참하는 성도가 되어야 합니다.

6. 봉사생활(롬 12:3-13)

교회는 밖에 있는 세상 사람들이 볼 때 도무지 이해되지 않는 곳입니다. 매 주일(그들은 일요일이라 부르지만)마다 꼬박꼬박 빠짐없이 교회에 나가는 것이 이해되지 않는다고 합니다. 그뿐 아니라 바로 집 앞에도 교회가 있는데 구태여 먼 곳까지 시간을 들이고 차비를 들여 찾아가는 것도 이해가 되지 않을 것입니다. 그들의 생각으로는 납득이 안 가는 헌금을 드리는 것도 이해가 안 될 테고, 예배만 끝나면 돌아오는 것이 아니라 교회 안에서 일어나는 이런 저런 일들이 한결같이 이해될 수가 없을 것입니다.

그러나 교회는 영적 공동체입니다. 고향사람들이 모인 곳도 아니고 학교 친구들이 모인 곳도 아닙니다. 서로 은혜가 통해야 모일 수 있습니다. 교회를 통하여 위로부터 내려주시는 하나님의 은혜를 받아 기뻐하고, 또한 이렇게 받은 은혜를 서로 나누면서 기뻐하는 곳이 교회입니다. 따라서 아무리 가까운 친구가 다니는 교회가 있어도 몇 번은 친구를 따라 나가겠지만 은혜를 받지 못하면 결국 그 교회에 나가지 못합니다.

또한 교회는 봉사공동체입니다. 설교 말씀을 통해 은혜를 받고, 새벽에 기도하면서 은혜도 받고, 주일 저녁에 찬양시간에 뜨거운 은혜를 받기도 하지만 이런 은혜는 한계가 있습니다. 무엇인가 자신이 설 자리를 찾지 못하면 안됩니다. 그래서 바울 사도는 말하기를 "형제를 사랑하여 서로 우애하고 존경하기를 서로 먼저 하며 부지런하여 게으르지 말고 열심을 품고 주를 섬기라"(롬 12:10-11)고 한 것입니다.

교회는 봉사공동체이기 때문에 내가 나가는 교회에서 무엇인가 자신이 할 수 있는 일이 있어야 합니다. 봉사를 하면서 은혜의 깊이가 더하고, 봉사를 하면서 신앙생활의 보람을 찾게 됩니다. 따라서 우리가 그저 주일예배에 참석하는 것으로 만족한다면 그 신앙은 언젠가는 한계에 부딪히고 맙니다. 신앙에 갈등이 오고 슬럼프에 빠지는 경우를 종종 볼 수 있습니다. 그러므로 성숙한 신앙은 주님과 교회를 위해 봉사하면서 나타나게 됩니다. 그래서 봉사하면서 더 깊은 은혜를 체험하게 되기 때문에 '거룩한 봉사'라 한 것입니다.

(1) 교회 안에서 봉사하는 것은 거룩한 봉사이다

첫째, 하나님은 우리를 봉사자로 부르셨습니다.

흔히들 세상을 거친 바다로, 교회를 그 바다 위에 떠 있는 배라고 합니다. 그러나 배도 두 종류가 있습니다. 유람선(여객선)과 군함입니다. 유람선은 배에서 일하는 직원들과 돈을 내고 승선한 손님으로 명확하게 구분이 됩니다. 그러나 군함은 손님이 한 명도 없지요. 임무가 없는 사람은 승선할 자격이 없습니다. 하다못해 부엌에서 설거지를

151

하건, 갑판 청소를 하건 승선한 사람에게는 무엇인가 임무가 맡겨집니다. 그러니까 유람선에서는 직원들만 열심히 일하고 손님들은 유람을 즐기는 것이지만 군함에서는 모든 대원들이 각자 맡겨진 일에 충성하고 있는 것입니다.

그렇다면 교회는 유람선일까요? 아니면 군함일까요? 십자가의 군사들이 승선한 교회는 사탄과 싸워야 하는 군함이 틀림없습니다. 따라서 우리 교회에 출석하고 있는 분들 가운데는 새신자건 헌신자건 임무가 없는 사람이 한 명도 없습니다. 따라서 내가 무엇을 해야 할지 찾아봐야 합니다. 하나님의 일은 자기가 하고 싶다고 할 수 있는 것이 아닙니다. 마치 군함에 승선하기 전에 자신의 임무가 부여되는 것처럼 하나님 나라를 위해 일할 사람은 하나님이 구별하여 세우십니다.

하나님은 예레미야에게 "내가 너를 모태에 짓기 전에 너를 알았고 네가 배에서 나오기 전에 너를 성별하였고 너를 여러 나라의 선지자로 세웠노라"(렘 1:5) 하셨습니다. 사도 바울도 자신이 사도가 된 것은 "사람들에게서 난 것도 아니요 사람으로 말미암은 것도 아니요 오직 예수 그리스도와 그를 죽은 자 가운데서 살리신 하나님 아버지로 말미암아"(갈 1:1) 된 것이라고 하였습니다.

그러나 이 말씀을 오해해서는 안 됩니다. 지금까지 성가대나 구역장, 주일학교 교사나, 여러 기관에서 봉사하시는 성도들이 일손을 놓기 위한 구실이나 핑계가 되어서는 안 된다는 말입니다. "나는 목사님이 시키니까 그게 하나님이 시키신 줄 알고 일해 왔는데 오늘 말씀을 들으니 내가 봉사하고 싶다고 하는 것이 아니라 하나님이 세우셔야 하네요. 저는 그럼 하나님이 하라고 명령하실 때까지 쉬겠습니다." 이 말이 맞는 말 같지만 얼마나 잘못된 말입니까? 그럼 하나님이 일을 맡기실 때 천사 가브리엘을 보내 임명장을 주어야 하는 것입니까? 우리 마음을 움직이셔서 주님과 교회를 위해 봉사하게 하시는 분이 하나님이십니다. 목사님은 우리 교회를 위해 하나님이 세우신 사자입니다. 따라서 하나님은 기도하는 목사님을 통해 우리에게 직임과 사역을 맡기시는 것입니다. 오히려 반대로 생각해야 합니다. 우리가 지금까지 해오던 거룩한 봉사는 바로 하나님께서 우리에게 구별하여 맡기신 사역이라는 사실입니다. 그래서 두려운 마음으로 봉사에 임해야 합니다.

바울은 로마서에서 "우리에게 주신 은혜대로 받은 은사가 각각 다르니 혹 예언이면 믿음의 분수대로, 혹 섬기는 일이면 섬기는 일로, 혹 가르치는 자면 가르치는 일로, 혹 위로하는 자면 위로하는 일로, 구제하는 자는 성실함으로, 다스리는 자는 부지런함으로, 긍휼을 베푸는 자는 즐거움으로 할 것이니라"(롬 12:6-8)고 가르치고 있습니다. 사도 베드로도 이렇게 가르치고 있습니다. "만일 누가 말하려면 하나님의 말씀을 하는 것 같이 하고, 누가 봉사하려면 하나님의 공급하시는 힘으로 하는 것 같이 하라 이는 범사에 예수 그리스도로 말미암아 하나님이 영광을 받으시게 하려 함이니 그에게 영광과 권능이 세세에 무궁토록 있느니라 아멘"(벧전 4:11).

둘째, 하나님은 우리에게 일할 수 있는 재능을 주셨습니다.

역대상 23장 4-5절을 보면 4천 명의 레위인 찬양 대원을 24반으로 편성하였는데 이 찬양 대원들은 대개 아삽, 헤만, 여두둔의 자손들로 구성되었습니다. 이스라엘 열두 지파 중에 레위지파만 할 수 있는 일이었고, 레위지파 중에서도 아삽, 헤만, 여두둔의 자손들이 수금과 비파와 제금을 잡고 신령한 노래를 하고 있었고 그들은 각각 역할이 다릅니다. 그러니까 아삽의 아들들은 아름다운 목소리로 찬양을 하였습니다. 여두둔의 아들들은 수금을 잡고 신령한 노래를 하며 여호와께 감사하며 찬양을 하였고, 헤만의 아들들은 나팔을 불었습니다. 이렇게 각각 제금, 비파, 수금 등을 가지고 신령한 노래를 하며 여호와 하나님께 영광을 돌렸습니다. 그러나 그들은 태어나면서부터 이런 악기들을 다루고 성악을 한 것은 아닙니다. 역대상 25장 7절에 있는 대로 "여호와 찬송하기를 배워 익숙한" 사람들입니다.

우리가 흔히 말하기를 이런 재능이 선천적인가 아니면 후천적인가 하는 이야기를 합니다. 그러나 이 두 가지 요소가 함께 작용한다고 보아야 할 것입니다. 다시 말해서 태어나면서부터 남다른 재능을 가지고 태어난 사람도 있습니다. 그러나 아무리 선천적 재능이라 해도 후천적인 요소가 더 많이 작용하고 있습니다. 선천적 재능이 없는 사람은 아무리 가르쳐도 능률이 오르지 않습니다. 또 반대로 선천적 재능을 가진 사람이라 해도 가르치는 사람이 없거나, 배울 기회를 놓쳐 버리고 나면 재능은 발휘하지 못하는 것입니다. 그래서 사도 베드로는 말하기를 "각각 은사를 받은 대로 하나님의 각양 은혜를 맡은 선한 청지기 같이 서로 봉사하라"(벧전 4:10)고 하였습니다.

결국 우리는 하나님이 주신 재능 안에서 봉사할 수 있는 것입니다. 누구나 성가대를 할 수 있는 것이 아닙니다. 누구나 주일학교 교사를 할 수 있는 것이 아닙니다. 식당 주방에서 음식을 만들고, 차량을 운전하고, 그림을 그리거나 행사기록용 사진을 찍고, 컴퓨터를 다루고 홈페이지를 관리하고, 강단의 꽃을 장식하고 하는 모든 것들은 각각 그 재능이 있는 사람만 할 수 있는 일입니다. 후천적인 요소도 있지만 선천적으로 재능을 가지고 태어나야 합니다. 또 배우고 훈련을 쌓아야 가능한 일들입니다. 따라서 이런 재능을 가지고 있는 사람은 "나에게 거룩한 봉사를 할 수 있는 기회를 주셨구나" 생각을 해야 합니다. 그리고 주님을 위해 봉사하기 위해 더욱 열심히 배우고 다듬어 익숙한 사람이 되어야 합니다.

셋째, 우리는 하나님이 세우신 질서 안에서 봉사해야 합니다.

하나님은 어지러움의 하나님이 아니라 질서의 하나님이시기 때문에 거룩한 봉사를 하는 사람들도 마땅히 교회의 질서를 유지하는 가운데 봉사해야 합니다. 그리고 그 질서는 구체적으로 하나님이 세우신 권위에 대해 복종하는 것입니다. 특히 우리는 하나님이 맡겨주신 거룩한 직무로 인해 감사하고 찬송하며 봉사하여야 합니다. 그렇습니다. 우

stewardship

리의 봉사는 감사가 넘쳐야 하고 찬송 가운데 이루어져야 합니다. 그래야 봉사하는 사람도 힘이 넘치고, 하나님도 영광을 받으시는 것입니다.

(2) 하나님은 우리의 봉사를 원하신다

요한복음 11장을 읽어보면 죽은 나사로의 무덤에 찾아가신 주님은 주위에 서 있는 사람들에게 "돌을 옮겨 놓으라" 하셨습니다. 또한 더럽고 냄새나는 나사로의 손과 발을 동여맨 베를 풀어주고 얼굴을 덮고 있는 수건을 풀어주라고 하셨습니다. 주님께서 돌을 옮길 수 없을 만큼 크기 때문만은 아닙니다. 주님이 나사로를 풀어주자니 썩어 더럽고 냄새나기 때문이 아닙니다. 이 기적의 현장에서 그저 우리가 구경꾼으로 있지만 말고 그 놀라운 사역에 동참자가 되게 하신 것입니다. 단순히 구경만 한 사람들과 돌을 옮기거나 나사로를 풀어 준 사람과의 느낌과 감동은 큰 차이가 있을 것입니다. 그들은 자신들이 그곳에 있었다는 사실을, 그리고 그때 그 무덤의 돌을 옮긴 사람이 자신이라는 것을 친구들과 후손들에게 자랑스럽게 이야기했을 것입니다. 대부분 새신자들은 교회봉사를 안 시키려고 합니다. 교회 청소를 하거나 구역별로 주방봉사를 할 때도 새신자들은 참여시키지 않으려고 합니다. 믿음이 떨어질까봐 그러나 봅니다. 그러나 사실을 봉사를 하면서 내 교회라는 주인 의식이 생기고 믿음이 성장합니다. 봉사할 줄 모르고 교회를 다니면 10년을 다녀도 언제나 손님입니다.

요한복음 11장과 12장에 나오는 마르다와 마리아를 생각해 봅시다. 그들은 한 자매이면서도 성격이나 믿음의 분량이 서로 다른 것을 알 수 있습니다.

　마르다는 잠시도 집에 가만히 있지 못하는 여인입니다. 이 날, 예수님이 어느 한 작은 마을(그곳은 베다니였다)에 들어가시게 되었을 때 누구보다 먼저 예수님을 반겨 맞으며 자기 집으로 영접한 사람은 마르다입니다. 그리고는 이것저것 분주하게 준비하여 예수님을 정성껏 대접하였습니다. 이것은 마르다의 부지런함이 아니면 할 수 없는 일입니다. 요한복음 12장을 보면 베다니에서 예수님을 위한 잔치가 베풀어 졌을 때(마 26 ㅣ6)에도 마르다는 부지런히 일을 보고 있었습니다(요 12:2). 요한복음 11장에서 오빠 나사로가 병들어 죽었을 때에 찾아오신 예수님을 영접하는 모습이 대조적입니다.

　예수님이 오신다는 말을 듣고 맨 먼저 나가 맞이한 사람은 마르다입니다. 그때도 마리아는 집에 있었습니다(요 11:20). 나중에 마르다가 보다 못해 "마리아야, 선생님이 오셔서 너를 부르신다" 하자 비로소 급히 일어나 예수님께 나갔습니다. 이처럼 마르다는 부지런한 봉사자입니다. 잠시도 가만히 있지 못하고 이것저것 찾아다니며 일하는 사람이요. 이집 저집 찾아다니며 일을 도와주는 일꾼이었습니다.

　하나님의 교회에는 마르다처럼 앞장서서 척척 일을 해나가는 부지런한 일꾼이 필요합니다. 일을 무서워하지 않고 행사가 있을 때마다 앞장서는 부지런한 사람이 얼마나 고마운지 모릅니다. 심방을 한다고 광고를 하면 그곳에 먼저

stewardship

나와 있고, 교회당 청소를 하다보면 그 곳에서도 보이는 사람, 큰 일이건 작은 일이건 앞장서서 척척 일을 해주는 일꾼이 사랑스러울 수밖에 없습니다. 사실 우리 교회에도 마르다 같이 부지런한 분들이 계십니다. 주중에도 몇 번 찾아와 교회당을 이곳저곳 돌아봅니다. 청소하는 일, 쓰레기를 치우는 일 등 크고 작은 일들을 찾아서 해냅니다. 그렇다고 해서 교회에서 일당을 드리거나 월급을 드리는 것도 아닙니다. 그러나 누군가 이런 값진 봉사자가 있으니 교회가 늘 깨끗이 유지되고 있는 것입니다.

성도들의 봉사가 점점 더 메말라가고 있습니다. 옛날에는 성도들의 헌신을 통해 이루어지던 일들이 이제는 돈으로 해결하지 않으면 안 되는 시대가 되었습니다. 옛날에는 성전을 건축한다 하면 온 교우들이 교회에 나와 땅을 고르고 벽돌을 나르고 하였습니다. 그러나 요즘은 그런 모습을 보기 어렵습니다. 월요일과 토요일만 되면 성도들이 나와 교회당을 쓸고 닦았는데 이제는 청소할 사람이 없습니다. 교회들마다 청소를 해줄 직원을 둘 수밖에 없습니다. 그러나 작은 교회에서는 그것도 쉬운 일은 아니기 때문에 얼마 후에는 교회만 돌아다니면서 청소를 해 주는 신종 직업이 생겨날 것입니다.

우리는 하나님의 동역자들이라고 하셨습니다(고전 3:9). 지금도 주님은 우리를 당신의 일에 동참시키려 하십니다. 우리가 필요해서가 아닙니다. 우리의 도움이 없으면 하실 수 없기 때문이 아닙니다. 솔직히 말해서 우리가 얼마나 주님에게 도움이 되겠습니까? 도움은커녕 오히려 방해나

되지 않으면 다행이지요. 그런데도 우리를 불러 사역에 동참시키려 하십니다. 우리의 믿음을 위해서입니다. 하나님께서 일하시는 역사의 현장에 우리들이 작은 부분이라도 헌신되어 쓰이기 원하시는 것입니다. 그래서 '성전을 건축하고, 세계를 복음화 하고, 주님의 몸 된 교회를 세우는 이 큰 기적의 현장에서 나도 한 몫을 감당했다'는 큰 기쁨을 함께 나누기 원하시는 것입니다.

시편 122편 6절에 보면 "예루살렘을 사랑하는 자는 형통하리로다"라는 말씀이 있습니다. 이 말씀을 아주 단순한 말로 바꾸면 "교회를 사랑하면 복을 받는다"는 말이 될 것입니다. 교회를 사랑하십시오. 그러면 틀림없이 하나님께서 복을 주실 것입니다. 만사가 형통하는 복을 주실 것입니다. 너무 깊이 교회에 발을 들여놓으면 부담이 많다고 해서 교회와 일정한 간격과 거리를 두고 신앙생활을 하는 사람들이 더러 있는데, 세상에 혼자 똑똑한 척하면서 가장 어리석은 삶을 사는 사람이 바로 그와 같은 사람입니다. 세상에서도 아웃사이더가 되면 안 되지만 교회에서는 절대로 아웃사이더가 되면 안 됩니다. 이왕에 교회생활을 하고 신앙생활을 하려면 교회에 깊이 발을 들여놓는 것이 좋습니다. 때로는 부담도 되고 때로는 그 때문에 상처도 받지만 교회를 사랑하여 교회에 깊이 발을 들여놓음으로 받는 유익과 축복에 비하면 그와 같은 것들은 아무것도 아닌 것입니다. 그러므로 우리 교회에서 봉사할 것이 없는가 찾아보십시오. 헌신할 것이 없는가 찾아보십시오. 교회

제3장 집사의 신앙생활

stewardship

에 부족한 것은 없는가 살펴보고 교회에 어려운 일은 없는가 돌아보십시오. 내가 필요한 일과 내가 일할 수 있는 구석이 없는가를 찾아보십시오. 그리고 할 수 있는 대로 교회에 도움이 되는 일에 앞장을 서시기 바랍니다.

물론 교회에도 텃세가 있어서 처음에는 교회의 중심으로 들어가기가 쉽지 않지만 그래도 세상보다는 쉽습니다. 조금만 참고 겸손한 자세로 열심히 하면 누구나 교회의 중심에서 교회를 섬길 수 있습니다. 절대 교회 밖으로 밀려나지 않도록 조심하여야 합니다.

노력하고 기도하며 교회에 애정을 쏟아 보십시오. 그렇게 되면 교회 다니는 일이 즐거워지고 남보다 한 번이라도 더 나가게 되고 예배 중에 은혜도 더 받게 됩니다. 신앙이 반듯하고 아름답게 자랄 것은 자명한 일이고 그러면 자연히 하나님의 축복 밖에는 받을 것이 없게 될 것입니다. "예루살렘을 사랑하는 자는 형통하리로다" 아멘.

(3) 더 나가 우리의 눈을 세상으로 돌려야 한다

밖을 내다보면 우리가 해야 할 일들이 얼마나 많이 있는지 모릅니다. 세상은 우리를 기다리고 있습니다. 예수님은 산상수훈을 통해 우리를 세상의 빛과 소금이라 하셨습니다. 이것은 세상에 대한 우리의 책임을 말씀하신 것입니다. 하나님께서 우리에게 복을 주신 궁극적인 목적은 세상 모든 사람들에게 하나님과 그 아들 예수 그리스도를 믿게 하고 그로 말미암아 주시는 은혜와 복을 함께 누리도록 하는데 있기 때문입니다. 여기에 성도의 존재 가치가 있는 것입니다.

예수님은 말씀하시기를 "너희는 세상의 소금이니 소금이 만일 그 맛을 잃으면 무엇으로 짜게 하리요 후에는 아무 쓸 데 없어 다만 밖에 버려져 사람에게 밟힐 뿐이니라 너희는 세상의 빛이라 산 위에 있는 동네가 숨겨지지 못할 것이요 사람이 등불을 켜서 말 아래에 두지 아니하고 등경 위에 두나니 이러므로 집 안 모든 사람에게 비치느니라 이같이 너희 빛이 사람 앞에 비치게 하여 그들로 너희 착한 행실을 보고 하늘에 계신 너희 아버지께 영광을 돌리게 하라"(마 5:13-16)고 하셨습니다.

사람들은 흔히 "너희는 세상에 소금이 되라. 빛이 되라"라고 말합니다. 아마도 어린이 찬송가 때문인가 봅니다. "예수님은 우리들의 밝은 등불이어요. 반짝반짝 빛나며 하시는 말씀 너희들은 세상 빛이 되어라. 너희들은 세상 빛이 되어라." 그러나 어떻게 우리가 소금이 될 수 있단 말입니까? 소금은 그만두고 흑인에게 백인이 되라고 해도 아마 "누굴 놀리느냐"고 대들 것입니다. 하나님께서도 "구스인이 피부를, 표범이 반점을 변하게 할 수 있느냐 할 수 있을진대 악에 익숙한 너희도 선을 행할 수 있으리라"(렘 13:23)고 하셨습니다. 그러나 하나님은 이미 우리를 소금으로 만들고 빛으로 만드셨습니다. "너희는 세상의 소금이니 소금의 사명을 감당하라. 세상의 빛이니 빛의 사명을 감당하라"는 것입니다.

소금과 빛은 세상에서 없어서는 안 될 가장 소중한 존재입니다. 소금이 없는 세상, 빛이 없는 세상을 한 번 상상해 보십시오. 얼마나 끔찍하겠습니까? 모든 음식에는 소금이 들어가야 하니 소중하고 빛이 없으면 캄캄하고 생명이 존재할 수 없으니 소중한 것입니다. 그러나 소금과 빛은 세상에서 가장 흔한 존재입니다. 물론 옛날에는 소금이 대단히 귀하고 소중했다고 합니다. 그래서 월급을 소금으로 주기도 했습니다. 요즘 봉급을 샐러리(salary)라고 하는데 이 말은 고대 로마 군인들에게 봉급을 소금(salt)으로 주었던 데서 나온 말이라고 합니다. 그러나 천일염이 개발되고 난 요즈음 소금이 얼마나 흔하고 쌉니까? 그런데 하나님은 사람들이 살아가는데 꼭 필요한 것은 흔하게 만드셨습니다. 물, 공기, 식량… 이런 것들은 흔하지 않습니까? 그러나 사람이 살아가는데 반드시 필요한 것이 아닌 보석 같은 것은 귀하게 여기고 있습니다.

이처럼 성도들은 세상에서 소금처럼 귀한 존재요 빛처럼 귀한 존재인데 사람들은 그 가치를 모릅니다. 교회도 그래요. 범죄자를 잡아가는 파출소 두 개 세우는 것보다 범죄를 막아주는 교회 하나 세우는 것이 더 소중한데 사람들은 그 가치를 모릅니다. 그저 집 주위에 술집이나 오락실이 서는 것은 크게 반대하지 않는데 교회가 선다고 하면 목숨 걸고 반대 투쟁을 합니다. 가치를 모르니까 그렇지요. 그러나 다른 의미로 생각해 본다면 우리 교회가 세상에서 필요한 존재로 느껴지지 않기 때문이 아닐까요? 다시 말해서 세상에서 소금처럼 빛처럼 살아가지 못했기 때문인지도 모릅니다.

이제 우리 교회는 교회 자신을 위해 존재하려고 할 것이 아니라 세상을 위한 교회로 거듭나야 합니다. 이것은 교회의 사회봉사입니다. 교회가 세워지는 것을 주민들이 반대하는 세상이 아니라 교회를 유치하려고 로비를 벌이는 세상이 되어야 합니다. 주역 주민들이 필요로 하는 교회, 교회가 옮겨갈까봐 걱정하는 교회가 되어야 합니다.

아직 우리 교세가 미약하여 이 부분에 많은 투자를 하지 못하고 있는 것은 사실입니다. 그러나 지난 1996년 3월에 쌍문노인학교를 시작하여 지금까지 운영해 오면서 지역 어르신들을 섬기고 있습니다. 매주 수요일 하루 시간을 할애해서 어르신들을 돕고 섬기는 일에 동참하는 것은 시간이 주어진 분이라면 동참할 수 있는 정말 보람 있는 일입니다.

또한 어려운 환경 속에서 용기를 잃지 않고 꿋꿋이 살아가는 소년소녀 가정을 후원하기 시작한 것이 1993년부터입니다. 그해 교단신문인 한국교회공보(현 한국교회신보)에서는 창간 2주년 기념사업으로 '소년소녀 가장에게 꿈과 희망을 줍시다'란 캠페인을 실시하였습니다. 이 뜻있는 일에 우리 교회도 동참하기로 하였습니다. 1구좌 1만원이긴 하지만 1가정에 1만원의 후원이 무슨 힘이 되겠는가 싶어 5만원을 후원하겠다고 신청을 하였습니다. 그러나 나중에 한국어린이재단(현 한국복지재단)에서 결연서가 온 것을 보니 다섯 명의 학생들이 결연되어 있었습니다. 때로는 여름 휴가비 5% 절약하기 운동을 벌여 기금을 마련하고, 때로는 바자회 등으로 기금을 마련하여 이들에게 특별 후원금을 보내 주곤 했습니다. 그때부터 지금까지 우리는 꾸준히 소년소녀 가장을 후원하고 있습니다. 학생들이 고등학교를 졸업하고 성년이 되면 후원이 중단되고 다른 학생으로 연결되었지만 지금은 5명의 학생들에게 각 기관에서 일정액의 후원금을 보내주고 있습니다. 과연 그때 시작한 교회나 개인들 중에 지금까지 꾸준히 후원하고 있는 경우가 얼마나 되는지 궁금합니다.

또한 2002년부터는 쌍문 지역에서 힘들게 사시는 어르신들 9가정을 결연하여 매월 5만원씩 생활보조금을 후원해 드리고 있는데 40여 명의 성도들이 동참하고 있습니다. 이들 한분 한분의 형편을 들여다보면 실로 마음이 아픈 분들이 참 많습니다. 그중에 한 분 김연수 어르신은 지난 2000년에 뇌졸중으로 쓰러져 왼쪽 마비증상이 와서 거동을 전혀 못하고 계십니다. 식사, 대소변, 목욕 등 일상생활 능력이 전혀 없는 상태로 부인의 도움이 절대적으로 필요한 상황이지만 부인의 건강 역시 좋지 않아 부양의 어려움을 호소하고 있는 형편입니다. 또한 IMF때 장남이 사업부도로 도주하게 되어 가정이 해체되었고, 손자 2명(중·고등학생)을 떠맡아 양육을 하고 계시기 때문에 경제적 어려움이 말이 아닙니다. 이 어르신 부부는 몇 년전 도봉노인복지관에서 뒤늦게 결혼식을 올렸는데 제가 주례를 서 드리기도 했습니다.

그뿐 아니라 전에 열심히 봉사하던 장애인 시설의 봉사활동도 조만간 우리가 다시 시작해야 할 일들입니다. 가까운 복지관이나 실버센터 같은 곳에도 도움의 손길이 필요하다고 합니다. 쌍문2동 복지협의회 활동, 그리고 사랑의 헌혈운동이나 장기기증운동 등도 우리 교회가 꾸준히 해나가야 할 일들 중 하나입니다.

그 외에도 우리가 손을 펼쳐야 할 곳은 수 없이 많습니다. 그러나 기억할 것은 우리 신앙의 구심점은 역시 교회입니다. 따라서 교회 밖의 어디서 봉사활동을 펼치든지 늘 교회가 중심이 되어야 하고 담임목사가 그 활동상황을 알고 있어야 바른 신앙지도를 해 드릴 수 있습니다. 우리가 지역 주민들을 위해서, 그리고 지역 사회를 위해서 해야 할 일들은 수 없이 많습니다. 다만 교세가 미약하여 손길이 미치지 못하여 안타까울 뿐입니다.

이런 봉사활동을 통해 하나님께 영광을 돌릴 수 있고 또 지역 주민들의 마음이 열려 복음의 문이 열리기도 하지만 사실은 봉사에 동참하는 우리 자신들이 더 큰 은혜를 받고 신앙의 성숙을 가져오게 됩니다.

"부지런하여 게으르지 말고 열심을 품고 주를 섬기라 소망 중에 즐거워하며 환난 중에 참으며 기도에 항상 힘쓰며 성도들의 쓸 것을 공급하며 손 대접하기를 힘쓰라"(롬 12:11-13) 하셨습니다.

기억하시기 바랍니다. 교회 내부적 봉사활동이나 외부 활동에 동참하지 않고 그냥 교회만 출석하다 보면 평생 손님처럼 느껴집니다. 그러니 힘들고 어려워도 적극 동참하게 될 때 우리가 한 가족임을 실감하게 되고 신앙은 성숙하게 되는 것입니다.

청 지 기

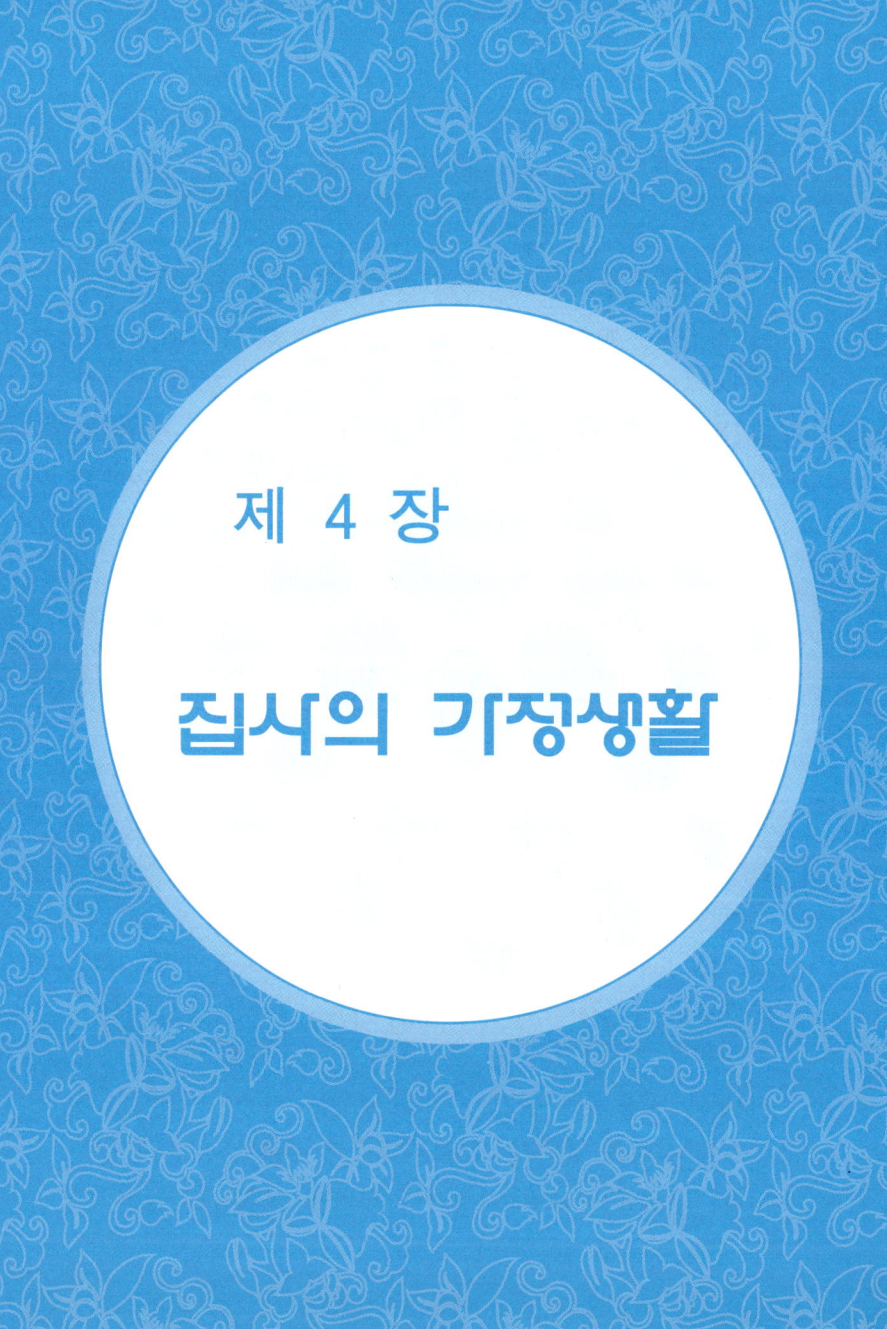

제 4 장

집사의 가정생활

제4장 집사의 가정생활
(창세기 2:18-25)

하나님은 맨 처음 인류의 출발을 가정으로부터 시작하게 하셨고, 예수님도 공생애의 첫 시작을 가정이 탄생하는 가나의 혼인집에서 출발하셨습니다. 가정을 잘 다스리지 못하면 교회를 돌볼 수 없습니다(딤전 3:4-5, 12). 가정이 원만해야 기도가 막히지 않고(벧전 3:7), 가정생활을 잘 해야 하나님의 말씀이 훼방 받지 않습니다. 가정에 충실하지 못한 사람은 교회에서도 충성할 수 없으며, 가정에서 화평을 이루지 못하는 사람은 교회에서도 항상 불평, 불만, 불화를 가져옵니다. 집사의 가정을 가보면 집사의 모습을 볼 수 있습니다.

1. 가정의 중요성

주수일 장로님이 쓴 『아름다운 가정의 비밀』이란 책에 보면 그랜저 승용차를 타고 상담을 하러 온 50대 중년 부인의 이야기가 실려 있습니다.

남편은 잘 나가는 한 무역회사 사장이었고 자녀는 1남 1녀인데 딸은 1년 전에 시집을 보냈고 아들은 얼마전 미국으로 유학을 보내서 70평 아파트에 부부만 살고 있었습니다. 남편은 비교적 착실하여 바람을 피우지도 않고 크게 속상하게 하는 일도 별로 없었고 생활비도 많이 주어서 여유 있는 나날을 보냈습니다. 그러면서 본인은 자기는 허구한 날 골프를 치고 사우나를 하고 친구들과 다니며 노는 것이 일과라는 것입니다.

그런데 이유 없이 자꾸 살고 싶지 않다는 생각이 든다는 것입니다. 자신도 이상하다는 것이지요. 좀 더 물어보니 남편은 일류대학인 S대학 중에서도 법과대학을 나왔으니 머리도 좋고 능력도 있었습니다. 그래서 그런지 좀 뒤지는 학교를 나온 자기를 보고 늘 '바보'란 말을 잘 썼다고 합니다. 무슨 일을 웬만큼 해 놓아도 남편에게 책잡히기 일쑤였고 그러다보니 자연히 모든 일에 자기를 의논의 대상으로 생각해 주지 않을뿐더러 자기 말에는 귀를 기울여주지도 않게 되었습니다. 이제는 애들도 다 떠났기 때문에 집안일도 별로 없었고 남편의 아침저녁 밥상을 보는 것이 제일 큰일인데 그나마 남편은 반 이상 저녁을 먹고 들어와 그 일도 별로 많지 않았답니다. 이렇게 할 일이 없어진 그녀는 차츰 공허해지기 시작했습니다. 한때는 열심히 귀금속도 사고 옷도 사 입고 모양을 내는데 취미를 가졌지만 이제는 누가 봐줄 사람도 없고 나이도 먹고 한물 간 것 같아서 여기에도 취미를 잃었다고 합니다.

연애시절에는 남편이 자기를 상당히 좋아해서 대학을 졸업하기도 전에 서둘러서 결혼을 했는데 신혼기가 지나고 남편이 사업을 하면서 바빠지자 부부가 오순도순 대화할 시간이 없어졌답니다. 그래서 부인은 아이들을 기르는데 힘은 다 쏟았고 남편은 사업에만 열중을 하였는데 아이들

마저 집을 떠나고 나니 마음을 둘 곳이 없어진 것입니다.

위안을 얻을까 하여 친구의 권유로 교회를 나가 봤는데 교회생활에 적응이 쉽지 않고 손뼉을 치고 찬송을 하며 통성기도를 하는데 그 분위기에 도저히 어울릴 수 없더랍니다. "교회에서도 위로를 받을 수 없고 할 일도 없는 자기가 살 필요가 있겠는가?" 하는 생각이 드니 살고 싶은 생각이 없다는 것입니다. 이것은 특별한 케이스가 아닙니다. 지금도 많은 사람들이 환경과 사정은 조금 다르지만 비슷한 경험을 겪고 있습니다.

하나님은 맨 처음 아담과 하와를 창조하시면서 가정을 이루게 하셨고 인류의 출발을 가정으로부터 시작하게 하셨습니다. 예수님도 공생애의 첫 시작을 가정이 탄생하는 가나의 혼인집에서 출발하셨다는 점은 결코 우연이라고 할 수 없을 것입니다.

바울은 디모데에게 가정을 잘 다스리지 못하면 교회를 돌볼 수 없다면서 교회 일을 하기 전에 먼저 가정을 잘 다스리는 자가 되어야 한다고 조언해 주고 있습니다. 가정이 원만해야 기도가 막히지 않고, 가정생활을 잘 해야 하나님의 말씀이 훼방 받지 않기 때문입니다. 가정에 충실하지 못한 사람은 교회에서도 충성할 수 없으며, 가정에서 화평을 이루지 못하는 사람은 교회에서도 항상 불평, 불만, 불화를 가져옵니다. 따라서 성도의 가정을 가보면 그의 살아가는 모습을 볼 수 있습니다.

(1) 하나님을 모르는 일반 가정의 모습

이혼이란 말을 요즘처럼 흔하게 들어보기는 쉽지 않은 듯합니다. 우리가 어릴 때만 해도 주변에서 삶과 죽음이 서로를 갈라놓기는 하지만 서로 생각이 다르고 뜻이 달라서 갈라서는 경우는 흔치 않았습니다. 그러나 요즘에는 우리 주변에서도 이런 가정들을 종종 볼 수 있으며 이런 부부 사이에서 태어난 자녀들의 문제가 커다란 사회문제가 되는 경우를 볼 수 있습니다. 이제는 가정 파괴란 말이 교회 밖에서만 나타나는 현상이 아니라 교회 안에서도 심각하게 생각해야 하는 시대를 맞고 있습니다. 따라서 건강한 신앙생활을 위해서 건강한 가정이 반드시 필요한 것입니다.

어느 글을 읽다보니 20년 이상을 살아온 부부에게 "다시 태어나도 지금의 남편 혹은 아내와 다시 결혼하겠습니까?"라는 질문에 미국인들은 4%가 긍정적인 대답을 했다고 하였습니다. 그러면 우리나라의 경우는 어떨까요? '사랑의 전화 사회연구소'에서 기혼여성 450명을 대상으로 조사하였습니다. "다시 태어나도 지금의 남편과 결혼하겠습니까?" 이 질문에서 '아니오'라는 대답이 70.7%, '예'라는 응답이 27.5%로 나타났습니다. 반면 남편을 대상으로 조사한 결과는 '그렇다'고 응답한 비율이 60.7%, '아니오'라고 대답한 비율이 18.4%로 아내들과 상반된 반응을 보였습니다.

바울 사도는 에베소서 4장 17-19절에서 이렇게 가르치고 있습니다. "네가 이것을 말하며 주 안에서 증언하노니 이제부터 너희는 이방인이 그 마음의 허망한 것으로 행함 같

이 행하지 말라 그들의 총명이 어두워지고 그들 가운데 있는 무지함과 그들의 마음이 굳어짐으로 말미암아 하나님의 생명에서 떠나 있도다 그들이 감각 없는 자가 되어 자신을 방탕에 방임하여 모든 더러운 것을 욕심으로 행하되 오직 너희는 그리스도를 그같이 배우지 아니하였느니라" 하나님의 생명에서 떠나 있는 무지한 사람들은 감각을 잃어버립니다. 그래서 자신을 방탕에 방임하여 모든 것을 더러운 욕심으로 행하고 있습니다. 감각을 잃어버렸기 때문에 이렇게 방탕하게 살다가 어떤 결과가 올지 생각을 해보지 못하고 그저 더러운 욕심을 따라 살아갈 수밖에 없는 것입니다.

또한 디모데에게 편지를 보내면서 "너는 이것을 알라 말세에 고통하는 때가 이르러 사람들이 자기를 사랑하며 돈을 사랑하며 자랑하며 교만하며 비방하며 부모를 거역하며 감사하지 아니하며 거룩하지 아니하며 무정하며 원통함을 풀지 아니하며 모함하며 절제하지 못하며 사나우며 선한 것을 좋아하지 아니하며 배신하며 조급하며 자만하며 쾌락을 사랑하기를 하나님 사랑하는 것보다 더하며 경건의 모양은 있으나 경건의 능력은 부인하니 이같은 자들에게서 네가 돌아서라"(딤후 3:1-5)고 하였습니다.

(2) 가정은 천국의 모형

일찍이 해리슨(N. B. Herison)은 말하기를 "이 세상에는 하나님이 세우신 신성한 단체가 둘이 있다. 그 하나는 가정이요 또 하나는 교회이다"라고 했습니다. 그러나 하나님께서는 인간을 만드시고 그들이 하나님의 분복 아래 행복하게 살 수 있도록 세 가지 제도를 마련해 주셨습니다. 첫째가 가정이요, 둘째가 교회요, 셋째는 국가입니다. 그래서 어느 시대, 어느 민족이든지 이 세 가지 제도를 잘 발달시킨 나라는 하나님께 복을 받아 잘 살게 되었고 이들 중 어느 하나라도 소홀히 하는 사람이나 민족은 복 받지 못한 것을 세계 역사는 증명해 주고 있습니다.

그렇다면 교회와 가정 어느 것이 먼저 시작되었습니까? 그야 물론 가장 먼저 세워진 제도는 가정입니다. 에덴동산에서 시작된 가정은 인류 사회의 가장 기본적인 조직입니다. 그러므로 행복한 삶은 행복한 가정에서부터 출발한다고 해도 과언이 아닙니다. 그런데 신자들 가운데도 결혼에 대한 잘못된 인식을 가진 사람들이 있습니다. 서로가 좋아서 만나 결혼했다는 생각입니다. 그러니 나중에 살다가 서로 싫으면 헤어질 수 있다는 것입니다. 마치 손목시계를 샀는데 오래 차고 다니다 보니 싫증도 나고 시간도 잘 안 맞으면 버리는 것처럼 결혼도 이와 다를 바가 없다는 것이지요. 그렇지만 제게는 고장난 손목시계가 하나 있습니다. 크기도 얼마나 크고 무거운지 벽시계 만합니다. 그러나 저는 35년이 지난 지금까지 버리지 않습니다. 고장난 시계지만 잘 간직하고 있습니다. 아내가 약혼 기념으로 사준 시계이기 때문입니다.

부부도 마찬가지가 아닐까요? 내가 선택하여 만난 사람이라면 병들고 싫증이 나면 버릴 수 있습니다. 그러나 그렇지 않고 하나님께서 주신 선물이라면 그렇게 간단히 버릴 수는 없을 것입니다. 성경은 무어라 말씀하고 있습니

까? "집과 재물은 조상에게서 상속하거니와 슬기로운 아내는 여호와께로서 말미암느니라"(잠 19:14)고 하였습니다. 부모를 내가 선택하는 것이 아니고 내가 낳는 자녀도 역시 내가 선택하는 것이 아닌 것처럼 부부의 만남도 역시 내가 선택하여 만나는 것이 아니라 하나님이 짝지어 주신 것입니다.

결혼은 생각할수록 신기하다는 생각이 듭니다. 20년이나 넘게 살아오면서 자신의 성격이 형성되고 습관이 몸에 배인 사람이 어느날 갑자기 성격도 다르고 사는 방식도 다르고 습관도 다르고 심지어는 먹는 음식 맛도 다른 사람을 만나 함께 살아가는 것입니다. 그러므로 서로를 이해하고 서로를 받아들이는 자세가 없이는 행복한 가정을 이룰 수 없습니다.

가정을 작은 천국으로 만들기 위해 우리가 힘써야 하는 최우선 과제는 역시 온 가족을 인가귀도(引家歸道)하여 복음화 시키는 일입니다. 온 가족이 신앙적으로 성숙하게 되면 사소한 문제들은 자연히 해결되고 맙니다. 어떤 집에 식량이 떨어지고, 날씨는 추운데 보일러에 기름이 떨어졌다고 합시다. 게다가 냉장고를 열어보니 반찬거리도 떨어졌고, 아이들 양말도 없다고 아우성입니다. 그렇다면 먼저 무엇이 필요합니까? 간단합니다. 돈이 떨어진 것이지요. 돈만 있으면 이 모든 문제는 다 해결됩니다.

우리 가정도 마찬가지입니다. 여러 가지 문제가 발생하지만 신앙의 성숙을 가져오면 믿음 안에서 다 해결될 수 있습니다. 그래서 우리는 금년에 먼저 자녀들을 교회로 인

도하는 일에 힘을 쏟도록 합시다. 교회에서 유치부나 유초
등부, 중고등부, 그리고 청년부를 맡고 있는 분들에게 당
부합니다. 다른 사람들을 전도하기보다 우선 우리 교회 성
도님들의 자녀들을 교회로 불러들이는 일에 힘을 기울여
주시기 바랍니다. 그렇지만 이 일은 교사들만의 노력으로
이루어질 수는 없습니다. 부모와 교사, 교사와 부모의 힘
을 합쳐야만 합니다.

또한 아직 교회에 나오지 않는 남편이나 아내를 인도하
는 일에 힘을 쏟도록 합시다. 부부는 한 몸이나 마찬가지
입니다. 어찌 사랑하는 아내나 남편을 혼자 두고 천국에
갈 수 있겠습니까? 그뿐 아니라 아직 믿지 않는 부모님을
인도하는데 힘을 쏟아야 하겠습니다. 효도 중의 효도는 부
모님을 전도하여 예수 믿고 천국 가게 하는 것입니다. 금
년에는 먼저 우리의 가족들을 복음화 시키는 일에 최선을
다하는 해가 되어야 하겠습니다. 그래서 우리 가정을 작은
천국으로 만들어야 하겠습니다. 이것이 하나님의 뜻을 이
땅에서 이루어드리는 출발점입니다.

(3) 가정은 작은 교회

신약성경에서 가정에 대한 언급은 그리 많지 않습니다.
그중에 가장 기억이 나는 곳은 역시 골로새서 3장 18-21절
과 에베소서 5장 22절에서 6장 4절 말씀입니다. 두 성경이
쌍둥이 서신이기 때문에 내용도 서로 비슷합니다. 그리고
로마서나 고린도후서, 갈라디아서, 빌립보서, 데살로니가
전·후서 등에는 가정에 대한 교훈을 찾아볼 수 없습니다.

왜 그럴까요? 가정의 중요성을 깨닫지 못해서가 아니라 가정과 교회, 교회와 가정을 하나로 보았기 때문입니다. 그렇다면 좀 짧게 표현된 골로새서에는 무어라고 했는지 찾아봅시다. "아내들아 남편에게 복종하라 이는 주 안에서 마땅하니라 남편들아 아내를 사랑하며 괴롭게 하지 말라 자녀들아 모든 일에 부모에게 순종하라 이는 주 안에서 기쁘게 하는 것이니라 아비들아 너희 자녀를 노엽게 하지 말지니 낙심할까 함이라"

특히 성경에 나오는 초대교회는 대부분 가정에서 출발하였습니다. 예를 든다면 고린도전서 16장 19절에 "아굴라와 브리스가와 그 집에 있는 교회가 주 안에서 너희에게 간절히 문안"한다고 하였습니다. 로마서 16장 3-5절을 보면 "그리스도 예수 안에서 나의 동역자들인 브리스가와 아굴라에게 문안하라"고 하면서 이어서 "또 저의 집에 있는 교회에도 문안하라"고 하였습니다. 골로새서 4장 15절에는 "눔바와 그 여자의 집에 있는 교회"를 문안하고 있으며 빌레몬에게 편지를 보내면서 "네 집에 있는 교회에 편지하노니"(몬 1:2)라고 하였습니다. 그러니 브리스길라 부부의 집, 눔바의 집, 빌레몬의 집은 이미 교회로 사용되고 있었던 것입니다.

요즘에는 많이 달라졌지만 30-40년 전만 해도 우리나라에서 교회를 개척하려면 대부분 목사님 집이나 집사, 장로님 댁에서 교회가 시작되었습니다. 그러다가 교회가 부흥되고 장소가 비좁으면 상가를 임대하여 사용하고 돈이 모아지면 땅을 사서 예배당을 건축하고 하였던 것입니다. 그러니 가정과 교회, 교회와 가정이 뚜렷이 구분되지 않은 것은 당연한 일입니다. 이미 오랜 전통을 가지고 있는 구역모임이나 요즘 새로운 형태의 셀모임 같은 것 역시 하나의 가정교회 형태를 가지고 있지 않습니까? 그런데 만약 우리집에서 교회로 모이는데 허구한 날 부부싸움을 하고 엄마가 아들을 쥐 잡듯 팰 수 있겠습니까?

그렇다면 우리 가정이 작은 교회라는 것을 무엇으로 보일 수 있습니까? 대문에 교패가 붙어있고 거실에 성화가 걸려 있고 오디오 장식장에 찬송가 테이프나 찬양 CD가 꽂혀 있고, 책장에는 성경 찬송가는 물론이거니와 경건한 신앙서적들이 꽂혀 있는 것으로 확인할 수 있을까요? 물론 이런 외적인 표시도 중요합니다. 그러나 뒤에 언급하겠지만 더욱 중요한 것은 그들의 삶 속에서 신앙의 모습이 묻어나는 것입니다.

여호수아는 모든 백성들을 모아놓고 이렇게 외쳤습니다. "너희가 섬길 자를 오늘 택하라 오직 나와 내 집은 여호와를 섬기겠노라"(수 24:15). 신앙생활은 교회에서만 하는 것이 아닙니다. 몇 년 전 어느 병원을 찾았다가 감동을 받았습니다. 솔직히 저는 그곳이 교회인지 병원인지 아니면 어느 믿음 좋은 집사님 집인지 분간하기 어려웠습니다. 곳곳마다 성경과 신앙서적이 놓여 있었고 찬송이 항상 그치지 않았습니다. 환자들을 진찰하고 치료하면서 신앙적 치료를 앞세우고 있었습니다. 이것이 바로 우리가 추구해야 할 이상적인 성도의 가정입니다.

어느 조사기관에서 서울시내 20-30대 직장인을 대상으로

조사한 통계가 있습니다. 퇴근 후 가족들과 대화는 얼마나 하느냐는 질문에 1시간 미만이라는 대답이 무려 72%였습니다. 그러니 부부 사이에도 진술한 대화가 없고 자녀들과도 함께 앉아 이야기할 시간이 없는 것입니다. 그러므로 금년에는 일주일에 하루, 그것이 어려우면 한 달에 하루라도 텔레비전 안 보는 날을 정해봅시다. 그래서 온 가족이 둘러앉아 서로 이야기를 주고받고 게임을 하면서 즐긴다면 얼마나 아름다운 일이겠습니까? 사실 우리의 시간은 거의 TV에 빼앗기고 있습니다.

낮 조용한 시간에는 조용한 찬송가 테이프를 항상 틀어놓고 늘 감사와 찬양이 끊어지지 않는 생활, 식탁에 오순도순 온 가족이 둘러 앉아 감사기도와 함께 식사를 시작하는 가정, 좀 더 욕심을 부린다면 아무리 바쁘고 힘들어도 가정예배를 시작해봅시다. 매일이 어려운 가정은 일주일에 한두 번이라도 가정예배를 드립시다. 그래서 우리 가정이 곧 작은 교회임을 보여줍시다.

(4) 존경받는 부모

바울은 디모데에게 집사의 자격에 대해 말하면서 "집사들은 한 아내의 남편이 되어 자녀와 자기 집을 잘 다스리는 자일지니"(딤전 3:12)라고 하였습니다. 자기 집 식구들에게 존경받지 못하는 사람이 어떻게 교회의 일꾼이 되겠습니까? 만약 가장 존경하는 사람의 이름을 쓰라면 누구를 쓰겠습니까? 불행하게도 우리에게 존경할 만한 모델이 별로 없습니다. 이것이 비극입니다. 혹시 부모의 이름을 적은 분이 있습니까? 그렇다면 다시 이렇게 반문해 봅시다. 우리의 자녀들은 누구의 이름을 적을까요? 과연 우리의 이름을 적을까요?

가정은 사회를 이루는 가장 기본적이고 가장 중요한 곳입니다. 왜냐하면 가정은 이익을 위한 이기적 집단이 아니라 혈연으로 뭉쳐진 사랑의 집단이기 때문입니다. 그런데 문제는 요즈음 가정이 점점 파괴되어 간다는 것입니다. 그래서 요샌 집(house)만 있지 가정(home)은 없다고 합니다. 집이란 사람들이 잠시 휴식을 취하는 장소에 불과한 것입니다. 부모는 부모대로 바쁜 일과에 쫓기고 자녀는 자녀대로 공부에 쫓겨 삽니다. 가족들이 한 자리에 모여 앉아 가정예배를 드리고 이야기를 나눌 수 있는 가정은 좀처럼 찾아보기 힘든 현실입니다. 심지어 아버지의 얼굴을 잘 모르는 유치원 어린이들도 상당수 있다는 사실은 큰 충격을 안겨줍니다.

우리는 산업사회가 됨에 따라 많은 문화적인 혜택을 누리고 있지만 반면에 산업화 사회가 안고 있는 가족공동체의 위기가 얼마나 심각한가를 알아야 할 것입니다. 그래서 우리는 물질과 구조적인 사회를 쫓아가기보다는 성경적인 가정, 하나님이 창조하신 가정을 회복해 나가야 할 것입니다.

우리는 이방인이지만 경건한 가정으로 하나님의 인정을 받았던 고넬료의 가정(행 10장)을 본받아야 하겠습니다. 이스라엘 지역에는 수많은 이방인들이 와 있었겠지만 하나님께서 이방 전도의 문을 여실 때에 고넬료와 그의 가정을 택하신 것은 결코 우연한 일이 아니라 할 수 있습니다. 고

stewardship

넬료는 비록 이탈리아에서 온 이방인이었지만 그의 경건한 생활은 하나님이 기억하신바 되었다고 했습니다. 그뿐 아니라 유대 온 족속이 그를 칭찬했고, 하인과 종들도 자기 주인은 의인이요 하나님을 경외하는 자라고 인정하였습니다(행 10:22). 더욱 값진 것은 이런 그의 경건한 신앙생활을 가족들이 인정하고 따라주었다는 것입니다. 온 집으로 더불어 하나님을 경외했으며, 베드로를 초청했을 때는 일가뿐 아니라 가까운 친구들까지 다 모여 기다리고 있었습니다.

내가 어떻게 신앙생활을 하고 있는지는 가족들이 가장 잘 압니다. 아무리 경건한 체 해도 부모가 인정하지 않고, 부부가 인정하지 않고, 자녀들이 비웃는다면 잘못된 신앙입니다. 우리의 신앙적 감화가 온 집안에 미칠 때 진정 경건한 신앙인이라 할 것입니다.

2. 예수 믿는 가정(시 144:12-15)

이런 말을 들어본 일이 있습니까? "돈으로 사람(person)을 살수는 있으나 그 사람의 마음(spirit)을 살수는 없다. 돈으로 호화로운 집(house)을 살수는 있어도 행복한 가정(home)은 살 수 없다. 돈으로 최고로 좋은 침대(bed)는 살 수 있어도 최상의 달콤한 잠(sleep)은 살 수 없다. 돈으로 시계(clock)는 살 수 있어도 흐르는 시간(time)은 살 수 없다. 돈으로 얼마든지 책(book)은 살 수 있어도 결코 삶의 지혜(wisdom)는 살 수 없다. 돈으로 지위(position)

는 살 수 있어도 가슴에서 우러나오는 존경(respect)은 살 수 없다. 돈으로 좋은 약(medicine)은 살 수 있어도 평생 건강(health)은 살 수 없다. 돈으로 피(blood)는 살 수 있어도 영원한 생명(life)은 살 수 없다. 돈으로 쾌락(pleasure)은 살 수 있으나 마음속 깊은 곳의 기쁨(delight)은 살 수 없다. 돈으로 맛있는 음식(food)은 살 수 있지만 마음이 통하는 식욕(appetite)은 살 수 없다. 돈으로 화려한 옷(clothes)은 살 수 있으나 내면에서 우러난 참된 아름다움(beauty)을 살 수는 없다. 돈으로 사치품(luxury)은 살 수는 있으나 전통어린 문화(culture)를 살 수는 없다. 돈으로 고급품(articles goods)을 살 수는 있으나 아늑한 평안(peace)을 살 수는 없다. 돈으로 미인(beauty)을 살 수는 있으나 정신적인 평화로움(stability)은 살 수 없다. 돈이 있으면 성대한 장례식(funeral)을 치를 수 있지만 행복한 죽음(glorious death)은 살 수 없다. 돈으로 종교(religion)는 얻을 수 있으나 소망하는 구원(slavation)은 얻을 수 없다."

주님과 함께 한 평생을 살아온 다윗은 하나님의 백성들이 누리는 복을 시편 144편에서 말하고 있습니다. "이러한 백성은 복이 있나니 여호와를 자기 하나님으로 삼는 백성은 복이 있도다." 그렇다면 여호와를 자기 하나님으로 삼는 사람에게 약속하신 복은 어떤 것입니까? 그것은 시편 144편 12절에 말하고 있는 자녀의 복과 13절에 말하고 있는 물질의 복과 14절에서 말하고 있는 평안의 복입니다. 이 세 가지를 갖추고 이들이 서로 조화를 이루고 있다면 이보다 더 한 행복이 어디 있겠습니까? 이런 가정을 우리는 축복받은 가정이라고 부를 것입니다.

(1) 성숙한 가정의 표지

성경이 말하는 성숙한 교회, 이상적인 교회는 믿음, 소망, 사랑이 있는 교회입니다. 그래서 골로새교회에 편지를 보내면서 "우리가 너희를 위하여 기도할 때마다 하나님 곧 우리 주 예수 그리스도의 아버지께 감사하노라 이는 그리스도 예수 안에 너희의 믿음과 모든 성도에 대한 사랑을 들었음이요 너희를 위하여 하늘에 쌓아 둔 소망으로 말미암음이니 곧 너희가 전에 복음 진리의 말씀을 들은 것이라"(골 1:3-5) 하여 믿음과 사랑과 소망이 있는 교회였다고 하였습니다.

특히 데살로니가교회에 대해서는 "우리가 너희 모두로 말미암아 항상 하나님께 감사하며 기도할 때에 너희를 기억함은 너희의 믿음의 역사와 사랑의 수고와 우리 주 예수 그리스도에 대한 소망의 인내를 우리 하나님 아버지 앞에서 끊임없이 기억함이니 하나님의 사랑하심을 받은 형제들아 너희를 택하심을 아노라"(살전 1:2-4)고 하였습니다. 따라서 이 데살로니가교회에 대한 믿음의 소문은 마게도냐와 아가야에만 들릴 뿐 아니라 각처에 퍼졌기 때문에 더 이상 할 말이 없다고 하였습니다.

반면에 에베소교회는 "주 예수 안에서 너희 믿음과 모든 성도를 향한 사랑을 나도 듣고 내가 기도할 때에 기억하며 너희로 말미암아 감사하기를 그치지 아니하고" 있다고 하였습니다. 따라서 바울은 기도할 때 "우리 주 예수 그리스도의 하나님, 영광의 아버지께서 지혜와 계시의 영을 너희에게 주사 하나님을 알게 하시고 너희 마음의 눈을 밝히사 그의 부르심의 소망이 무엇이며 성도 안에서 그 기업의 영광의 풍성함이 무엇이며 그의 힘의 위력으로 역사하심을 따라 믿는 우리에게 베푸신 능력의 지극히 크심이 어떠한 것을 너희로 알게 하시기를 구하노라"(엡 1:15-18)고 하였습니다. 이것은 성숙한 가정, 이상적인 가정의 경우도 마찬가지입니다. 믿음과 소망과 사랑이 있는 가정이 성숙한 가정입니다.

첫째, 믿음이 있어야 합니다.

다시 말하면 어떤 환경과 어떤 조건에서라도 서로 굳게 의지하고 나가는 능력이 있어야 합니다. 믿는다는 말은 의지한다는 말입니다. 다시 말해서 기대는 것입니다. 결혼은 믿음과 신뢰를 전제로 합니다. 어떻게 믿을 수 없는 사람에게 일생을 맡길 수 있겠습니까? 따라서 이상한 소문이 들려도 남편을 믿고 아내를 믿어야 합니다. 그뿐 아니라 믿고 신뢰해 주는 가족들에게 실망을 시켜주지 않으려고 애써야 합니다.

더 나가 하나님을 신뢰하는 믿음이 있어야 합니다. 그렇다면 믿음의 가정은 무엇을 보면 알 수 있습니까? 앞에서 말씀드린 대로 대문에 교패가 붙어 있으면 됩니까? 거실에 성구나 성화 액자가 걸려 있으면 되나요? 이런 것만 가지고는 믿음의 가정이라 단정하기 어렵습니다. 하나님을 섬

기는 믿음의 가정이라면 평소에는 찬양과 감사의 삶을 살아야 합니다. 집안에서는 늘 찬양 소리가 끊어지지 아니하고 정성껏 마련한 식탁에 온 가족이 둘러 앉아 하나님께 감사의 기도를 드린다면 반찬투정은 사라질 것입니다. 그리고 온 가족이 둘러 앉아 가정예배를 드린다면 금상첨화가 되겠지요.

그러나 늘 행복한 일만 있는 것은 아닙니다. 이스라엘 백성들이 애굽을 떠나 가나안을 향해 나가는데 마라에서 쓴물을 만난 것처럼 성도의 가정에도 쓴물이 날 때가 있습니다. 자녀들이 대학 진학에 떨어지는 경우도 있습니다. 가족중 한 사람이 병원에 입원하는 경우도 생깁니다. 사업에 실패하여 물질적 어려움을 겪는 경우도 있습니다.

반석 위에 세운 집은 비바람이 치고 창수가 날 때 증명될 수 있는 것처럼 정말 건강한 가정은 이렇게 쓴물이 날 때 확인될 수 있습니다. 마라에서 쓴물을 만났을 때 백성들은 모세를 찾아와 원망했습니다(출 15:22-26) 그러나 모세는 하나님께 기도하였습니다.

우리 가정에 쓴물이 나고 있습니까? 기도하라는 표시입니다. 따라서 어떤 어려움을 만나도 원망하지 않고 감사할 수 있는 가정, "콩 농사 망해서 감사합니다" 할 수 있는 가정이 믿음 있는 가정입니다.

둘째, 소망이 있어야 합니다.

사람에게 내일이 없고 꿈이 없다면 얼마나 비참할까요? 잠언 29장 18절에 "묵시가 없으면 백성이 방자히 행하거니와 율법을 지키는 자는 복이 있느니라"고 하였습니다. 묵시 즉 비전(꿈)이 있는 사람은 지금 어떤 어려운 일이 있어도 참고 견딥니다. 내 집을 장만한다는 꿈이 있는 사람은 돈을 낭비하지 않습니다. 반찬이라고는 김치와 깍두기만 놓고 먹어도 행복합니다. 원하는 대학에 진학할 것이라는 꿈이 있는 학생은 밤을 지새워 공부하지만 피곤한 줄을 모릅니다. 이렇게 소망을 가지고 내일을 바라보며 사는 가정은 행복한 가정입니다. "돈을 잃은 사람은 조금 잃은 사람이다. 명예를 잃은 사람은 많이 잃은 사람이다. 건강을 잃은 사람은 모든 것을 다 잃은 사람이다"라는 말이 있습니다. 그러나 희망을 잃은 사람은 이들보다 더 많은 것을 잃은 사람입니다. 왜냐하면 음식이 없이는 40일을, 물이 없이는 일주일을, 공기가 없이는 단 5분을 견디기 어렵지만 소망이 없다면 한 순간도 견디지 못하기 때문입니다.

그러나 더 소중한 소망은 주 안에서 주님을 만날 소망 가운데 사는 것입니다. 사도 요한은 말하기를 "사랑하는 자들아 우리가 지금은 하나님의 자녀라 장래에 어떻게 될지는 아직 나타나지 아니하였으나 그가 나타나시면 우리가 그와 같을 줄을 아는 것은 그의 참모습 그대로 볼 것이기 때문이니 주를 향하여 이 소망을 가진 자마다 그의 깨끗하심과 같이 자기를 깨끗하게 하느니라" (요일 3:2-3)

고 하였습니다.

연세가 드신 분들은 영화 『애수』를 잊지 못할 것입니다. 워털루 다리 위에서 로이 크로닌(로버트 테일러 분) 대령을 만나 사랑에 빠진 발레단의 무희 마이라 레스터(비비안 리 분)는 참전을 앞둔 로이의 스케줄이 갑자기 바뀌는 바람에 결혼식도 올리지 못한 채 전쟁터로 떠나고 맙니다. 살길이 막막해진 마이라는 직업을 구해 헤매고 다니지만 구하지 못하는데 설상가상으로 로이 어머니를 만나러 나간 장소에서 우연히 전사자 명단에 들어있는 로이 이름을 발견하고 절망에 휩싸이고 맙니다. 상심하여 떠돌던 마이라는 자포자기의 심정으로 거리의 여자로 전락하고 맙니다. 그러던 어느날 워터루역에 나갔던 마이라는 귀국하는 군인들 사이에서 건강하게 살아 돌아온 로이를 발견합니다. 그러나 마음이야 오직 로이를 사랑하지만 이미 길거리의 여자로 전락한 마이라는 숨어서 눈물만을 흘리다가 지난날에 대한 후회와 사랑을 지키지 못한 죄책감을 이기지 못하고 워터루 다리에서 자살하고 만다는 이야기입니다. 무엇이 그녀를 길거리의 여자로 만들었습니까? 바로 절망이었습니다. 만약 로이가 살아 있다는 확신만 가지고 있었다면 그리고 오래지 않아 돌아올 것이라는 확신만 있었다면 아무리 어려워도 이렇게 자신을 학대하지는 않았을 것입니다.

그렇습니다. 우리는 그리스도의 신부입니다. 신랑 되시는 주님이 오래지 않아 곧 오실 것이라는 소망을 가진 사람이 아무렇게나 살아갈 수 있겠습니까? 어떤 어려움이

닥쳐온다 해도 참고 견디며 주님을 만날 그날을 바라보며
사는 것입니다. 이런 소망이 있는 가정이 정말 행복한 가
정입니다.

셋째, 사랑이 있어야 합니다.

가정을 이어주는 가장 끈끈한 줄은 역시 사랑입니다.
아내가 남편을 사랑하고 남편은 아내를 사랑합니다. 비록
남들처럼 넉넉하게 살고 있지 못해도 서로 사랑하고 있다
면 어떤 장애물도 극복해 나갈 수 있는 것이지요.

모든 것을 다 소유한 듯했지만 평생 지울 수 없는 콤플
렉스를 안고 살아간 여인이 있었습니다. 눈썹이 없는 것
이 그것이었습니다. 항상 짙은 화장으로 눈썹을 그리고
다녔지만 자신의 비밀이 탄로날까봐 마음이 늘 편치 않았
습니다. 그런 이 여자에게 사랑하는 남자가 생겼습니다.
정말로 사랑했습니다. 둘은 결혼했습니다. 그러나 아내는
자신의 비밀이 탄로날까봐 항상 불안했습니다.

3년이란 세월이 무사히 지나갔습니다. 그러다가 이들
부부에게 예상치 못했던 불행이 닥쳐왔습니다. 남편의 사
업이 일순간에 망한 것입니다. 두 사람은 밑바닥부터 다
시 시작해야 했습니다. 가장 먼저 시작한 것이 연탄 배달
이었습니다. 남편은 앞에서 연탄 손수레를 끌고 여자는
뒤에서 밀며 열심히 연탄을 배달했습니다. 그러다가 봄
바람이 살랑살랑 불어오던 어느 날 오후, 손수레에서 연
탄가루가 날아와 아내의 얼굴이 온통 검댕 투성이가 되고
말았습니다. 눈물이 나고 답답했지만 남편에게 자신의 비

밀이 탄로날까봐 닦아낼 수 없었습니다. 그때 남편이 손수레를 멈추고 아내에게 다가왔습니다. 그리고 수건을 꺼내어 아내의 얼굴을 닦아주기 시작했습니다. 남편은 아내의 눈썹 부분은 건드리지 않고 얼굴을 모두 닦아주는 것이었습니다. 눈물까지 다 닦아준 뒤 다정하게 웃으며 남편은 다시 손수레를 끌기 시작했습니다. 그래서 사랑은 허다한 죄를 덮느니라(벧전 4:8)고 한 것입니다.

사랑을 하면 단점은 눈 녹듯이 점점 작아지고 장점은 눈덩이처럼 점점 커집니다. 그러나 사랑이 식으면 장점이 점점 녹아내리고 보이지 않던 단점이 점점 크게 느껴집니다. 내 아내나 남편의 단점과 허물이 점점 보이기 시작합니까? 그것은 상대방이 변한 것이 아니라 그를 향한 내 사랑이 식어지고 있다는 증거입니다. 빨리 사랑을 회복하시기 바랍니다. 이렇게 살아가다가 서로의 사랑에 회의를 느끼기 시작할 즈음에 하나님은 자녀를 주십니다. 가정에 선물로 주신 나의 자녀는 부부를 이어주는 끈끈한 사랑의 끈입니다. 그러므로 그 자녀를 사랑하는 사랑 때문에 부부의 사랑은 식어지지 않고 더 성숙해 지는 것입니다.

부부가 서로 믿고 의지하며 사랑하는 가정, 자녀들이 부모를 존경하고 부모가 자녀를 한 없이 사랑하는 가정은 참으로 성숙한 가정입니다. 그러나 이와 같은 사람들끼리의 사랑만 가지고는 온전한 사랑을 맛볼 수 없습니다. 부부가 하나 되고, 온 가족이 하나 되어 주님을 사랑하는 가정이 정말 행복한 가정입니다. 서로 사랑하고 열심히 살아가면서 주일이 오기를 기다리고, 주일 아침에는 온 가족이 함께 손을 잡고 교회로 향하는 가정이야 말로 건강한 가정, 행복한 가정, 이상적인 가정이 아닐 수 없습니다. 더 나가 주님이 기뻐하시는 일이라면 온 가족이 나서서 앞장서 봉사하고 섬길 때 이런 가정을 하나님이 얼마나 기뻐하시고 얼마나 복을 주시겠습니까?

이렇게 온 가족이 믿음과 소망과 사랑으로 하나 되어 하나님을 섬기고 살아갈 때 하나님은 이런 가정의 자녀들에게 복을 주시겠다고 하셨습니다. 어린 아들이 장성한 나무들 같이 어느날 갑자기 훌쩍 커버린 것을 봅니다. 키만 큰 것이 아니라 제법 어른스러워진 것입니다. 딸은 잘 다듬은 궁전의 모퉁잇돌처럼 착하고 아름답게 성장하여 부모의 기쁨을 주는 것입니다. "보라 자식들은 여호와의 기업이요 태의 열매는 그의 상급이로다 젊은 자의 자식은 장사의 수중의 화살 같으니 이것이 그의 화살통에 가득한 자는 복되도다. 그들이 성문에서 그들의 원수와 담판할 때에 수치를 당하지 아니하리로다"(시 127:3-5)라고 하였습니다. 하나님을 경외하고 살아가는 가정에 하나님은 자녀가 잘 되는 복을 주십니다.

또한 이런 가정에 재물의 복을 주셔서 "우리의 곳간에는 백곡이 가득하며 우리의 양은 들에서 천천과 만만으로 번성"하게 하실 것입니다. 가진 것이 없다면 자녀들 많은 것은 복이 아니라 오히려 근심입니다. 그러나 창고에 백곡이 가득하고 양들이 천천과 만만으로 번성한다면 자녀들이 많은 것은 오히려 자랑이 될 수 있습니다. 더 나가 그 많은 재물을 하나님이 지켜 누가 침노하거나 빼앗아

가지 못하게 막으십니다. 이것이 하나님을 섬기는 가정이 누릴 축복입니다.

(2) 신앙 가정의 특징

하나님을 믿는 가정은 무언가 다른 점이 있습니다. 창세기 12장을 보면 아브람(아브라함)이 오랫동안 살던 하란을 떠나 미지의 땅 가나안으로 이사를 하는 내용이 나옵니다. 하나님께 아브라함에게 "너는 너의 고향과 친척과 아버지의 집을 떠나 내가 네게 보여 줄 땅으로 가라 내가 너로 큰 민족을 이루고 네게 복을 주어 네 이름을 창대하게 하리니 너는 복이 될지라 너를 축복하는 자에게는 내가 복을 내리고 너를 저주하는 자에게는 내가 저주하리니 땅의 모든 족속이 너로 말미암아 복을 얻을 것이라"(창 12:1-3)하셨을 때 아브라함은 하나님의 말씀을 따라 하란을 떠났습니다.

그러나 이때 그의 형인 나홀은 아버지의 무덤이 있는 이곳 하란을 떠나려 하지 않습니다. 어쩌면 이곳에서 기반을 잡고 안정된 생활을 하고 있는데 또 다시 이사를 가야 한다는 사실이 싫었을지도 모릅니다. 그러나 아브라함의 아내 사래(사라)는 조금도 불평을 하지 않고 남편 아브라함을 따라 나섭니다. 사라의 삶을 언제나 그랬습니다. 그래서 베드로는 "사라가 아브라함을 주라 칭하여 순종"(벧전 3:6)하였다고 했습니다. 이처럼 복 받은 아브라함의 가족은 부부가 모두 하나님을 경외하고 하나님 말씀에 순종하는 가정이었습니다.

첫째, 하나님을 믿는 가정은 주님을 호주로 인정해야 합니다.

"그리스도는 이집의 주인이시요, 식사 때마다 보이지 않는 손님이시요, 모든 대화에 말없이 듣는 이시라"는 말이 있습니다. 이 사실을 믿고 사십니까? 그렇다면 주님이 우리 집의 호주임을 시인하는 것입니다. 주님이 우리 집의 가족임을 인정하는 가장 쉬운 방법이 '성미'입니다. 식사를 준비할 때마다 한 식구가 더 계시다는 사실을 인정하고 그 분의 쌀을 따로 모아 성미로 드리는 것은 아름다운 전통입니다.

또한 주님이 한 가족임을 인정한다면 그분의 지출권도 인정해야 합니다. 다시 말해서 우리 집은 세 식구가 아니라 네 식구란 말입니다.

어린아이들이 교회에서 부르는 노래 가운데 "엄마 아빠 동생과 나 네 사람이 살지만 우리 식군 모두모두 다섯 식구랍니다."라는 노래가 있었습니다. 따라서 네 식구가 100만원을 가지고 생활한다면 한 사람에게 25만원씩이 이 아니라 5식구, 20만원씩 지출권이 있는 셈입니다. 그러나 사실은 어린아이들보다 어른들에게, 어른들 중에서 가장에게 제일 많은 몫이 돌아간 다는 것도 잊어서는 안 됩니다. 이것이 주님을 한 가족이자 우리 집의 호주로 인정하는 삶입니다. 그래서 바울 사도는 말하기를 "상전들아 너희도 그들에게 이와 같이 하고 위협을 그치라 이는 그들과 너희의 상전이 하늘에 계시고 그에게는 사람을 외모로 취하는 일이 없는 줄 너희가 앎이라"(엡 6:9)고 하였습니다.

둘째, 하나님을 믿는 가정은 이웃에게 본이 되어야 합니다.

불신자들은 자신들이 그렇게 살지 못하면서도 믿는 사람들은 사는 모습이 자신들과 다르기를 원합니다. "어쩐지…" 하는 말을 들어야지 "세상에…. 그 사람이 예수 믿는 사람이야?" 하는 말을 들어서야 되겠습니까? 한 25년 전쯤 된 것 같습니다. 방 두 개가 딸린 지하실 방으로 이사를 하였습니다. 당시에는 제도적으로 이웃집과는 담을 높게 쌓지 못하게 하여서 자연히 옆집에 사시는 할머니와 가깝게 지냈습니다. 그냥 넘어 다닐 만큼 담이 낮았으니 새로 만든 반찬이 있으면 나누어 주기도 하고 밥이 모자라면 한 그릇 얻어다 먹기도 하였습니다.

그런데 어느날 이른 아침 옆집 할머니가 불렀습니다. "지영이 엄마, 지영이 엄마." 아침 준비를 하던 아내가 밖으로 나갔고 나는 무슨 일인가 하여 귀를 기울였는데 밖에서 이런 소리가 들려왔습니다. "지영이 엄마, 아니 지영이 아빠가 목사님이라면서?" 그리고는 말했습니다. "어쩐지…." 저는 "휴~"하고 안도의 한 숨을 쉬었습니다. 만약 그 할머니가 깜짝 놀라 "세상에…. " 했으면 어찌할 뻔 했습니까? 비록 애들 둘씩이나 키우는 젊은 부부가 가난하게 살고 있었지만 그 살아가는 모습이 그렇게 볼썽사납지 않았나 봅니다.

어떻게 알았는지는 모르지만 우리 부부가 목회자인줄 알고 나서 "어쩐지 좀 다르다고 생각했어" 라고 새벽부터 동네 사람들 들으라고 큰 소리로 말씀하고 계셨습니다.

나의 삶은 어떻습니까? 내가 예수 믿는 것을 알고, 집사, 권사의 집이란 사실을 알았을 때 어떻게 반응을 할까요?

셋째, 조화가 이루어져야 합니다.

이미 말씀드린 대로 가정은 가장 기본적인 공동체입니다. 따라서 어느 한 사람의 노력만 가지고는 이루어지지 않습니다. 마치 여러 개의 악기들이 모여 아름다운 오케스트라를 연주하듯 화음을 이루어야 합니다. 그래서 어떤 이는 결혼을 가리켜 '인생의 이중주'라고 했습니다. 처녀, 총각 때는 독창을 불렀습니다. 그러나 결혼을 한 후에는 이중창을 부르게 됩니다. 독창은 내 맘대로 부르면 되지만 이중창에는 조화가 이루어져야 합니다. 결혼을 하기 전에는 무엇이든 내 맘대로 하면 되었습니다. 밥을 먹고 싶으면 먹고 먹기 싫으면 한 끼 건너 띄어도 되었습니다. 그러나 이제는 내 맘대로 하는 것이 아니라 상대방을 배려하지 않으면 안 됩니다. 내가 배고프지 않아도 끼니 때가 되면 남편을 위해 식사 준비를 해야 하는 것입니다.

이중창에서 아름다운 화음의 비결은 서로 소리를 양보하는 것입니다. 신랑은 남편의 소리를 내고 신부는 아내의 소리를 내지만 상대방의 소리에 귀를 기울여 서로 조화를 이루어야 아름다운 하모니가 이루어집니다. 우리가 잘못 알고 있는 것 중 하나는 '다른 것'과 '틀린 것'을 구별하지 않는 것입니다.

어느 신혼부부가 점심에 국수를 삶아 먹다가 말다툼이 벌어졌답니다. 신부된 사람은 어릴 때부터 엄마가 해주시

던 대로 국수를 삶아 찬물에 헹군 뒤 설탕에 비벼온 것입니다. 이것을 본 남편이 펄쩍 뛰었습니다. "세상에, 국수를 설탕에 비벼 오는 사람이 어디 있느냐? 난 지금까지 국수를 설탕에 비벼 먹는 놈은 본 적이 없다." 이 말에 신부가 화가 났습니다. 그럼 어떻게 먹느냐고 따졌지요. "국수는 오이를 썰어 넣고 고추장에 비벼 먹는 것이지." 신부는 난생 처음 듣는 말입니다. 그래서 한 마디 거들었습니다. "세상에 대가리 털 나고 지금까지 국수를 고추장에 비벼 먹는 놈이 있다는 말은 처음 들었다." 옥신각신 싸우다가 도저히 안 되겠어서 목사님을 찾아왔습니다. 가만히 자초지종을 들으신 목사님이 하시는 말이 "나도 국수를 설탕에 비벼 먹는다는 말은 들은 일이 없다.", "맞지요? 목사님." 남편의 기세가 등등해졌습니다. 그런데 목사님이 또 한 마디 하십니다. "난 국수를 고추장에 비벼 먹는다는 말도 첨 듣는 말이네." 이번엔 아내가 신이 났습니다. 둘은 물었습니다. 그럼 국수는 어떻게 먹는 겁니까? "이 사람아, 국수는 우유에 말아 먹는 걸세." 누구 말이 맞습니까? 다 맞습니다. 틀린 사람은 아무도 없습니다. 다만 서로 다를 뿐입니다.

(3) 위기에 봉착한 가정

옛날 히브리 랍비의 말에 보면 남자의 집은 여자라는 말이 있습니다. 아무리 강한 남자라도 여자라는 집이 없으면 올바로 살아갈 수 없음을 의미하고 있는 말입니다. 이 말은 바꾸어 말하면 여자의 집은 남자라는 뜻도 됩니다. 즉, 가정의 당위성과 필요성을 함축적으로 표현하는 말입니다. 그러나 이 말은 인간이 지어낸 말이 아니라 성경에 입각한 말입니다. 창세기 1장 27절에 보면 "하나님이 자기의 형상대로 남자와 여자를 만드셨다"고 말씀하고 있습니다. 이보다 더 창조에 대해 깊이 있게 하신 말씀은 창세기 2장 18절과 21-22절입니다. "여호와 하나님이 이르시되 사람이 혼자 사는 것이 좋지 아니하니 내가 그를 위하여 돕는 배필을 지으리라 하시니라 여호와 하나님이 아담을 깊이 잠들게 하시니 잠들매 그가 그 갈빗대 하나를 취하고 살로 대신 채우시고 여호와 하나님이 아담에게서 취하신 그 갈빗대로 여자를 만드시고 그를 아담에게로 이끌어 오시니"라는 말씀이 기록되어있습니다.

위에 소개한 성경말씀은 우리에게 가정이 얼마나 중요하며 필요한가를 인식시켜 줍니다. 사도 바울도 믿음의 아들 디모데에게 강조하여 말하기를 "감독자는 한 아내의 남편으로서 자기 집을 잘 다스리는 자라야 할지니라"고 했습니다. 이 말씀 역시 가정에서 아내와 자녀들을 잘 돌보고 화목한 사람만이 진정한 감독자의 자격이 있다는 말입니다. 목사도 마찬가지이고 안수집사, 시무권사도 마찬가지입니다.

요한복음 2장 2절에 보면 "예수와 그 제자들도 혼례에 청함을 받았더니"라고 말씀합니다. 이 말씀이 기록된 이유는 무엇일까요? 예수께서는 할 일이 없어서 가나 혼인잔치에 참석하신 것이 아니었습니다. 예수께서 가정을 귀히 여기셔서 가정생활의 출발, 남자와 여자의 결합, 이 모든 의미가 함축적으로 담겨져 있는 갈릴리 혼인잔치에 참석하셨다는 말씀인 것입니다. 그런 예수님의 가정관을 전제로 하여 갈릴리 혼인잔치에 예수님께서 우리에게 보여주신 교훈이 무엇인가를 알아보고자 합니다.

첫째, 우리는 여기서 위기에 봉착한 가정의 모습을 보게 됩니다.

요한복음 2장 3절에 보면 "포도주가 떨어진지라 예수의 어머니가 예수에게 이르되 저들에게 포도주가 없다 하니"라는 말씀이 있습니다. 이 말씀은 위기에 봉착한 가정을 의미합니다. 유대인들은 결혼예식이 마무리 되면 일주일 동안 많은 하객들이 모여서 포도주와 떡을 먹으며 즐겁게 지냅니다. 그런데 그런 축하의 자리에서 포도주가 떨어졌습니다. 이것이 바로 결혼생활의 위기인 것입니다. 포도주는 유대인들에게 있어서 기쁨과 행복의 상징입니다. 그러므로 포도주가 떨어졌다는 것은 기쁨이 상실되고 행복이 고갈된 상태를 의미하기도 하는 것입니다.

요즈음도 가나 혼인잔치에서처럼 포도주가 떨어져 위기에 봉착한 가정이 얼마나 많이 있습니까? 현대의 가정에는 진정한 사랑이 고갈되어 있습니다. 사랑은 허다한 허물을 덮는다고 했는데, 아내도 남편도 상대방의 허물을 꼬집을 줄만 알았지 덮어줄 줄을 모릅니다. 부부 사이의 갈등은 물론이고, 부모와 자식 간의 갈등, 시어머니와 며느리 갈등이 심화되고 있는 것입니다. 그러므로 한 남자와 한 여자가 만나서 가정을 이루는 것은 모험입니다. 있어야 할 사랑의 포도주가 고갈되고, 상대방에 대한 관심의 포도주가 고갈되었습니다. 오늘날 가정을 꾸려나가는 데 필요한 물질과 이해심이 고갈됨으로 인해 사실상 현대의 대부분의 가정이 위기에 직면한 것입니다.

둘째, 위기에 직면한 가정생활의 해결책은 예수님을 모시는 것입니다.

요한복음 2장 2절에 보면 "예수와 그 제자들도 혼례에 청함을 받았더니"라고 했습니다. 예수님께서는 결혼생활의 출발부터 위기에 직면한 가나의 한 가정을 찾아가셨습니다. 예수께서 물을 가지고 포도주를 만들어 주심으로 그 가정의 문제를 해결해 주신 것입니다.

사람들의 노력만으로 가정의 위기가 모면되는 것이 아닙니다. 예수 그리스도께서 내 가정의 문제를 해결해 주시는 것입니다. 두 쌍 중 한 쌍이 이혼하는 서구사회에서 주일날 예배를 드리는 성도들은 40쌍 중에 한 쌍이, 가정예배를 중심으로 신앙생활을 하는 신자들 중에는 400쌍 중에 한 쌍이 이혼한다는 통계가 있다고 합니다. 이 통계는 예수 그리스도가 가정에 미치는 영향력이 얼마나 큰 것인가를 보여주고 있습니다.

그렇습니다. 예수 그리스도만이 가정의 위기를 극복할 수 있는 해결자이십니다. 부부간의 극한 대립으로 인해 깨어질 듯 해도 예수 그리스도가 그 가운데 계시면 서로의 오해와 불신은 사라지고 예수의 사랑이 두 사람에게 함께 하게 되는 것입니다.

지금 우리의 가정에 예수님이 계신가를 살펴보십시오. 예수님이 모든 것을 주관하고 계신지를 살펴보시기 바랍니다.

예수 그리스도를 주인으로 모신 가정이 지켜야 할 두 가지 신앙의 모습이 있습니다. 첫째는 기도생활이고 둘째는 말씀대로 순종하는 생활입니다.

예수 그리스도를 주인으로 모신 사람은 기도생활을 쉬지 않습니다. "포도주가 떨어진지라 예수의 어머니가 예수에게 이르되 저들에게 포도주가 없다 하니"하신 말씀은 우리에게 가정을 위해 기도하는 마리아의 모습을 보여줍니다. 서양 격언에 보면 "항해하러 나갈 때는 한 번 기도하고, 전쟁에 나갈 때는 두 번 기도하라. 그리고 결혼할 때는 세 번 기도하라"는 말이 있습니다. 결혼하고 가정을 꾸미는 것이 바다를 항해하는 것보다, 전쟁터에 나가는 것보다 더 위험하고 어려운 일임을 강조하는 말입니다. 이렇게 어려운 가정생활을 꾸려나가면서 기도하지 않는다는 것은 어리석은 일인 것입니다.

프로이드 존슨은 말하기를 "인간은 무릎을 꿇고 하나님과 마주하고 있을 때가 가장 위대하고 가장 높아진다"고 했습니다. 기도를 통해서 우리는 가정에 필요한 것을 공급받을 수 있습니다. 기도를 통해서 영적으로 풍성해지고 물질적으로 풍성해지며 가정의 위기를 넘길 수 있는 것입니다.

마리아가 자신만을 위해 기도하지 않고 포도주가 떨어진 가정을 위해 기도했던 것처럼 우리 가족을 위해 기도

하여야 합니다. 내 가정이 천국과 같은 가정이 되도록 기
도하여야 합니다. 남편에게 믿음이 없다고 책망하지 말고
남편을 위해서 기도하여야 합니다. 아내를 무시하지만 말
고 아내를 위해서 기도하여야 합니다. 서로의 부족한 부
분을 채워달라고 기도해야 합니다. 자녀들이 말을 듣지
않고 속을 썩인다고 탓할 것이 아니라 기도해야 합니다.
그리스도가 교회를 사랑한 것 같이 서로 사랑하는 가정이
되도록 기도하시기를 바랍니다. 그러면 반드시 하나님께
서 놀라운 길을 열어 주시고 가정의 행복을 주실 것입니
다.

또한 예수 그리스도를 주인으로 모신 사람은 말씀대로
순종합니다. 요한복음 2장 5절을 보면 "그의 어머니가
하인들에게 이르되 너희에게 무슨 말씀을 하시든지 그대
로 하라"고 합니다. 7절과 8절에도 보면 "항아리에 물
을 채우라" 하면 채웠습니다. "갖다 주라" 하시면 갖다
주었습니다. 순종한 것입니다. 이렇게 말씀대로 순종하며
사는 생활이 행복의 비결입니다.

빌리 그래함 목사는 붕괴되어가는 가정을 치료하는 방
법을 열 가지로 제시하면서 가정마다 하나님의 명령체계
를 수립하라고 했습니다. 이 말은 말씀에 순종하는 뜻입
니다. 하나님의 말씀에 순종할 때 위기는 우리의 가정에
서 사라질 것입니다.

종교개혁자 마틴 루터도 순종은 이적보다 위대하다고
말했습니다. 이런 말씀의 순종은 막연한 것이 아닙니다.
성경말씀대로 가정을 꾸려나가는 것입니다. 그리스도인의

가정생활에 있어서 모든 원리는 성경입니다. 성경은 가정생활을 행복하게 하고 위기를 극복하게 해주는 삶의 지침서요, 인생을 풍요롭게 하는 삶의 교과서인 것입니다. 말씀에 순종하는 가정을 하나님께서 높여주십니다. 예수 그리스도를 우리의 가정에 주인이 되도록 합시다.

3. 복 받은 부부생활(베드로전서 3:1-7)

흔히 인간은 사회적인 동물이라고 합니다. 그래서 인간의 거룩함은 아무도 없는 무인도에서 혼자 생활하면서 하는 것이 아닙니다. 사람을 만나고 온갖 사람들과 함께 생활하면서 이루어져야 하는 것입니다. 그런데 사람이 태어나서 가장 먼저 만나는 사회는 가정이라는 집단입니다. 그리고 이 가정이라는 집단의 최초 구성 요소는 부부이며 가장 중요한 인간관계는 남편과 아내 즉 부부관계입니다. 이 부부관계는 부모와 자녀의 관계보다 더 중요한 것입니다(골 3:18-21, 딛 2:4-5). 하나님은 아담에게 맨 처음 가정을 주셨는데 그 가정의 시작은 부인인 하와를 통해 시작되었습니다. 그후 가인, 아벨이라는 자녀를 주셨습니다. 그러므로 가정에서 부부관계가 원만하지 못하면 다른 사람들과의 관계, 즉 시어머니나 시누이와의 관계가 좋다 해도 파탄을 가져오고 맙니다. 또 부부관계가 원만하면 다른 가족들과의 관계가 좀 부족해도 다 이겨낼 수 있는 것입니다. 그러므로 부부의 관계는 가정생활에서 절대적인 관계를 가지고 있는 것입니다. 그렇다면 우리의 행복한 가정을 위하여 부부는 서로 어떤 역할을 감당해야 할까요? 성경의 가르침을 살펴봅시다.

(1) 아내가 자기 남편에게

여기서 '자기 남편'이라고 강조한 것에 주의하시기 바랍니다. 고린도전서 7장 3절에는 '그 남편'이라고 하였습니다. 그러나 에베소서 5장 22절을 보십시오. "아내들이여 자기 남편에게 복종하기를 주께 하듯 하라"고 하였습니다. 이것은 디도서 2장 5절이나 베드로전서 3장 1절에서도 마찬가지입니다. 어떤 사람은 친구의 남편이나 다른 사람의 남편이 하는 말은 잘 들으면서 자기 남편의 말은 무시하려는 경향이 있기 때문입니다.

첫째, 경외함으로 복종하여야 합니다.

그러나 아름다운 부부관계는 먼저 자기 남편을 경외하는 데서 출발합니다. 이것은 남편의 인격이 더 훌륭하기 때문이 아닙니다. 하나님이 세우신 질서와 각자의 기능적 차이 때문입니다. 남편이 하나님의 형상대로 지음 받은 것처럼 아내도 하나님의 형상대로 지음 받았습니다. 어떤 경우에는 남편보다 아내가 더 훌륭하고 더 나은 경우도 있을 것입니다. 그럼에도 불구하고 원만한 가정을 이루기 위해서는 아내가 남편을 경외해야 하는 것입니다. 하나님이 창조하신 때부터 남자는 지배적인 성향이 있어 다스리고 주장하려 합니다. 그러므로 어느 가정이든지 남자가 다스리고 여자가 돕는 가정이 화목한 가정을 이루고 있습

니다.

먼저, 이것이 창조의 질서에 맞습니다. 창세기 2장 18-25절에 보면 하나님께서 남자를 먼저 창조하신 후에 그를 돕는 배필로서 여자를 창조하셨습니다. 이에 대해 바울은 "남자가 여자에게서 난 것이 아니요 여자가 남자에게서 났으며 또 남자가 여자를 위하여 지음을 받지 아니하고 여자가 남자를 위하여 지음을 받은 것이니"(고전 11:8-9) 라고 하였고, "여자가 가르치는 것과 남자를 주관하는 것을 허락하지 아니하노니 오직 조용할지니라 이는 아담이 먼저 지음을 받고 하와가 그 후며 아담이 속은 것이 아니고 여자가 속아 죄에 빠졌음이라"(딤전 2:12-14)고 하였습니다.

또한, 남편은 아내의 머리가 되기 때문입니다(엡 5:23). 요즘 여권운동을 하는 사람들을 중심하여 호주(戸主)제도를 없애자는 운동이 벌어지고 있고 이것이 결실을 맺었습니다. 이것은 남녀평등의 원칙에 어긋난다는 것이지요. 2005년 민법이 개정되고, 2008년 1월 1일 호적법 폐지 및 가족관계의 등록 등에 관한 법률 시행으로 인해 호주제도가 폐지되어 더 이상 법률상 호주의 개념은 존재하지 않습니다. 그러나 이런 주장은 하나님의 계획과 창조질서에는 정면으로 도전하는 것입니다. 바울은 "그러나 나는 너희가 알기를 원하노니 각 남자의 머리는 그리스도요 여자의 머리는 남자요 그리스도의 머리는 하나님이시라"(고전 11:3)고 했습니다. 물론 머리가 다리보다 더 귀한 지체는 아닙니다. 그러나 머리는 생각하고 판단하고 결정하여 명령하도록 기능이 부여된 지체입니다. 그런데 다리가 머리에게 순종하지 아니할 때 어디로 가겠습니까? 가정도 이와 같습니다. 하나님은 가정에서 남편을 아내의 머리로 지으셨으니 머리와 같은 남편을 경외하고 복종할 때는 가정이 형통하지만 그렇지 않고 남편을 무시하고 거역할 때는 무질서와 분쟁이 오고 결국 가정의 파탄을 가져오는 것입니다.

더 나가, 이렇게 경외하고 순복함으로 하나님의 말씀이 비방을 받지 않기 때문입니다. 바울은 디도에게 권면했습니다. "그들로 젊은 여자들을 교훈하되 그 남편과 자녀를 사랑하며 신중하며 순전하며 집안 일을 하며 선하며 자기 남편에게 복종하게 하라 이는 하나님의 말씀이 비방을 받지 않게 하려 함이라"(딛 2:4-5). 그렇지 않은 경우도 있겠으나 대부분의 경우 가정에서 믿음이 앞선 사람은 여자, 즉 아내입니다. 남편들이 다른 것으로는 큰소리쳐도 성경, 신앙, 교회 이야기만 나오면 기가 죽고 맙니다. 그런데 이렇게 믿음이 좋은 아내가 남편을 경외하지 않고 남편을 무시하고 사사건건 거역할 때 남편의 믿음은 성장하지 못하고 하나님의 말씀이 그 속에 심어지지 못하는 것입니다.

베드로는 이렇게 가르칩니다. "아내들아 이와 같이 자기 남편에게 순종하라 이는 혹 말씀을 순종하지 않는 자라도 말로 말미암지 않고 그 아내의 행실로 말미암아 구원을 받게 하려 함이니 너희의 두려워하며 정결한 행실을 봄이라 너희의 단장은 머리를 꾸미고 금을 차고 아름다운 옷을 입는 외모로 하지 말고 오직 마음에 숨은 사람을 온유하고 안정한 심령의 썩지 아니할 것으로 하라 이는 하나님 앞에 값진 것이니라"(벧전 3:1-4).

바울도 자기 남편에게 복종하기를 주께 하듯 하라고 하였습니다(엡 5:22). 사실 말이야 바로 합시다. 주님 같이 대우받을 남자가 몇이나 있겠습니까? 그런데 주께 하듯 하라고 하십니다. 진정 행복한 가정을 이루기 원하시면 남편을 앞장세우시기 바랍니다. 중요한 일의 결정권을 남편에게 양보하시기 바랍니다. 그리고 남편이 결정을 내렸으면 그리스도를 부정하는 일 말고는 순종하시기 바랍니다. 이것이 정말 남편을 경외하는 아내의 아름다운 모습입니다.

둘째, 아름답게 단장하여야 합니다.

사도 베드로는 이렇게 권면을 하였습니다. "너희의 단장은 머리를 꾸미고 금을 차고 아름다운 옷을 입는 외모로 하지 말고 오직 마음에 숨은 사람을 온유하고 안정한 심령의 썩지 아니할 것으로 하라 이는 하나님 앞에 값진 것이니라"(벧전 3:3-4). 사람은 역시 외모를 중요하게 생각합니다. 첫인상이 좋은 사람과 첫인상이 좋지 못한 사람이 받는 차별대우는 많이 알려지고 있습니다. 그래서 요즘에는 남자들도 성형수술을 많이 한다고 합니다. 그러나 사실 외적인 아름다움은 잠깐입니다. 아무리 아름답고 예쁜 여인과 함께 산다고 해도 이로 인한 행복과 기쁨은 잠시뿐입니다. 이보다 더 귀한 아름다움은 마음에 숨어 있는 속사람이 아름다운 것입니다. 그래서 데이트 상대와 결혼상대는 같지 않다고 합니다.

우리는 흔히 사람들과의 만남에 있어서 첫인상이 매우 중요하다고 생각합니다. 하지만 사실 심리학적으로는 한 번이상 만날 사람에게는 첫인상 보다는 두 번째 인상이 더 중요하다고 합니다. 이런 현상을 대조효과(the contrast principle)라고 하는데 대조효과란 차례로 제시된 두 사물 사이의 차이점을 인식하는 과정에 영향력을 미치는 것입니다. 쉽게 설명하여 만일 나중에 보여준 사물이 처음에 보여준 사물과 커다란 차이를 보인다면, 우리는 나중에 제시된 사물과 처음에 제시된 사물과의 차이를 원래의 실제 차이보다 훨씬 크게 인식한다는 것입니다.

우리가 처음에 가벼운 물체를 들어보고 난후에 무거운 물체를 들어보면, 그냥 처음부터 무거운 물체를 들어 본 경우보다 그것이 더 무겁게 느껴지는 것과 같은 이치이고, 처음에 비싸고 좋은 물건을 보고나면 다른 물건들이 더 형편없이 보이는 것도 바로 이런 이치입니다. 사람도 마찬가지입니다. 매우 아름다운 여자 배우가 등장하는 영화를 보고 난후에 보통 외모의 여자 친구가 갑자기 초라해 보이는 이유도 같은 맥락에서 이해할 수 있을 것입니다. 까닭에 처음에 호감을 가지고 있었는데 살면서 실망을 느끼게 되면 그 실망의 차이는 사실보다 훨씬 크게 느껴지는 것입니다.

신자건 불신자건, 영적인 사람이건 육적인 사람이건 남자가 매력을 느끼게 되는 것은 "온유하고 안정한 심령의

썩지 아니할 것으로" 단장한 아름다움입니다. 그렇다면 반대로 남자가 매력을 느끼지 못하는 여자는 어떤 여자일 까요? 늘 바가지를 긁는 여자, 항상 쟁쟁거리는 여자, 매일 짜증 투로 얘기하는 여자, 거칠고 통명스럽게 말하는 여자라고 합니다. 아내가 이렇게 할 때 남편은 집에 들어오기가 싫어집니다.

셋째, 내조를 잘 하여야 합니다.

창세기 2장 18절에서 밝히고 있듯이 하나님은 하와를 만드실 때 아담을 돕는 배필로 만드셨습니다. 배필이란 말은 다른 한쪽에서 돕는 자를 말합니다. 그래서 여자는 혼자 살아도 남자는 혼자 사는 사람이 드물지 않습니까? 남자는 배필이 없으면 살아갈 수 없도록 지음 받은 존재입니다. 그러므로 하와처럼 죄를 방조하지 말고, 삽비라처럼 죄를 공모하지 말고, 이세벨처럼 죄를 권장하지 말고, 사라처럼 죄를 조장하지 말고 내조를 잘 해야 합니다.

먼저, 영적 내조자가 되어야 합니다. 남편이 신앙생활과 사명을 잘 감당하도록 내조하여야 합니다. 남편이 신앙으로 가정을 이끌고 자녀를 신앙으로 잘 양육하도록 내조하여야 합니다. 남편과 자녀들을 신앙으로 격려하여 주고 하나님의 말씀으로 용기를 주어야 합니다. 그리고 가정 분위기를 신앙생활을 하는 가정답게 꾸미고 늘 성경말씀을 읽고 은혜스럽고 좋은 내용을 들려주는 것도 값진 영적 내조입니다.

그리고, 정신적인 내조자가 되어야 합니다. 내조 중에

가장 훌륭한 내조는 역시 칭찬입니다. 남편과 자녀에게 칭찬과 위로와 격려를 아끼지 말아야 합니다. 다른 사람 칭찬, 격려, 위로 열 마디, 백 마디보다 아내의 따뜻한 격려 한 마디에 남편들은 용기를 얻게 되고 힘을 얻게 됩니다. 남편의 정신적 내조자가 되기 위해서는 남자의 성격을 알아야 합니다.

여성들은 오른쪽 두뇌가 발달하였기 때문에 감정적이고 직관적이고 주관적이고 관계 지향적이고 언어적이며 세부적입니다. 그러나 남편들은 왼쪽 두뇌가 발달되었으므로 사실적이고 분석적이며 객관적입니다. 그리고 목적 지향적이고 행동적이며 개념적입니다. 그래서 매사에 문제해결을 제시하려고 합니다.

남편이 피곤한 몸으로 직장에서 돌아오면 아내들은 "글쎄 말이에요. 우리 집안에 이런 일이 있었고요"라며 미주알 고주알 그날 있었던 일을 다 쏟아 놓습니다. 그러면 남편들은 귀찮아하며 "내가 돈줄께 가서 해결해"라며 아내의 말을 끊고 해결책을 성급하게 제시합니다. 아내들은 남편이 하루 종일 있었던 이야기를 다 들어 주기를 원하지만 남자들은 그 과정보다는 해결책을 더 중요시하는 특성을 가지고 있습니다. 여성들은 이 문제 저 문제를 한꺼번에 생각하지만 남자들은 한 가지에만 집착하기 때문에 어떤 문제가 해결될 때까지 직장일이나, 사업장일은 집에 가지고 와서 골똘하게 생각을 합니다. 아내들은 이런 남편들의 특성을 이해하고 말을 좀 줄이고 "내 말을 건성으로 듣는다"고 바가지를 긁지 말아야 합니다.

더 나가, 경제적인 내조자가 되어야 합니다. 남편이 벌어오는 수입에 맞춰 생활하여 잘 관리하여야 합니다. 남편에게 돈을 적게 가져온다고 불평을 하며 무리한 요구를 하면 남편이 부정부패를 하도록 조장하는 결과가 됩니다. 따라서 같이 벌 수 밖에 없는 경우에는 같이 버는 방법으로 내조하여야 합니다. 그러나 남편 모르게 투기하고 빌려주고 하는 일을 하지 말아야 합니다.

넷째, 생활에 내조자가 되어야 합니다.

식생활, 건강, 집안 청결, 의상 등 전반적인 생활에 내조자가 되어야 합니다. 항상 쉴 수 있도록 분위기도 만들어 주어야 합니다. 가족 간에 화목과 우애에 내조를 잘 하여야 합니다. 성경에는 내조를 잘 하는 여인에 대한 소개가 잠언 31장에 있습니다. "누가 현숙한 여인을 찾아 얻겠느냐 그의 값은 진주보다 더 하니라 그런 자의 남편의 마음은 그를 믿나니 산업이 핍절하지 아니하겠으며 그런 자는 살아 있는 동안에 그의 남편에게 선을 행하고 악을 행하지 아니하느니라" (잠 31:10-12).

이런 여인을 현숙한 여인이라고 하였습니다. "그의 자식들은 일어나 감사하며 그의 남편은 칭찬하기를 덕행 있는 여자가 많으나 그대는 모든 여자보다 뛰어나다 하느니라 고운 것도 거짓되고 아름다운 것도 헛되나 오직 여호와를 경외하는 여자는 칭찬을 받을 것이라. 그 손의 열매가 그에게로 돌아갈 것이요 그 행한 일로 말미암아 성문에서 칭찬을 받으리라" (잠 31:28-31).

(2) 남편이 자기 아내에게

남편은 아내의 머리라고 하였습니다(엡 5:23). 그러나 이것은 독재자가 되어도 좋고 폭력을 휘둘러도 된다는 뜻은 아닙니다. 예수님이 교회의 머리십니다. 그분이 어떻게 하셨는지 보면 압니다. 주님은 친히 섬김으로 본을 보이셨고 희생으로 본을 보이셨습니다.

첫째, 아내는 연약한 그릇이며 생명의 유업을 함께 받을 자입니다.

"남편들아 이와 같이 지식을 따라 너희 아내와 동거하고 그를 더 연약한 그릇이요 또 생명의 은혜를 함께 이어 받을 자로 알아 귀히 여기라 이는 너희 기도가 막히지 아니하게 하려 함이라" (벧전 3:7). 남자도 약한 존재이지만 여자는 육체적으로나 정신적으로나 의지적으로나 연약한 그릇입니다. 깨지기 쉬운 그릇이요 쉽게 상처받고 쉽게 낙심하는 그릇입니다. 다만 남편의 사랑을 의지하고 이겨 나가는 존재입니다. 그런데 함부로 다루고 심지어 때리고 발로 차는 남편이 있습니다.

남편이 감싸주고 사랑해 줄 때는 아무리 어렵고 힘든 시집살이라도 즐거운 삶이 될 수 있습니다. 그러나 남편의 사랑을 받지 못하면 매사가 힘들고 어려운 것입니다. "너희 아내와 동거하고"란 말에 유의하시기 바랍니다. 혼자 놓아두면 유혹에 잘 넘어갑니다. 사실 하와가 뱀의 유혹을 받은 것도 아담에게 전혀 책임이 없다고 할 수 없습니다. 아담이 옆에 없는 틈을 타서 뱀이 유혹을 했기

때문입니다. 남자들은 사업이나 공무에 열중을 하다 보면 자칫 가정에 소홀히 하기 쉽습니다. 그 때 흔히 쓰는 말이 "누구를 위해 내가 이 고생을 하는지 알아? 다 당신을 행복하게 해 주려고 하는 것이야"라고 말합니다. 그러나 아내를 정말 행복하게 해 주는 방법은 늘 옆에 있어주는 것입니다.

특별히 아내는 생명의 은혜를 함께 이어받을 자로 알라고 하셨습니다. 부부는 함께 지음 받았고 함께 영생을 누릴 존재입니다. 부부는 이 땅에서의 삶만을 위해 존재하는 것이 아니라 내세의 영생을 목적으로 하는 영원한 동반자입니다. 그러므로 서로 사랑하지 않으면 기도가 막히는 것입니다.

둘째, 아내를 괴롭히지 말아야 합니다.

여자는 연약한 그릇입니다(벧전 3:7). 오해 잘하고, 눈물을 잘 흘리고, 깨지기 쉬운 그릇입니다. 함부로 다루면 안 됩니다. 조심스럽게 다루어야 합니다. 그렇다면 아내가 언제 괴로워하겠습니까? 사랑받지 못할 때 괴로워합니다. 또 나이가 먹어가면서 불안해합니다. 옛날 아름다움은 사라지고 얼굴에 주름살이 생깁니다. 고운 몸매는 어디가고 없고 점점 살찌기 시작합니다. 남편에게까지 무시당할 때 괴로워합니다. 못 배웠다고 무시하지 마십시오. 그건 아내의 탓이 아닙니다. 옛날에는 여자들에게 공부를 가르치려고 하지 않았습니다. 딸로 태어났다고 부모님이 가르치지 않아 서러운데 배우지 못했다고 남편에게 무시당하면 얼마나 서러운지 아십니까? 그런데 "당신이 뭘 안다고", "모르면 입 다물고 있어"하고 면박을 주면 더 서러울 것입니다.

부부싸움을 하다가 남자들은 불리해지면 "입 닥쳐!" 하고 고함을 치며 협박조로 나옵니다. 그렇다고 해서 쉽게 입 다물 아내가 아닙니다. 그러나 프랑스 어느 집에서 벌어진 말다툼은 좀 달랐습니다. 때는 1824년 어느 날, 베르사이유에 사는 루니엘 부인은 궁전 고문 변호사로 있는 남편과 사소한 말다툼을 하고 있었습니다. 남편은 마침 궁전의 복잡한 사건 때문에 초조해 있던 때였습니다. 한데 부인이 자꾸 잔소리를 하기에 "그만 떠들고 입 닥쳐!"하며 윽박질렀습니다. 어느 가정에서나 있을 수 있는 말다툼이었습니다. 그런데 그 이후부터 아내는 말소리 한 마디 안 내는 것이었습니다. 남편은 처음에는 몸에 이상이 생겼나 했는데 그게 아니었습니다. 답답해진 남편이 무릎 꿇고 빌어도 소용없었고 가족들이 사정해도 소용없었습니다. 그러다가 딸이 시집가게 되자 어머니로서 승낙한다는 말을 해야 할 처지가 되었습니다. 그러나 그녀는 고개만 약간 끄덕였을 뿐 30년간을 죽을 때까지 한 마디도 안하고 죽었다고 합니다. 오죽 자존심이 상했으면 그랬을까요.

또 여자들은 자신이 하고 싶은 일을 하지 못하게 할 때 괴로워합니다. 특히 기도하고 싶을 때는 기도하게 놔두십시오. 봉사하고 싶을 때는 잘한다고 격려하십시오. 신앙생활을 마음껏 하지 못할 때 괴로워하기 때문입니다. 여기서 '자기 아내'라고 강조한 말에 주의하시기 바랍니다. 사람들이 남의 여자는 소중한 줄 알며 사랑하는데 정작 자기 아내는 무시하는 경우가 많기 때문입니다.

셋째, 아내를 극진히 사랑해야 합니다.

남편은 아내를 사랑하되 적당히 사랑하는 것이 아니라 극진히 사랑해야 합니다. 이것이 아내에게 복종 받는 비결입니다. 여자는 자기를 사랑해 주는 사람을 위해서는 모든 것을 다 주기 때문입니다. 부부는 가깝고도 먼 사이입니다. 마주보고 누웠을 때는 세상에서 가장 가까운 사이이지만 서로 등을 돌리고 누워있으면 부부사이는 10만 리나 됩니다. 지구를 한 바퀴(40,350km) 돌아야 만날 수 있기 때문입니다. 남편된 사람들이 기억할 것은 아내가 불만 없다고 해서 행복한 것은 아니라는 사실입니다.

그렇다면 얼마만큼 사랑해야 할까요? 그리스도가 교회를 사랑하신 것만큼 사랑해야 합니다(엡 5:25). 또한 자기 자신을 사랑하는 것만큼은 사랑해야 합니다(엡 5:28). 가정에서 남편의 위치는 권위를 행사하며, 다스리며, 사랑하는 것입니다. 그래서 하나님은 아내에게 복종만을 요구하신 것이 아니라 남편에게 희생적인 사랑을 요구하고 계신 것입니다. 그렇기 때문에 자기 아내를 자기 몸처럼 사랑하는 사람(엡 5:28)만이 복종을 요구할 권리가 있는 것입니다. 그 이유는 무엇일까요?

먼저, 그리스도께서 모범을 보여 주셨기 때문입니다. "남편들아 아내 사랑하기를 그리스도께서 교회를 사랑하시고 그 교회를 위하여 자신을 주심 같이 하라"(엡 5:25)고 하지 않았습니까? 그리스도께서 교회를 사랑하셨고 또한 사랑하셨기 때문에 그 교회를 위하여 자신을 희생시키셨습니다. 그뿐 아니라 영광스런 교회로 세우시려고 물로 씻고 말씀으로 깨끗하게 하여 거룩하게 하셨으며 티나 주름 잡힌 것을 없게 하셨습니다. 이것은 곧 남편이 아내를 사랑해야 하며, 사랑한다면 무엇을 해야 하는지 보여주는 것입니다. 덕망 있는 여인, 영광스런 아내로 세우기 위해서는 부족과 허물을 감싸주고 약점을 담당해 주며 힘껏 잡아주는 것이 참 사랑인 것입니다. 사랑은 허다한 죄를 덮는 것이기 때문입니다(벧전 4:8).

그리고, 자기 아내를 사랑하는 것은 곧 자기 자신을 사랑하는 것이기 때문입니다. "이와 같이 남편들도 자기 아내 사랑하기를 자기 자신과 같이 할지니 자기 아내를 사랑하는 자는 자기를 사랑하는 것이라"(엡 5:28). 부부는 결코 두 사람이 아닙니다. "사람이 부모를 떠나 그의 아내와 합하여 그 둘이 한 육체"(엡 5:31)가 되는 이 신비의 비밀은 창세기 2장 24절에서도 언급되어 있습니다. "이러므로 남자가 부모를 떠나 그 아내와 합하여 둘이 한 몸을 이룰지로다" 이처럼 부부가 한 몸이기 때문에 아내를 미워하는 것은 자신을 미워하는 것입니다. 아내를 욕하는 것은 자신을 욕하는 것입니다. 또한 아내를 흉보는 것은 누워서 침을 뱉듯이 자신의 흉을 보는 것입니다. 하물며 아내를 때리고 구박하는 것은 자신을 학대하고 구박하고 자신을 구타하는 것과 무엇이 다르겠습니까?

남편과 아내는 그리스도와 교회가 신비롭게 연합되어 하나의 유기체를 이루는 것처럼 나누어질 수 없는 한 몸입니다. 이것은 창조시에 하나님께서 아담과 하와에게 향하신 언약입니다(창 2:24). 그러므로 남자는 자기 아내를 아끼고 사랑하며, 여자는 자기 남편을 경외하고 순종하여 천국의 모형인 행복한 가정을 이루기 위해 힘써야 합니다.

오랫동안 남편이 하는 이상한 행동들이 마음에 거슬렸던 한 자매가 하나님 앞에 기도하기 시작했습니다. "하나님, 제 남편 좀 사랑해 주세요. 다른 남편들 사랑하듯 제 남편도 사랑해 주세요. 다른 남편들에 대한 사랑의 백분의 일, 아니 천분의 일만이라도 사랑해 주세요. 그러면 제가 남편을 변화시킬 수 있을 텐데요."

그렇게 기도하는 자매에게 하나님이 말씀하시는 거였습니다. "딸아, 네가 뭔가 단단히 오해를 하고 있는 것 같구나. 네 남편은 네가 사랑해라. 변화시키는 것은 내가 하마."

고린도전서 7장 3-5절의 말씀을 함께 읽어보겠습니다. "남편은 그 아내에 대한 의무를 다하고 아내도 그 남편에게 그렇게 할지라 아내는 자기 몸을 주장하지 못하고 오직 그 남편이 하며 남편도 그와 같이 자기 몸을 주장하지 못하고 오직 그 아내가 하나니 서로 분방하지 말라 다만 기도할 틈을 얻기 위하여 합의상 얼마 동안은 하되 다시 합하라 이는 너희가 절제 못함으로 말미암아 사탄이 너희를 시험하지 못하게 하려 함이라"

4. 복받은 가정생활(벧전 3:1-7)

> 높고 높은 하늘이라 말들 하지만
> 나는 나는 높은게 또 하나 있지
> 낳으시고 기르시는 어머니 은혜
> 푸른 하늘 그보다도 높은 것 같아
> 넓고 넓은 바다라고 말들 하지만
> 나는 나는 넓은게 또 하나 있지
> 사람되라 가르치신 어머니 은혜
> 넓은 바다 그보다도 넓은 것 같아

가사가 정확한지는 모르겠지만 어릴 때 많이 불러보던 노래입니다. 그때는 수 없이 부르면서도 그 뜻을 정확히 이해하지 못했습니다. 흔히 애 낳고 길러봐야 부모 마음을 안다고 하셨는데 이제 아이들이 다 자라고 나니 어머니 아버지의 마음을 조금이나마 알 수 있을 것 같습니다. 그러나 부모님의 마음을 좀 알 것 같다 싶으면 벌써 부모님은 곁을 떠나신 후입니다.

고종 황제의 밀사 노릇까지 했던 미국인 헐버트(Homer Bezaleel Helbert)는 "이 세상에서 관습적인 노인 복지가 가장 완벽하게 된 나라…조선"이라 했고, 미국 공사를 역임한 샌즈의 회고록에도 "나의 노년을 위해 조선 땅에 다시 태어나고 싶다"했으며, 최초의 선교 의사인 알렌도 "노인(老人)과 망인(亡人) 사이가 단절되지 않고 연결되어 이 세상에서 가장 죽는 것이 두렵지 않은 즐거운 노인 천국"이라고 극찬하였습니다. 따지고 보면 모두가 맞는 말

입니다. 노인 천국의 증거로써 내외국인이 써 남긴 많은 문헌 가운데 몇 가지만 추려보아도 알 수 있습니다.

첫째, 문성(問晟)이라 하여 아침에 일어나거나 저녁에 잠들 때 아들·며느리로부터 문안을 받는다.

둘째, 신과(新果)가 나거나 별식이 생기면 반드시 노부모가 먼저 드신 후에 입을 댄다.

셋째, 주부권을 상징하는 뒤주 열쇠와 안방 차지는 늙어 죽을 때까지 맏며느리에게 이양하지 않는다.

넷째, 문중 사람은 물론이요, 한 마을에 사는 남일지라도 출타하거나 출타해서 돌아오면 반드시 마을 노인에게 인사를 드린다.

다섯째, 길가다 노인을 만나면 말에서 내리거나 말을 타지 않았으면 걸음을 멎고, 지나갈 때까지 두 손들어 읍을 한다.

여섯째, 마을에서 잔치가 있으면 아무 연고가 없더라도 반드시 마을 노인들을 모셔다 상석에 앉혀 대접한다.

일곱째, 마을에서 추렴해 돼지나 소를 잡으면 배장(配臟)이라 하여 내장을 그 마을의 노인들에게 등분하여 보내 드린다.

여덟째, 부모가 늙으면 벼슬을 고향 가까이 옮겨주어 봉양케 하고, 보다 늙으면 봉양을 위해 유급 휴직을 시킨다.

아홉째, 그러다가 죽으면 영혼이라도 3년 동안 한 집에 살며 조석으로 살아 있는 식구들과 똑같은 밥상을 받으면서 공생 공존하며, 3년 후라도 1년에 한 번 제삿날에 상봉하니 죽어도 영생하는 것이 된다.

열째, 회갑이 지나면 그 고을 현감이, 고희가 지나면 감사(監司)가, 백수(百壽)가 지나면 임금님이 춘추를 가려 주시어 옷을 내려 연치(年齒)를 치하하였다.

동서고금에 이렇게 노인을 우대한 나라가 어디 또 있었다는 이야기를 듣지도 또 책에서 보지도 못했습니다. 그런데 그 노인 천국이 노인 지옥으로 타락하고 말았습니다. 노부모 모시기가 힘겹다 하여 관광지에 유기하고 홀쩍 이민 떠나버리는 자식들이 있는가 하면, 병도 없는 노부모를 병원에 강제로 입원시켜 몇 달간이고 유기하는 신판 고려장이 예사로 자행되고 있다는 신문 보도를 종종 읽어보게 됩니다.

(1) 부모의 마음

첫째, 아들을 걱정하는 아버지의 마음을 알아야 합니다.

다윗은 이스라엘 백성 모두가 흠모하는 성군이었습니다. 용맹도 있고, 백성들을 사랑하는 마음도 있고, 하나님을 향한 신앙도 있었습니다. 그래서 그가 통치하는 동안 나라는 크게 부강했고 영토는 넓어졌으며 백성들도 평안히 살고 있었습니다. 그러나 다윗의 가정은 그렇게 평안하지 못했습니다. 여러 아내를 두었고 여기서 난 아들들이 서로 문제를 일으키고 있었습니다. 특히 아버지의 마음을 아프게 한 아들은 압살롬입니다. 그가 형 암논을 죽이고 그술 지방으로 도망한 것입니다. 사무엘하 13장 37-39절을 읽어보십시오. 이 소식을 들은 다윗은 날마다 아들을 생각하고 슬퍼하였습니다. 무정한 아들이 3년

동안 소식을 끊고 지냈지만 아버지 다윗의 마음은 압살롬을 향하여 간절했습니다. 이것이 부모의 마음입니다. 비록 장남을 죽이고 도망친 녀석이지만 그래도 걱정을 하고 있었습니다.

한술 더 떠서 압살롬은 이스라엘 사람들의 마음을 도적질하여 반란을 일으켜 아버지를 대적합니다. 아버지를 죽이고 이스라엘의 왕이 되겠다는 것입니다. 급습을 당한 아버지 다윗은 허겁지겁 성문을 빠져 나와 도망을 칩니다. 사무엘하 15장 14절을 읽어보십시오. "다윗이 예루살렘에 함께 있는 모든 신하들에게 이르되 일어나 도망하자 그렇지 아니하면 우리 중 한 사람도 압살롬에게서 피하지 못하리라 빨리 가자 두렵건대 그가 우리를 급히 따라와 우리를 해하고 칼로 성읍을 칠까 하노라" 천하무적의 용장 다윗이 왜 이렇게 겁이 많습니까? 왜 한 번 싸워보지도 않고 도망칠 생각부터 합니까? 아들은 아버지에게 칼을 겨누었지만 아버지는 차마 아들에게 칼을 휘두를 수 없었기 때문입니다.

모든 백성들이 대성통곡을 하며 다윗의 뒤를 따릅니다. 다윗은 부끄러워 얼굴을 가리고 맨발로 울며불며 기드론 시내를 건너 감람산 으로 올라갔습니다. 백성들도 다윗 왕을 따라 각각 머리를 가리고 울면서 올라갑니다. 그러나 무작정 도망 다닐 수만은 없습니다. 요압과 아비새와 잇대에게 각각 군사를 붙여 반란군을 토벌하도록 하였습니다. 그러나 아버지의 마음은 걱정이 되었습니다. 아들을 죽일 수는 없었기 때문입니다. 다윗은 부탁을 잊지 않왔습니다. "나를 위하여 젊은 압살롬을 너그러이 대접하라" 압살롬이 철부지라서 이런 짓을 저질렀으니 관용을 베풀라는 것입니다. 왕을 대적하고 죽이려드는 대역 죄인을 너그러이 용서하라는 것입니다. 그러나 얼마 후 전령이 달려왔습니다. 원수들을 물리치고 반란은 진정되었다는 것입니다. 그러나 다윗은 압살롬의 안부를 먼저 물었습니다. "내 아들 압살롬이 잘 있느냐?" 이것이 아버지의 마음입니다. 철없는 전령은 신이 나서 큰 소리로 대답했습니다. "내 주 왕의 원수와 일어나서 왕을 대적하는 자들은 다 그 청년과 같이 되기를 원하나이다"(삼하 18:32).

다윗 왕은 마음이 심히 아파 문루로 올라가서 울었습니다. "내 아들 압살롬아 내 아들 내 아들 압살롬아 내가 너를 대신하여 죽었더면, 압살롬 내 아들아 내 아들아" 오늘 우리는 부모의 눈물이 주는 교훈을 잊지 말아야 할 것입니다.

대적한 압살롬을 생각하고 눈물을 흘린 다윗의 눈물은 우리의 부모가 가지고 있는 똑같은 눈물입니다. 그 눈물에는 부모님만 가지고 있는 자녀에 대한 애절한 사랑이 담겨 있습니다. 부모를 대적한 자식이지만 미워할 수 없는 사랑이 담긴 눈물입니다. 부모를 버리고 떠났지만 그 부모는 자녀의 평안을 걱정하는 눈물입니다. 차라리 내가 대신 죽었으면 하는 것은 자신의 목숨보다 자식의 목숨을 더욱 사랑하는 부모의 눈물입니다. 이 눈물은 우리 부모의 가슴에 가득 담겨져 있는 눈물입니다. 그래서 자녀가

219

stewardship

고통당할 때 자녀가 서운하게 할 때 그리고 자녀가 불행해 질 때면 그 눈물은 샘솟듯 쏟아지는 것입니다.

둘째, 딸을 걱정하는 어머니의 마음을 알아야 합니다.

예수께서 두로 지방에 들어가셨을 때 한 어머니를 만났습니다. 헬라인이요 수로보니게 족속이라고 소개된 이 여인에게는 더러운 귀신이 들린 어린 딸이 있었습니다. 본인에게도 그렇겠지만 이런 딸을 둔 어머니의 마음은 얼마나 괴롭고 고통스러웠을까요. 비록 가장 흉악한 귀신에 들린 자식이었지만 그녀에게는 아직도 자기 생명처럼 사랑하는 딸이었습니다.

누가 그 가련한 모녀의 고통과 두려움을 덜어줄 수 있었겠습니까? 의사였습니까? 아닙니다. 박사도, 무당도, 친척도, 친구들도 아닙니다. 그 누구도 도와주지 못했습니다. 돈으로도, 힘으로도 해결할 수 없었습니다. 가나안 여인은 결국 예수님을 찾아왔습니다. 창피한 것도 모르고 예수님의 발 아래 엎드려 울며 사정을 했습니다. 딸을 걱정하는 어머니의 마음이 이런 것입니다.

그런데 예수님의 대답은 야속할 정도였습니다. 소문에 듣던 분과는 영 딴판이었습니다. 병든 자의 의원이요, 죄인의 친구로 생각했던 여인의 기대는 여지없이 빗나가고 말았습니다. "자녀로 먼저 배불리 먹게 할지니 자녀의 떡을 취하여 개들에게 던짐이 마땅치 아니하니라" 한마디로 별 볼일 없으니 돌아가라는 것이었습니다. "도대체 이럴 수가 있을까? 소문이 잘못된 것이란 말일까?" 주님께서는 당신께로 오는 이마다 영접해 주셨고, 격려해 주셨습니다. 심지어 사람들이 부르기도 전에 응답해 주셨고, 말이 끝나기도 전에 소원을 들어주셨던 분이었습니다.

보통 사람들 같으면 그런 말을 들었을 때 분노하며 돌아섰을 것입니다. 그러나 그녀는 돌아서지 않았습니다. 야속하다고 원망하지도 않았습니다. 오히려 주님의 말씀이 옳은 말씀이라고 긍정했습니다. 그리고 예수님께 거듭 간청하였습니다. "주여 옳소이다마는 상 아래 개들도 아이들이 먹던 부스러기를 먹나이다" 그녀는 개들도 주인의 상에서 떨어지는 부스러기를 먹듯이 부스러기가 떨어지기를 고대한다는 것입니다. 무엇이 그녀로 하여금 이렇게 부끄러움과 수모를 참게 하였습니까? 누가 그녀를 이토록 겸손하게 하였습니까? 이것이 흉악한 귀신들려 고생하는 딸을 둔 부모의 마음입니다.

저는 어느 권사님의 이야기를 들으면서 가슴이 아파 견딜 수가 없었습니다. 병든 어머니를 자식들이 모시기를 꺼려한다는 것입니다. 그렇지만 가실 곳이라고는 자식들 집뿐입니다. 그 자식들을 위해 헌신적으로 살아오신 분이셨습니다. 그런데 병들고 나이 많아지니까 서로 모시기를 싫어한다는 것입니다. 어느 날 작은 아들집에 며칠 쉬고 큰 아들 집으로 갔습니다. 그런데 문을 열어 주지 않았다고 합니다. 문 앞에 쭈그리고 앉아 있으니까 주위 사람들이 나서서 문을 열어주어 들어가셨다는 이야기에 기가 막혔습니다. 그 대문 밖에서 그 어머니는 무엇을 생각하셨을까요? 그가 흘린 눈물은 무엇을 말해주고 있는 것일까

요? 아들을 이해하고 사랑하는 어머니가 가진 슬픔의 눈물인 것입니다. 사랑하기 때문에 아들을 이해하기 때문에 어머니는 슬프고 쓰라린 눈물을 대문 밖에서 흘려야 했을 것입니다.

어느 택시 기사가 노인 한 분을 태우고 온종일 돌아다니다가 결국 파출소에 모시고 와서 탄식을 하고 있었습니다. 초라하지 않게 옷을 입은 한 노인이 택시를 잡으려고 서 있기에 태웠다는 것입니다. 딸네 집에 간다고 하였답니다. 쪽지에 적힌 대로 모셔다 드리고 근처에서 전화를 걸었습니다. 그런데 전화를 받은 딸이란 사람은 너무나 냉담했습니다. "누가 노인을 모셔오라고 했느냐, 난 모르니 당신이 책임져라"고 하면서 전화를 끊고 아예 수화기를 내려놓았다는 것입니다.

난처해진 택시 기사는 다시 이 할머니를 모시고 처음에 있던 장소로 왔습니다. 그리고 며느리란 사람에게 전화를 걸어 사정 이야기를 했더니 "어머니는 딸네 집으로 가신다고 갔으니 우리는 모르는 일이라"고 하면서 전화를 끊어 버리더라는 것입니다. 그냥 다짜고짜 아들네 집으로 모셔다 드리려고 했는데 할머니는 한사코 집을 모른다고 하시면서 들어가려고 하지 않으셨다는 것입니다.

또한 작년인가. 어떤 노인이 해외에 나가 돌아오지 않는 아들을 기다리다 목매어 자살한 사건이 있었습니다. 아들을 기다리는 어머니의 애틋한 유서를 남겨놓고 세상을 떠났는데도 혹시 자식에게 누가 될까봐 연락처나 신분을 확인할 수 있는 것을 하나도 남기지 않았습니다. 지문을 채취하여 신분을 확인하고 조사해 보니 이미 아들은 수년 전 공사장에서 죽었던 것입니다. 자식들은 어머니가 너무 슬퍼하실까봐 이 사실을 숨겼는데 어머니는 돌아오 지 않는 아들을 기다리다가 목숨을 끊고 말았습니다. 이 것이 어머니의 마음입니다. 부모의 마음입니다. 부모 버 린 자식이지만 덮어주려는 마음, 자식에게 누가 될까봐 죽는 마당에도 신분을 숨기려는 마음 말입니다.

(2) 자녀가 부모에게

마태복음 15장 4절을 함께 읽어보겠습니다. "하나님이 이르셨으되 네 부모를 공경하라 하시고 또 아버지나 어머 니를 비방하는 자는 반드시 죽임을 당하리라 하셨거늘" 그러니까 부모 공경에 대한 하나님의 가르침은 두 가지입 니다.

첫째는 신명기 5장 16절에 말씀하셨습니다. "너는 네 하나님 여호와의 명령한 대로 네 부모를 공경하라 그리하 면 너의 하나님 여호와가 네게 준 땅에서 네가 생명이 길 고 복을 누리리라" 이 말씀은 십계명 중 다섯 번째 계명 입니다. 둘째는 출애굽기 21장 17절에서 말씀하신 "자기 의 아버지나 어머니를 저주하는 자는 반드시 죽일지니라" 는 것입니다. 이 말씀은 또한 레위기 20장 9절에도 말씀하 셨습니다. "무릇 자기의 아버지나 어머니를 저주하는 자 는 반드시 죽일지니 그가 자기의 아버지나 어머니를 저주 하였은즉 그의 피가 자기에게로 돌아가리라" 성경은 부 모 공경에 대해 어떤 이유나 조건을 말씀하신 일이 없습

니다. 오직 부모 공경을 명령하고 있을 뿐입니다. 그것은 효가 인간의 가장 기본적인 도리이기 때문입니다. 부모가 나를 사랑하였기에 자식된 도리로서 부모를 공경하는 것입니다. 이것을 '부자자효(父慈子孝)'라고 말합니다. 부모가 자식에 대한 사랑을 베풀고 그래서 자연스럽게 효성이 이루어진다는 말입니다.

첫째, 성경은 효도를 가르치고 있습니다.

세상의 많은 종교가 있습니다. 종교마다 교리가 다르고 예배의 형식이 다릅니다. 종교가 지향하는 목표가 다릅니다. 모든 종교의 공통점이 있는데 그것은 부모에게 효도하라는 것입니다. 효도의 방식이 차이가 있기는 하지만 효도에 대한 자세는 모든 종교가 동일합니다. 그것은 효가 인간의 가장 기본적인 도리이기 때문입니다.

우리나라는 예로부터 효를 인간이 가져야 되는 중요한 덕목으로 지켜왔습니다. 한 가지 흠이라면 이것이 지나쳐서 사후의 효를 강조하다가 보니 이것이 왜곡이 되어서 형식주의로 빠지고 말았다는 것을 들 수가 있습니다. 그리하여 살아 계실 때에는 잘 돌아보지도 않다가 돌아가시면 장례식을 거창하게 하고 무덤을 호화롭게 해서 자신의 효를 과시를 하는 것을 보게 됩니다. 그러니까 효의 알맹이는 버리고 껍질만을 중시하는 잘못이 만연되었다는 것입니다.

불효한 사람을 짐승만도 못하다는 말을 합니다. 그것은 미물에게서도 효의 모습을 찾아볼 수 있기 때문입니다.

아주 말을 잘 듣지 않는 여자아이가 있었습니다. 일하기를 싫어하고 전혀 부모를 헤아릴 줄 모르는 그런 아이였습니다. 밥을 하는 일이나 빨래하는 일 또는 바느질하는 여자들이 해야 되는 그런 일에 대해서 손 하나 까딱하지 않기로 소문난 불효녀였습니다. 그러니 부모의 근심이요 걱정거리였습니다. 어떤 날 이 소녀가 혼자 방에 앉아 있는데 방 벽 밑의 구멍 뚫린 곳에서 생쥐 한 마리가 기어 나왔습니다. 너무도 귀여워서 쌀을 좀 주었더니 먹으려고 하다가는 그것을 먹지 않고서 다시 구멍으로 들어갑니다. 소녀는 이상하다 왜 먹을 것을 먹지 않았을까 하였는데 잠시 후에 다시 나오는데 어미 쥐를 데리고 나오는 것이었습니다. 그런데 그 어미 쥐가 눈 먼 쥐였습니다. 이 생쥐는 눈 먼 자기 엄마를 먹여 살리고 있었던 것입니다. 이것을 보고서 자신을 크게 뉘우치고 효성스러운 딸이 되었다고 하는 이야기가 있습니다.

우리 예수님께서는 십자가에서 운명하시기 전에 어머니를 사랑하는 제자에게 부탁하신 것이 성경에 나오고 있습니다. 예수님은 어머니를 잘 섬겼던 아들이셨습니다.

둘째, 자녀들은 모든 일에 부모에게 순종하십시오.

부모님은 나에게 생명을 주신 분이며 내 삶의 뿌리입니다. 물론 만물의 근원은 하나님이십니다. 그러나 하나님은 우리에게 생명을 주실 때 부모를 통해 그 생명을 이어받도록 하셨습니다. 또한 부모는 일생동안 나의 보호자입니다. 동물은 태어난 지 몇 시간이 지나면 스스로 일어나

걸을 수 있으며 일년도 안 되어 자립하게 됩니다. 그러나 사람은 일년이 지나야 겨우 걸을 수 있고 자립을 하려면 30년은 걸립니다. 이처럼 요람에서 장성할 때까지 부모님은 나의 보호자입니다. 그러나 부모님을 공경하는 것은 아무 때나 할 수 있는 것이 아닙니다. 때가 늦으면 할 수 없습니다. 부모님은 우리를 기다려 주지 않습니다. 부모님이 돌아가시고 난 뒤에 그 때에는 효도를 하고 싶어도 할 수 없습니다. 후회해도 소용이 없습니다. 그러므로 기회가 있을 때 공경해야 하는데 그것은 순종하는 것입니다.

먼저, 하나님이 세우신 질서와 권위 때문입니다. 그러므로 부모가 자녀보다 더 배우지 못했어도 부모에게 순종하고 부모를 공경하고 순종해야 합니다. 부모가 인격적으로 좀 부족해도 공경하고 순종해야 합니다. 왜냐하면 뿌리 없는 나무가 없듯이 부모 없는 자녀가 없기 때문입니다. 그러므로 낳아주고 길러주고 가르쳐주신 부모를 순종하고 공경해야 합니다. 아무리 부모가 못 배웠고 부모가 가난하고 부모의 성품이 마음에 들지 않는다고 해서 부모를 바꿀 수 있습니까? 아니면 부모 자식의 인연을 끊을 수 있겠습니까? 부자관계는 태어날 때부터 하나님이 허락하신 관계요 하나님이 세우신 질서이니 부모를 공경하고 부모에게 순종하는 것이 자녀된 사람의 마땅한 도리요 또한 의무인 것입니다.

또한, 주님께서 모범을 보이셨기 때문입니다. 성경 주석가인 '헨드릭슨'은 "나는 주님께서 그렇게 하라고 명령하시니 나의 부모에게 순종해야 한다. 주님이 말씀하신 것은 단순히 그가 말씀하셨다는 단순한 이유만으로도 바른 것이다. 그분이 옳고 그른 것을 결정할 뿐이다"라고 하였습니다. 부모에게 순종하고 부모를 공경하라는 것은 십계명 중 제5계명(출 20:12)입니다. 이것은 약속 있는 첫 계명이며 대인계명 중 첫 계명입니다. 그래서 모세 율법에는 부모에게 순종하지 않는 완악하고 패역한 아들은 성읍의 모든 사람들이 돌로 쳐죽이라고 하였습니다(신 21:18-21). 잠언에는 "아비를 조롱하며 어미 순종하기를 싫어하는 자의 눈은 골짜기의 까마귀에게 쪼이고 독수리 새끼에게 먹히리라"(잠 30:17)고 하였습니다.

예수님은 어릴 때부터 부모를 순종하며 받들었고(눅 2:52), 가나 혼인잔치에서는 어머니의 어처구니없는 요구에도 순종하셨습니다. 요한복음 2장을 보면 가나 혼인잔치에서 예수님의 모친 마리아는 예수님에게 곤란한 부탁을 합니다. 잔칫집에 포도주가 떨어졌으니 어떻게 좀 해 달라는 것입니다. 그러나 예수님은 아직 이적을 행하지 않으셨습니다. 사실 예수님이 이 땅에 오신 것은 이적을 행하러 오신 것이 아닙니다. 하나님의 나라를 전하고 하나님 말씀을 가르치기 위해 오셨습니다. 그런데 말씀을 가르치기 전에 이적부터 행하면 사람들은 말씀을 듣기보다는 기적의 떡을 먹고 기적의 포도주를 마시려 할 것입니다. 그러나 예수님은 어머니의 부탁이기에 거절하지 않고 물로 포도주를 만드셨습니다.

227

stewardship

크리스천은 세 부모를 모시고 있습니다. 나를 낳아주신 육신의 부모가 있고, 나를 길러주신 스승이나 목사님도 또한 부모입니다. 더 나가 하늘에 하나님도 우리 아버지가 되십니다.

우리는 주님의 약속을 믿고 바라보기 때문입니다. "자녀들아 주 안에서 너희 부모에게 순종하라 이것이 옳으니라 네 아버지와 어머니를 공경하라 이것은 약속이 있는 첫 계명이니 이로써 네가 잘되고 땅에서 장수하리라"(엡 6:1-3)고 약속 하셨습니다. 땅에서 잘 된다는 말은 이 땅에서도 행복하게 산다는 말입니다. 혹시 주위에 불효하면서 행복하게 사는 사람을 보신 일이 있습니까?

그뿐 아니라, 주님의 말씀 안에서 순종하는 것입니다. 베드로와 사도들이 공회 앞에서 "사람보다 하나님께 순종하는 것이 마땅하니라"고 하였습니다. 그렇기 때문에 우리는 사람의 말 보다는 하나님의 말씀에 순종해야 합니다. 에베소서에서 바울은 "주 안에서 순종하라"고 제한하고 있습니다. 골로새서에는 "이는 주 안에서 기쁘게 하는 것이니라"고 하였습니다. 이것은 육신의 아버지보다 하나님 아버지가 더 위에 계시기 때문입니다.

그러면 믿지 않는 부모가 요구하는 내용이 신앙생활과 어긋날 때는 어떻게 해야 할까요? 박형용 박사는 다음 두 가지를 제외하고는 순종하는 것이 옳다고 하였습니다.

우선, 부모가 예수를 믿지 못하게 할 때는 부모의 말에 순종할 수 없습니다. 이미 말씀드린 대로 부모보다는 하

나님이 먼저이기 때문입니다. 부모를 주신 이는 하나님이
시며 부모님의 부모는 하나님이시기 때문입니다. 예수님
께서 "이 후부터 한 집에 다섯 사람이 있어 분쟁하되 셋
이 둘과, 둘이 셋과 하리니 아버지가 아들과, 아들이 아
버지와, 어머니가 딸과, 딸이 어머니와, 시어머니가 며느
리와, 며느리가 시어머니와 분쟁하리라"(눅 12:52-53)
하신 말씀은 이것을 염두에 두고 하신 말씀입니다.

그러나 믿지 않는 부모가 있어 어떤 종류의 교회 봉사
를 강경하게 금한다면 이것은 순종하는 것이 좋습니다.
이 말에 오해하거나 악용하지 마시기 바랍니다. 부모님이
교회 다니는 것은 허락하지만 주일학교 교사나 학생·청
년회의 임원이 되어 교회 일로 하루 종일 시간 보내는 것
을 극구 반대한다면 어쩌겠습니까? 성전건축을 할 때 한
몫을 헌금하고 싶지만 믿지 않는 부모님이 동의해 주지
않을 때는 어쩌겠습니까? 물론 설득을 하고 양해를 구하
기 위해 최대한 노력을 해보아야 하겠지만 궁극적으로는
순종할 수밖에 없습니다. 그리고 이런 환경에서 놓임 받
기를 기도할 수밖에 없습니다. 이런 사정을 주님이 아십
니다. 그러나 어떤 경우에라도 교회는 나가지 못하게 하
고 예수를 믿지 못하게 하는 경우에는 순종해서는 안 됩
니다.

또한, 부모가 범죄를 강요할 때 그 요구를 따를 수 없
습니다. 부모가 자녀에게 도적질을 시키고 나쁜 일을 시
킬 때도 순종하라는 말씀은 아니기 때문입니다. 부모라도

인간이 범죄한 행위에 대한 책임을 사회 앞에서나 하나님 앞에서 대신 질 수 없습니다. 범죄 행위를 강요했을 때 강요한 부모도 책임을 피할 수 없지만 저지른 자녀에게도 그 책임은 있는 것입니다. 이상의 두 가지가 아니라면 어떤 어려움이 있어도 자녀는 부모에게 순종해야 합니다. 또한 기억할 것은 "주 안에서"란 말속에는 "주님에게 하듯이"라는 의미도 있습니다.

셋째, 성경은 부모를 잘 공경하는 사람에게 축복을 약속하고 있습니다. 골로새서에는 이 약속의 말씀이 없습니다. 그러나 에베소서 6장 3절에 "이는 네가 잘 되고 땅에서 장수하리라"고 하셨습니다. 잠언 3장 1-2절에도 "내 아들아 나의 법을 잊어버리지 말고 네 마음으로 나의 명령을 지키라 그리하면 그것이 너로 장수하여 많은 해를 누리게 하며 평강을 더하게 하리라"고 하셨습니다. 그러나 순종은 장수와 직결된다고 생각해서는 안 됩니다. 다시 말해서 순종은 곧 장수가 아닙니다. 아벨처럼 부모에게 순종했지만 단명한 경우도 찾아볼 수 있습니다. 여기서 말하는 장수는 두 가지 의미가 있습니다.

먼저, 하나님이 함께 하시는 행복한 생활을 말합니다. 오래 산다는 말이 무슨 뜻입니까? 몇 년을 살면 장수한 것입니까? 베드로는 말하기를 "사랑하는 자들아 주께는 하루가 천 년 같고 천 년이 하루 같은 이 한 가지를 잊지 말라"(벧후 3:8)고 하였습니다. 백 년을 살아도 마지못해 살고 죽지 못해 사는 인생이 있습니다. 이걸 장수의 복을 받았다고 하겠습니까? 식물인간이 되더라도 100살을 살면 장수의 복을 누리는 것입니까? 단 50년을 살아도 부모님을 공경하고 부모의 사랑을 받으며 행복하게 사는 것이 장수의 복입니다. 그래서 그냥 장수하리라 하지 않고 땅에서 잘되고 장수하리라 하신 것입니다.

그리고, 하나님의 나라에서 영원히 사는 것이 장수입니다. 물론 부모에게 순종하면 땅에서 잘되고 장수하리라 하셨습니다. 이 땅에서 생활이야 길어봤자 100년입니다. 그러나 하나님의 나라에서는 천 년, 만 년이 아닙니다. 영생을 합니다. 그러나 부모에게 순종한다고 해서 천국에서 영생을 얻나요? 물론 그런 것은 아닙니다. 그러나 눈에 보이는 육신의 부모도 공경하지 못하면서 어떻게 하나님 아버지를 공경할 수 있겠습니까? 부모에게 순종하면서 그렇게 하나님께 순종하고, 부모를 공경하면서 그렇게 하나님 아버지를 섬길 줄 아는 사람이 영생의 복을 받는 것입니다.

부모님은 나에게 생명을 주신 분이며 내 삶의 뿌리입니다. 물론 만물의 근원은 하나님이십니다. 그러나 하나님은 우리에게 생명을 주실 때 부모를 통해 그 생명을 이어받도록 하셨습니다. 또한 부모는 일생동안 나의 보호자입니다. 동물은 태어난 지 몇 시간이 지나면 스스로 일어나 걸을 수 있으며 일 년도 안 되어 자립하게 됩니다. 그러나 사람은 일년이 지나야 겨우 걸을 수 있고 자립을 하려면 30년은 걸립니다. 이처럼 요람에서 장성할 때까지 부모님은 나의 보호자입니다. 그러나 부모님을 공경하는

stewardship

것은 아무 때나 할 수 있는 것이 아닙니다. 때가 늦으면 할 수 없습니다. 부모님은 우리를 기다려 주지 않습니다. 부모님이 돌아가시고 난 뒤에 그 때에는 효도를 하고 싶어도 할 수 없습니다. 후회해도 소용이 없습니다.

(3) 부모가 자녀들에게

부모는 자녀들을 잘 양육하고 특히 실망시키지 말아야 합니다. 흔히 세상에는 세 종류의 부모가 있습니다.

먼저, 완벽형의 부모가 있습니다.

보수적이고 완고한 아버지 타입으로 자신을 중심으로 지구가 돌고 있다고 믿기 때문에 자신의 신념만을 관철시키는데 관심을 갖습니다. 따라서 가족간의 대화가 적습니다. 이런 부모 밑에서 자란 자녀들은 반항심을 가지고 자라기 쉽고 명랑하지 못하며 얼굴이 어두워 표정이 없습니다. 사고의 융통성이 결여되고 경직되기 쉽습니다. 다른 사람의 눈치를 많이 보게 됩니다. 그리고 자기중심적인 삶에 길들여지기 쉽습니다. 주위에 친구들이 적고 친구들로부터 고립되기 쉽습니다. 대인관계의 장애가 있는 셈입니다.

그리고 방임형의 부모가 있습니다.

자식을 무책임하게 내팽개쳐 버리고 삽니다. 결국 자녀들은 부모 없이 자라게 됩니다. 이런 부모 밑에서는 진정 부모로부터 배워야 할 것을 배우지 못함으로 상식 밖의 행동을 하기가 쉬우며 모든 면에서 자신감을 잃고 소극적인 아이가 되기 쉽습니다. 한편 정반대로 부모의 관심을 끌기 위하여 문제행동을 일으키기 쉽습니다.

기대형의 부모입니다.

자녀를 공부, 공부하며 몰아대는 유형입니다. 자식에 대한 지나친 기대는 자신의 열등감에 대한 보상으로 나타나기도 합니다. 아이의 나이나 능력, 성격, 흥미, 관심 등은 고려않고 학력을 높이는 것만이 부모의 임무라고 착각을 하며 사는 부모입니다. 이런 부모 밑에서는 극단적인 경우 스트레스로 인한 자살도 나타날 수 있습니다.

먼저 한나의 아들과 엘리의 아들들을 살펴봅시다. 한나의 아들 사무엘과 엘리의 두 아들 홉니와 비느하스는 같은 시대에 같이 성전에서 자랐습니다. 그런데 엘리의 아들들은 불량자였고(삼상 2:12), 사무엘은 점점 자라면서 하나님과 사람들에게 은총을 더욱 받았습니다(삼상 2:26). 그것은 부모가 자식을 사랑하는 방법의 차이 때문이었습니다. 엘리는 아들들을 하나님보다 더 소중히 여겼습니다. 하나님께 제사드릴 고기를 빼앗아 가고, 회막 문에서 수종드는 여인을 희롱해도 "내 아들아, 소문이 좋지 않으니 그리하지 마라"하고 조용히 타이를 뿐이었고 아이들은 이런 아버지의 말을 듣지 않았습니다.

그러나 한나는 어렵게 얻은 귀한 아들이지만 젖을 떼자 하나님께 데리고 나와 평생을 여호와께 드렸습니다. 다만 일 년에 한 번 작은 겉옷을 지어다 주는 것으로 사랑을 표현할 뿐이었습니다. 결국 자식을 잘못 사랑한 엘리는 자식들을 잃고 자신도 목이 부러져 죽는 비참한 최후를 맞았지만, 한나는 세 아들과 두 딸을 더 얻었고 사무엘을 하나님의 선지자로 세우지 않았습니까?

　다윗도 훌륭한 왕이었지만 자녀 교육은 성공적이 못되었습니다. 압살롬이 잘 생겼다고 귀여워해 주었지만 결국 아버지를 반역하여 왕권을 빼앗으려 하였습니다. 열왕기상 1장 5-6절을 읽어보십시오. "그 때에 학깃의 아들 아도니야가 스스로 높여서 이르기를 '내가 왕이 되리라' 하고 자기를 위하여 병거와 기병과 호위병 오십인을 준비하니 그는 압살롬의 다음에 태어난 자요 용모가 심히 준수한 자라 그 아버지가 네가 어찌하여 그리 하였느냐 하는 말로 한 번도 그를 섭섭하게 한 일이 없었더라" 아도니야는 아버지 다윗이 늙자 스스로 왕이 되겠다고 나선 아들입니다. 그런데 이 아들은 평소 왕으로부터 한 번도 꾸지람을 하거나 섭섭하게 한 일이 없이 자란 아들입니다.

　솔로몬은 노래하기를 "자식은 여호와의 기업이요 태의 열매는 그의 상급이로다"(시 127:3) 라고 했습니다. 자녀들은 마치 장사의 수중에 있는 화살과 같아서 자식이 많은 사람은 복이 있고 원수들 앞에서도 결코 수치를 당하지 않는다고 했습니다. 그래서 아브라함 같은 사람도 나이가 많도록 자식이 생기지 않자 퍽 실망하면서 모든 희망을 잃어버린 사람처럼 행동하고 있습니다. 그러나 과연 자식이 많은 것이 복이라고 할 수 있을까요? 자녀가 하나님이 주신 기업이요 하나님의 상급이라면 자녀들로 인해 기쁨을 얻고 자녀들로 인해 높임을 받아야 할 텐데 오히려 골칫거리인 경우를 종종 볼 수 있습니다.

'자식이 아니라 원수'라는 말이 있습니다. 자식 때문에 부모가 칭찬을 듣고 높임을 받는 것이 아니라 오히려 부모가 망신을 당하고 얼굴을 들지 못하는 경우가 허다합니다. 더구나 요즘처럼 아이들이 하나 둘 밖에 없는 시대에는 그저 마냥 귀엽게만 키워 버릇도 없고 예의도 모르는 안하무인(眼下無人)의 몹쓸 인간을 키우는 예가 허다합니다.

사무엘상 2장에는 성전에서 자라는 아이들의 모습이 대조적으로 묘사되고 있습니다. 12절부터 17절은 엘리 제사장의 두 아들 홉니와 비느하스의 모습이요, 18절부터 21절은 한나의 아들인 사무엘의 모습입니다. 우리말 성경에는 빠져있지만 원문에는 18절에 "그러나 사무엘이"라고 하여 엘리의 두 아들과 사무엘을 대조·비교하고 있습니다. 우리는 이 두 아들들을 서로 비교해 보면서 하나님이 상급으로 주신 우리 아이들을 어떻게 교육시켜야 할 것인가 생각해 보도록 합시다.

먼저, 하나님 앞에서 살도록 가르쳐야 합니다. 불행하게도 제사장인 엘리의 아들들은 하나님을 알지 못했습니다. "엘리의 아들들은 행실이 나빠 여호와를 알지 못하더라"고 했습니다. 제사장의 아들로 밤낮 성전에 살면서 하나님을 알지 못했다는 말이 무슨 말일까요? 여기서 안다는 말은 이론적이고 지식적인 의미에서 아는 것을 말하지 않습니다. 체험적이고 인격적인 교제를 말하고 있는 것입니다. 다시 말해서 하나님을 만나본 경험이 전혀 없다는 말입니다. 그렇기 때문에 하나님이 계시다는 것

을 그저 피상적으로는 알지 모르나 그 하나님이 바로 여기 계시고 자신들의 행동을 다 보고 계시다는 것은 알지 못했습니다. 만약 그들에게 하나님이 지금 보고 계시다는 믿음이 있었다면 어떻게 감히 제물을 강탈하고 회막문에서 수종드는 여인을 건드릴 수가 있었겠습니까?

요즈음에도 어른이나 아이들이나 '과연 저 사람이 하나님 앞에 서 있는 줄을 아는 것일까?' 하는 생각이 드는 경우가 한두 번이 아닙니다. '하나님이 보고 계신 줄을 알면 어떻게 저렇게 말을 하고 저런 행동을 할까' 하는 생각이 드는 경우가 한 두 번이 아닙니다. 또한 하나님은 진노의 하나님, 크고 두려우신 하나님이란 사실을 알지 못했습니다. 그저 용서하시고 사랑하시는 하나님만 생각한 것입니다. "너희 하나님 여호와 곧 크고 두려운 하나님이 너희 중에 계심이니라"(신 7:21)고 하셨습니다. "너희의 하나님 여호와는 신의 신이시며 주가운데 주시요 크고 능하시며 두려우신 하나님이시라"(신 10:17)고 하셨습니다.

부모를 따라 교회에 다니는 아이들에게 나타나는 큰 문제 중 하나는 하나님을 깊이 알지 못하는 것입니다. 그저 부모를 따라 교회에는 다니지만 하나님을 만난 경험도 없고 자신이 하나님 앞에서 살고 있다는 사실도 깨닫지 못하는 경우가 허다합니다. 그래서 종종 들리는 말이 교회에서 제일 속 썩이는 아이들이 목회자의 자녀나 제직들의 자녀라는 말입니다. 이것은 결코 웃어넘길 수 있는 말이 아닙니다. 쉽게 귀 넘어 들을 말이 아닙니다. 하나님 앞에서 살도록 가르쳐야 합니다. 사무엘은 어렸을 때부터 "세마포 에봇을 입고 여호와 앞에서 섬겼더라"고 했습니다. 하나님이 보고 계심을 가르쳐야 합니다. 하나님은 크고 두려우신 하나님이란 사실을 가르쳐야 합니다.

자기 절제를 가르쳐야 합니다.

자녀가 하나 둘 밖에 없으니 부모가 거절 할 줄을 모릅니다. 한동안 널리 불려지던 『아, 대한민국』의 가사처럼 원하는 것은 무엇이나 얻을 수 있는 줄로 알고 있습니다. 몇 만 원짜리 장난감을 쉽게 사 줍니다. 겨우 전자오락을 할 줄밖에 모르는데도 백만 원이 넘는 컴퓨터를 덥석 사다 줍니다. 안 된다고 했다가도 다리를 뻗고 앉아 울면 됩니다. 남의 아이가 먹고 있는 과자도 엄마에게 달라고 울면 빼앗아 주는 부모가 있습니다. 심지어 성찬식 때 사용하는 빵을 아이가 달라고 조른다 하여 하나 집어주는 부모도 있습니다. 이렇게 자랐으니 안 되는 것이 없습니다. 갖고 싶은 것은 다 가질 수 있고, 먹고 싶은 것은 다 먹을 수 있고, 하고 싶은 짓은 무엇이든 다 할 수 있는 줄 압니다. 이런 사고방식이 집에서 부모에게는 통할지 모르지만 사회에서는 통하지 않습니다. 더구나 하나님 앞에서는 천만의 말씀입니다. 그런데 안 되는 것을 이해하지 못합니다. 이제까지 다 되었는데 왜 안 되느냐고 합니다. 자기가 양보해야 한다는 것을 알지 못합니다. 자기를 다스려 절제할 줄을 모릅니다.

엘리의 두 아들이 이런 식으로 자랐습니다. 고기가 먹고 싶을 때는 언제든지 무슨 고기든지 먹을 수 있었습니

stewardship

다. 하나님께 제사를 드리기 전에 먼저 달라고 졸랐습니다. 삶은 고기보다 날고기를 원한다고 떼를 썼습니다. 얼굴이 예쁜 여인이 있으면 언제든지 불려갔습니다. 그들은 망나니였습니다. 불량자란 말을 공동번역에는 이렇게 번역했습니다. 하나님도 몰라보고 어른도 몰라봤습니다. 그들은 자기밖에 몰랐습니다.

그러나 사무엘을 보십시오. 그는 어릴 때 벌써 부모를 떠나 혼자 살았습니다. 어린 나이에 왜 엄마나 아빠가 보고 싶지 않았겠습니까? 그러나 부모는 어린 사무엘에게 참는 것을 가르쳤습니다. 어린 나이에 홉니와 비느하스처럼 먹고 싶고 갖고 싶은 것이 왜 없었겠습니까? 그러나 그는 절제를 배웠습니다. 그랬기 때문에 사무엘은 자라 성인이 된 후에도 자신을 다스려 절제하는 것을 알았습니다. 그는 한 평생 사사로 지내면서 남의 것을 탐내거나 빼앗지 않았습니다(삼상 12:3-4). 자신의 자리를 사울에게 물려줄 줄도 알았습니다.

좋은 습관을 길러 주어야 합니다.

행동은 습관을 낳는다고 합니다. 비슷한 행동을 여러 번 반복하다 보면 자기도 모르게 습관이 되어 버리고 맙니다. 특히 어릴 때 길들여진 습관은 어른이 되어서도 쉽게 고쳐지지 않습니다. 그래서 옛 어른들이 말하기를 "세살 버릇 여든까지 간다"고 했나 봅니다. 이처럼 한 번 길들여진 습관을 고치기란 쉽지 않으니 좋은 습관을 길러 주어야 합니다. 또한 습관이 되기 전에 바른 행동을 하도록 가르쳐야 합니다. 하나님께서는 "네가 어려서부터 내 목소리를 청종하지 아니함이 네 습관이라"(렘 22:21) 고 탄식하셨습니다.

홉니와 비느하스가 처음에 하나님께 드릴 고기를 가져 갈 때는 두려운 마음도 있었을 것입니다. 그러나 한두번 그렇게 하다 보니 습관이 되었습니다. 성경은 말하기를 "그 제사장들(홉니와 비느하스)이 백성에게 행하는 습관은 이러하니"라고 하였습니다. 습관이 되고 나니 두려운 마음도 없었습니다. 아버지 엘리도 처음에 자식의 행동을 보고 겁이 나고 걱정이 되었을 것이지만 이젠 그러려니 하고 만성이 되었습니다. 이것이 두려운 일입니다.

특히 성도들은 자녀들이 하나님 앞에서 바르게 예배드리는 습관을 길러 주어야 합니다. 예배 시간에도 장난치고 떠드는 것을 보면서도 '아직 철이 안 들어 그렇지 차차 나아질 거야' 하는 부모님이 계십니다. 큰 오해입니다. 철이 들기 전에 바른 예배의 습관을 길러 주어야 합니다. 사무엘의 어머니는 아직 어린 사무엘에게 하나님 앞에서 세마포 에봇을 입는 것을 가르쳤습니다. 철부지 아이가 뛰놀기에는 얼마나 불편했겠습니까? 그러나 하나님 앞에 예배드릴 때는 예복을 입어야 하는 것을 배웠습니다.

사무엘은 어릴 때부터 성전에서 기도하는 것을 배웠습니다. 기도가 습관이 된 것입니다. 까닭에 그는 후에 말하기를 "나는 너희를 위하여 기도하기를 쉬는 죄를 여호와 앞에 결단코 범하지 아니하고 선하고 의로운 도로 너희를 가르칠 것"(삼상 12:23)이라고 하였습니다.

239

자녀를 사랑하신다면 어릴 때부터 좋은 습관을 길러 주시기 바랍니다. 주일에는 교회에 가는 습관, 교회에 갈 때는 깨끗한 옷을 단정히 입는 습관, 예배는 엄숙하고 거룩하게 드리는 습관을 기르시기 바랍니다. 처음에는 힘들고 어려울지 모르지만 언젠가는 이것이 자라는 아이에게 습관이 될 것입니다. 요즈음 부모들은 자녀들의 교육을 위해 엄청난 희생을 아끼지 않습니다. 어느 조사 보고에 의하면 고등학생의 과외지도를 위해 수십만 원씩의 과외비를 지출하고 있다고 합니다. 그러나 영어 단어 하나 더 외우는 것이 문제가 아닙니다. 수학을 잘 하는 것도 좋습니다. 그러나 더 중요한 것은 하나님 앞에서 바른 사람이 되는 것입니다.

하나님도 알지 못하고 자기밖에 모르는 사람이 공부를 잘한들 무엇에 쓰겠습니까? 나중에 부모를 알아보겠습니까? 하나님 두려운 줄을 알겠습니까? 하나님은 말씀 하셨습니다. "나를 존중히 여기는 자를 내가 존중히 여기고 나를 멸시하는 자를 내가 경멸히 여기리라"(삼상 2:30).

엘리 제사장은 아들들을 하나님보다 더 귀히 여겼습니다. 아들들에게 참으라고 한 것이 아니라 하나님께 참아 달라고 했습니다. 아들들에게 양보하라고 한 것이 아니라 하나님께 이해해 달라고 했습니다. 하나님께 드릴 제물을 훔쳐가도 아들들을 책망한 것이 아니라 하나님께 이해해 달라고 하였습니다. 그래서 하나님은 "내 제물과 예물을 밟으며 네 아들들을 나보다 더 중히여겼다"고 하셨습니다. 이것이 비극이요 불행입니다. 결국 아들들도 비참하게 되었고 부모도 비참한 최후를 맞고 말았습니다.

내 아이가 아니라 우리 아이입니다. 많은 부모들이 자녀들을 너무 소중하게 감싸고 있습니다. 응석받이로만 기를 뿐, 매는 고사하고 잘못을 해도 꾸짖을 줄 모릅니다. 교회에서 막무가내로 떠들어도, 남의 물건을 망가뜨려도, 다른 사람을 성가시게 해도 야단치지 않습니다.

어느 문방구를 하는 아주머니는 초등학교 3학년 아이가 물건을 훔치는 것을 붙잡았습니다. 야단을 치면서 엄마를 불러오라고 했더니 징징 울면서 엄마를 불러 왔습니다. 그런데 애 엄마의 첫 마디는 "얼마짜리예요? 그까짓 것 세 배로 물어드리면 될 거 아니예요? 왜 남의 아이는 야단을 치는 거예요?" 하더랍니다. 대개 자녀들이 많지 않으니까 사달라는 것은 무엇이든 사 주고, 하고 싶다는 것은 다 시켜줍니다. 옷을 사서 몇 번 입다가 싫으면 팽개치고, 학원도 여기 저기 다니다 싫증나면 그만둡니다. 한두 번 안 된다고 하다가도 아이가 울면 손을 듭니다. 그러니 집에서건 학교에서건 교회에서건 자기 뜻대로 안되면 심통을 부리고 웁니다. 이렇게 귀하게 키우다 보니 버릇이 없습니다. 보다 못한 사람이 옆에서 한 마디 하면 "내 자식인데 참견 말라"고 합니다. 그러나 이것은 잘못 생각한 것입니다. '내 자녀'가 아니라 '우리 자녀'입니다. 내가 잘못 키운 이 아이가 자라서 장차 사회에 어떤 악영향을 끼칠 것인지 생각해 보아야 합니다.

문제 가정에서 문제아가 나옵니다. 어떤 심리학자는 문제아동이 문제가 아니라 문제부모가 문제라고 했습니다.

241

stewardship

사랑하는 방법이 문제요, 교육시키는 자세가 문제입니다. 디모데전서 4장 8절에 "육체의 연습은 약간의 유익이 있으나 경건은 범사에 유익하니 금생과 내생에 약속이 있느니라"고 했습니다. 피아노를 치고 태권도나 영어를 배우고 하는 육체의 연습도 중요합니다. 그러나 이런 것보다 우리가 더 힘쓸 것이 있습니다. 그것은 하나님의 자녀로 키우는 경건의 연습입니다.

칼릴 지브란은 '당신의 아이들은 당신 것이 아닙니다'란 글에서 이렇게 말했습니다. "당신의 아이들은 당신의 것이 아닙니다. 그들은 당신을 거쳐 온 것일 뿐 당신에게서 온 것이 아닙니다. 비록 그들이 당신과 함께 있다 하더라도 그들은 당신의 소유가 아닙니다. 당신은 그들에게 사랑을 주는 것은 좋지만 생각을 주어서는 안 됩니다. 왜냐하면 아이들은 그들 자신의 생각을 갖고 있기 때문입니다. 당신은 그들에게 육체가 거처할 집을 제공할 수 있으나 영혼이 거처할 집을 마련해 줄 수는 없습니다. 왜냐하면 그들의 영혼은 내일이란 집에 살기 때문입니다. 그곳을 당신은 꿈속에서라도 결코 방문할 수 없습니다. 당신이 아이들처럼 되려고 노력하는 것은 좋으나 그들을 당신처럼 만들려고 하지는 마십시오. 왜냐하면 인생은 뒤로 가지도, 어제에 머물러 있지도 않기 때문입니다. 당신은 활이며 당신의 아이들은 당신에게서 쏘아지는 살아 있는 화살입니다. 그 활을 쏘는 분의 손길 아래서 당신이 구부러짐을 기뻐하십시오." 그렇습니다. 나의 자녀라고 내 마음대로 해서는 안 됩니다.

내 아이가 아니라 주님의 아이입니다.

히틀러의 참모였던 괴링은 사형 집행을 당하기 전에 "우리 딸은 교회로 보내주세요!" 하는 말을 남겼다고 합니다. 좋은 대학에 진학시키려고 신앙교육을 소홀히 해 보십시오. 반드시 후회할 날이 있습니다. 그러다 대학에 떨어지면 인생의 낙오자가 됩니다. 다행히 대학에 들어가게 되어도 세상에 휩쓸려 신앙에서 멀어지고 맙니다. 요즘 대학에서는 공부를 먼저 배우는 것이 아닙니다. 술 먹고 담배 피우고 미팅하는 것부터 배웁니다. 신입생 환영식에서 폭음을 하다가 죽은 아이도 있지 않습니까?

어느 교회에 네 살 난 아이를 둔 어느 가정주부가 있었습니다. 주일날 교회에 데리고 가려면 보통 힘이 드는 것이 아니었습니다. 아침밥 먹이랴, 화장하랴, 애 옷 입이랴, 신발 신기랴, 남편 양복 챙기랴, 겨우 겨우 문을 나설 즈음이면 애가 쉬가 마렵다고 합니다. 그래서 언제든지 제 시간에 도착하지 못합니다. 그런데 같은 교회의 여자 성가대원은 아이가 여섯인데 신기하게도 주일 아침마다 아이 여섯을 줄줄이 이끌고 제 시간에 도착하는 것이었습니다. 그래서 그 비결을 물어 보았습니다. "그야 쉽죠. 토요일 밤에 모두 옷을 입혀서 재우기만 하면 되는걸요." 그리고 보니 아이들의 옷이 조금씩 구겨진 편이었습니다. 리더스 다이제스트에 실렸던 얘기이니까 실화일 것입니다. 구겨진 옷을 입혀서라도 교회에 데리고 오는 것이 자녀들의 영혼을 구겨지지 않게 하는 비결임을 아마도 그 부인은 알고 있지 않았나 싶습니다.

하나님께서는 모세를 통하여 자녀들을 바른 신앙으로 가르쳐야 할 것을 여러 번 말씀하셨습니다. "오늘 내가 네게 명하는 이 말씀을 너는 마음에 새기고 네 자녀에게 부지런히 가르치며 집에 앉았을 때에든지 길에 행할 때에든지 누웠을 때에든지 일어날 때에든지 이 말씀을 강론할 것이며"(신 6:6-7). 언제 하나님의 말씀을 가르치라고 하셨습니까?

『낮은 울타리』라는 잡지를 발행하며 청소년 문제를 가지고 사역하시는 신상언 집사님은 전국교회를 다니며 외치는 말씀이 있습니다. 지금의 어른들이 다 죽어야 한국교회가 살고 한국의 어린이들이 산다는 것입니다. 노골적으로 그분은 어른들 때문에 어린아이들이 지옥을 간다고 말합니다. 어른들이 교회 문을 꼭꼭 닫고 어린이들을 못 들어오게 한다는 것입니다. 큰 교회들이 비싼 카페트에 비싼 전자 오르간을 들여놓고 아이들은 우중충한 지하로 다 내어 쫓고 있다는 것입니다.

어떤 교회가 성경학교를 안 한다고 해서 이유를 물었더니 평소 교회 안 다니던 아이들이 와서 의자, 방석 다 망가트린다는 이유 때문이었습니다. 해마다 이때쯤이면 성경학교 예산을 가지고 장로님들과 전도사들이 입씨름을 합니다. 장로님들 생각에는 도무지 성경학교 해봐야 이득될 것이 없다고 여깁니다.

위대한 인물들은 어려서부터 믿음으로 성장한 사람들입니다. 아이작 왓츠(Isaas Watts)는 많은 찬송가를 지어서 수천만의 영혼을 하늘로 향하게 한 사람인데 그는 9살 때

회심했다고 하며, 영국에서 많은 심령을 하나님께 인도한 요나단 에드워드(Jonathan Edwards)는 7살 때 회심했다고 합니다. 또한 헨리 워드 비쳐(Henry Ward Beecher)는 5살 때 흑인 신자에게 신령한 은혜를 받았다 하며, 메튜 헨리(Mattew Henry)목사는 11살 때 주님을 영접했고, 리차드 박스터(Rechard Baxter)는 6살 때 구원을 받았다고 합니다.

아들과 딸을 내 소유라고 생각하지 마십시오. 하나님께서 맡기신 하나님의 자녀입니다. 주님이 한 아이를 우리에게 보내실 때 이 아이를 통해 이루고자 하시는 하나님의 위대한 계획이 있다는 사실을 알아야 합니다. 그러므로 내 것을 먹이기 전에 하나님 것을 먹여야 합니다. 부모된 사람은 하나님의 소유된 자녀를 태어난 첫 시간부터 성경을 읽어주며 양육시켜야 합니다. 그런 아이는 하나님 말씀의 기초 위에서 세상 지식을 이용하는 사람이 될 수 있습니다. 그렇지 못한 아이는 세상 지식에 포로가 되어 배우면 배울수록, 가지면 가질수록 교만하고 악독한 사람이 되어 하나님과는 점점 멀어지다가 결국은 멸망하고 맙니다. 집은 기초가 요긴하듯이, 자녀는 어려서부터 바로 키워야 합니다. 어린 생명을 바로 키우지 못하면, 어른이 된 다음에는 부모가 가슴을 쳐도 돌이키기 어려움을 기억하시기 바랍니다.

바르게 양육해야 합니다.

에베소서 6장 4절에는 부모된 사람이 자녀를 어떻게 양육해야 할지 잘 가르치고 있습니다.

먼저, 노엽게 하지 말아야 합니다. "아비들아 너희 자

녀를 노엽게 하지 말라"고 하였습니다. 여기서 부모들이 자녀를 '노엽게' 하는 요인으로는 시대적인 변화와 관습의 변화에 대한 사실을 부모가 잊어버리는 경우가 가장 많습니다. 대부분의 부모는 "내가 네 나이 때는 그런 일이 없었다"라고 무엇인가 금지하는 경우가 많습니다. 그럴 때마다 아이들은 아버지나 어머니 시대는 이런 때가 없었을 것이 아니냐고 반박합니다.

10년이면 강산이 변한다고 하나, 요사이는 1년이면 강산이 변하고 심지어 한 달이면 세대차이가 난다고 할 정도로 시대가 빠르게 변화하고 있습니다. 우리나라에서는 부모가 무엇을 시켰을 때 어린이들이 "왜요?" 또는 "그래서요?"라고 말하는 경우가 거의 없지만, 이민을 가서 몇 년 살게 되면 "Why?", "So what?" 등의 말이 자녀들 입에서 쉽게 나오는 것을 볼 수 있습니다. 부모라는 권위가 통하지 않게 되고, 합리적인 이유와 납득할만한 근거를 자녀에게 제시해야만 하는 것입니다. 이러한 때에 오늘의 부모가 자신의 어린 시절만 생각하고 자녀에게 무조건 윽박지르거나 꾸지람을 한다는 것은 절대 잘못된 것입니다.

시대가 변하고 습관이 변화된 것은 이해 못하고 자신의 세대와 경험에만 비추어 아이들을 훈육시키는 것은 자녀를 노엽게 하는 큰 원인이 됩니다. 우리 부모들은 시대적인 변동이나 시대적인 습관의 변화에 대한 성서적인 진리로서의 판단이 언제나 예민해야 합니다. 오늘의 사회에는 편리하고 존중해야 할 문명의 발전이 많은 반면에 성서적으로 볼 때 너무나 타락된 비진리적인 것도 많이 수반되어 있습니다. 그러기에 가장 시급한 것은 교회의 교육입니다. 예민하게 시대의 흐름을 파악하여 문명 발달과 인간 타락과 비진리가 무엇인지를 옳게 판단해야 합니다. 이런 사실을 혼돈한다면 자녀를 노엽게 하는 결과가 됩니다. 현사회의 긍정적인 면까지도 무조건 옛날 사고방식을 가지고 부정적으로만 보아서도 안 됩니다. 사실 옛 습관만 고집하여 문명의 발전 변화를 무조건 부정적으로만 보는 시대적인 후진성은 자녀 교육에 그만큼 좋지 않은 영향을 끼치게 됩니다. 자녀는 새 시대를 개척하는 개척자인 동시에, 역사적으로는 혁명가이며, 어두움을 빛으로 비춰야 하는 빛의 자녀들입니다. 그러므로 자녀들의 행동에 대하여 너무 제한하지 말고 올바르게 지도해야 합니다. 부모가 무조건 제한만 하는 것은 오히려 자녀들을 그릇된 길로 가게 하는 결과가 됩니다.

어떤 교육가가 이러한 말을 했습니다. "어린아이들을 너무 오랫동안 개처럼 끈을 매어 끌고 다니는 것은 결국 그 어린아이의 발전을 저해시키고 상상력을 저해시키는 동시에 반항심만 키워주는 결과가 된다. 그러기에 제한이 지나친 것보다 신뢰가 지나친 것이 수백 배 낫다" 자녀를 키울 때에 "하지 말라"보다는 "하라"고 하는 것이 자녀들의 재능을 키우는 좋은 동기가 됩니다. 오늘 부모들은 자신들이 배우지 못한 갖가지 일들을 자녀들이 해주기를 원합니다. 때문에 요즘 아이들은 부모들의 욕심의 희생물이 되는 비극이 많습니다. 아이들의 의사는 무시하고

강제적으로 피아노학원이다 미술학원이다 하며 아이들에게 쉴 틈을 주지 않는 것입니다. 재능도 없는데 부모의 욕심이나 사회의 영향 때문에 다른 길로 나가는 것은 죄입니다. 미국의 심리학자 윌리엄 제임스는 말하기를 "인간은 평생에 자신의 두뇌 기능을 10% 밖에는 쓰지 못하며 나머지 90%는 개발하지 못하고 죽어가고 있다"고 했고, 벤자민 웨스트는 자기가 화가가 된 동기를 "어머니가 잉크를 엎질렀다고 꾸중을 하지 않으시고 그림을 잘 그렸다고 키스한데 있다"고 했습니다. 그러므로 기독교인의 가정에서는 어린아이들의 타고난 재능을 마음껏 개발시킬 수 있도록 힘써야 합니다.

주의 교양으로 양육해야 합니다.

"주의 교양과 훈계로 양육하라"고 하였습니다. 부모가 자녀들에게 교육할 또 하나의 과제는 가치관의 확립입니다. 빌립보서 1장 10절에 "너희로 지극히 선한 것을 분별하며"라고 하였습니다. 부모는 자녀에게 가정에서부터 가치관의 바른 교육이 필요합니다. 오늘날 대부분의 청소년들이 범죄를 일으키는 이유는 가치관의 확립이 결여되어 있기 때문입니다. 가정은 자녀들에게 사회가 심어주지 못하는 가치관을 바르게 지도해야 하며, 더 나아가 신앙심을 유산으로 물려주어야 합니다. 재산이나 지식의 유산보다도 신앙의 유산이 더 중요합니다.

사람들은 육신의 유산에 대해서는 심각하게 여기면서 믿음의 유산에 대해서는 등한시 합니다. 교회 출석의 관심, 가정예배의 관심이 없는 가정도 종종 보게 됩니다.

사회나 교회의 구성단위는 가정입니다. 그러므로 가정 문제가 소홀히 될 때 사회가 어지러워지고 교회가 어지러워집니다.

예수님은 어린이들이 내게 오는 것을 막지 말라 하시며 귀여운 어린이들을 안으시고 축복하셨습니다. 하나님의 나라는 어린이들의 것이요 어린이 같이 되지 않으면 천국에 들어갈 수 없다고 말씀하셨습니다. 어린이를 하늘같이 받들어 키우고 어린이들을 보물처럼 소중하게 보호해야 합니다. 어린이들을 쓰다듬어주고 어린이들을 무조건 축복합시다. 어린이를 위한 기도는 모두 응답을 받고 어린이에게 베푼 축복은 빠짐없이 이루어집니다.

우리의 어린이들을 어떻게 하면 잘 키울 수 있을까요? 보약을 먹이고 비단 옷을 입히고 용돈을 넉넉히 주어서 키우면 잘 자랄까요? 그렇지 않습니다. 어린이들이 먹고 잘 자라는 보약은 어머니, 아버지의 지극한 사랑입니다. 그 중에도 제일은 신앙을 먹여 키우는 것입니다. 부모가 자녀에게 올바른 신앙을 먹여 키우면 모두 성공합니다. 참 믿음으로 다져진 인생은 실패하는 법이 없습니다. 신(信), 망(望), 애(愛), 이것은 자녀교육에 있어서도 보훈입니다.

그렇다면 어떻게 믿음을 심어줄까요? 어린이들 가슴 속에 예수님을 심어주고 예수님의 형상을 아로새겨 주면 됩니다. 지각이 들기 시작할 때부터 먼저 성경 말씀을 외우게 하고, 기도하는 습관을 가르쳐 주고, 찬송을 부르게 하면 됩니다. 아이들에게만 시키지 말고 어른들이 함께 해야 합니다. 배워주려 하지 말고 함께 배워 가면 됩니다.

가정예배가 끊겨지고 성경읽기와 찬송 소리가 멈춰버린 가정에서는 좋은 인물이 나오지 않습니다. 사람의 몸만 유전되는 것이 아니라 신앙과 정신과 인격도 대를 이어 전승합니다. 성경에는 아브라함과 이삭과 야곱의 하나님이란 말씀이 여러 번 나옵니다. 이것은 그저 족보를 쓴 것이 아닙니다. 아브라함의 믿음, 이삭의 순종, 야곱의 꿈, 그 마디마디가 이어진 뿌리에서 요셉이 나오고 다윗이 나왔다는 뜻입니다. 그리고 그 줄기를 타고 마침내 예수님까지 나오시게 되었습니다.

교회는 어린이의 신앙 교육에 힘을 쏟아야 합니다. 교회학교 어린이 숫자가 장년부 숫자보다 줄어들면 그 교회는 시들어가는 교회요, 어린이 교회학교를 등한시하는 교회는 죽음 직전에 처한 교회입니다. 교회는 유치원, 유아원을 경영하여 어린이들에게 신앙을 심어주고, 교회학교에 재정 지원을 아끼지 말고 교육에 관심을 쏟아 유아로부터 중고등학생에 이르기까지 인생 기초를 하나님의 말씀으로 다져놓아야 합니다. 이보다 더 실속 있는 신앙 교육이 없고, 이보다 더 효과적인 선교 운동이 없습니다.

"비뚤어진 둥지 안에 온전한 달걀이 있을 수 없다"는 중국 속담이 있습니다. 가정이 바로 되어야 교회가 바로 됩니다. 교회에 속한 가정은 자녀들에게 가치관의 바른 교육과 믿음의 유산을 주도록 해야 합니다.

　스물도 채 안 된 나이에 유복자를 혼자 키운 가난한 청
상과부가 있었습니다. 어머니는 이 아들을 키우기 위해
온갖 고생을 다했고, 아들 또한 어머니의 뜻을 받들어 착
실히 공부하여 일찍 장원에 급제를 하였습니다.

　아들은 바다가 가까운 어느 고을의 원으로 부임을 하였
습니다. 효성스런 아들은 어머니 생각이 간절하여 이방을
불렀습니다. "우리 어머니께서는 조기 대가리를 좋아하
시니 조기 대가리를 사 모아라" 눈이 휘둥그레진 이방에
게 효성스런 원님은 이렇게 말했다고 합니다. "우리 어
머니는 조기 살은 비위에 맞지 않으신다고 하시며 아니
잡수시느니라" 얼마 후, 아들이 보낸 수백 개의 조기 대
가리를 앞에 놓고 어머니는 웃으시면서 한숨을 지었습니
다. "내 아들이 내 식성을 잘 알고 있구나" 너무 귀한
아들이라고 감싸주고 위해 주기만 했기에 어려운 살림에
어쩌다 사 먹는 생선의 살 한 점 조차도 아들에게만 먹인
어머니의 마음을 아들이 이해하지 못한 것입니다.

　행복한 가정은 혼자의 힘으로 이루어지지 않습니다. 마
치 모빌과 같아서 서로 협력하고 균형을 이룰 때 아름답
고 행복한 가정을 이룰 수 있습니다. 그래서 어떤 분들은
인생을 음악에 비유하기도 합니다.

　결혼하기 전에는 독창을 하는 시기지만 결혼 후에는 독
창이 아니라 합창을 하는 것입니다. 내 목소리가 너무 커
도 안 되고 반대로 상대적으로 너무 작아도 안 됩니다.
개인의 사정을 내세워 연습이나 연주회에 함부로 빠진다
면 더더구나 곤란합니다. 노래를 부르다가 쉬고 싶다고

아무 곳에서나 쉴 수 없습니다. 그러나 쉼표에서는 모두 함께 쉬어야 합니다. 우리가 행복한 가정을 이루어가기 위해서도 이와 같이 서로 노력하고 조화를 이루어가지 않으면 안 됩니다.

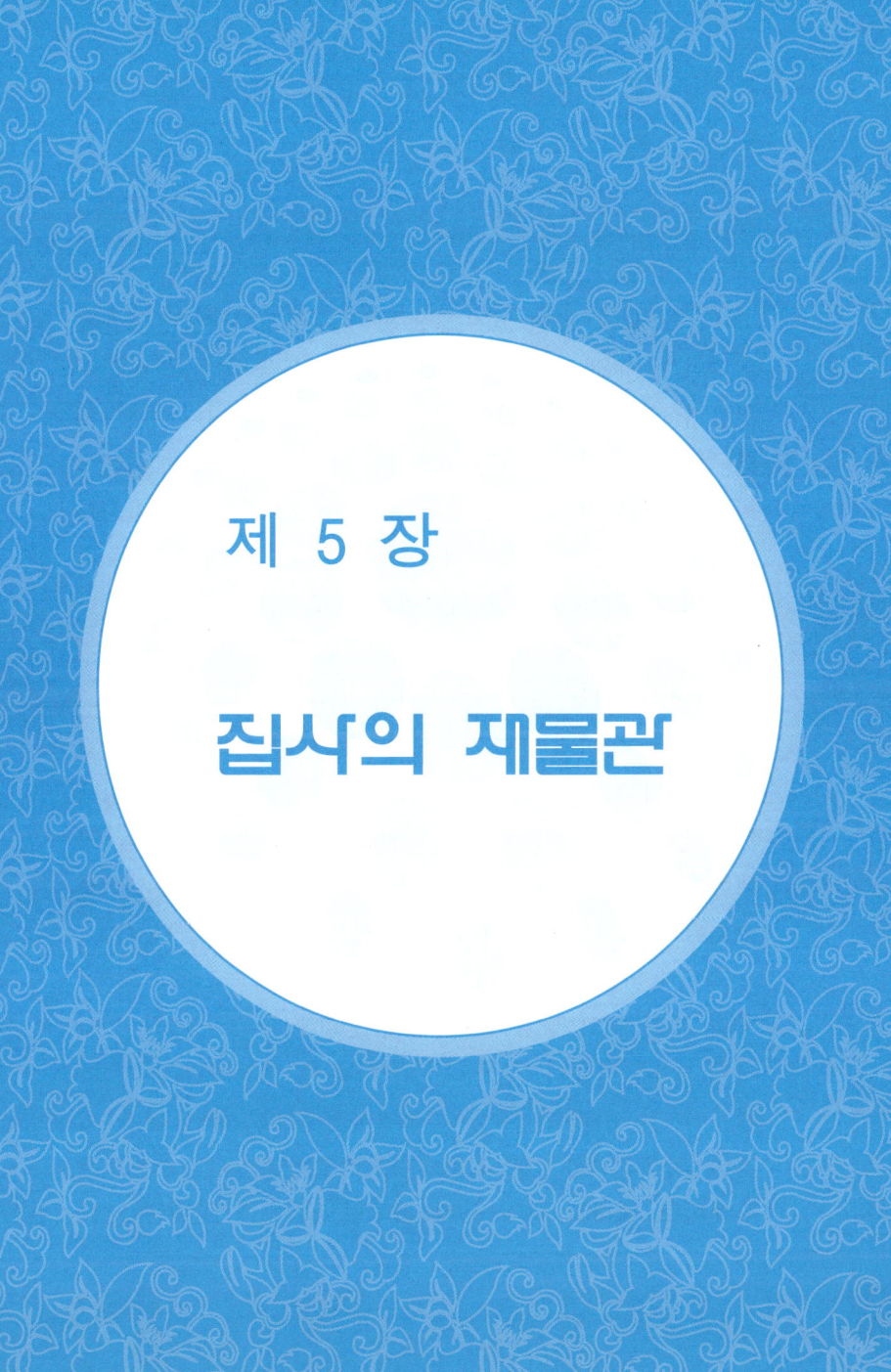

제 5 장

집사의 재물관

제5장　집사의 재물관
(갈라디아 6:6-10)

마태복음에 보면 예수님은 산상수훈을 통해 "목숨을 위하여 무엇을 먹을까 무엇을 마실까 몸을 위하여 무엇을 입을까 염려하지 말라"(마 6:25)고 하셨습니다. 왜냐하면 목숨이 음식보다 중하고 몸이 의복보다 중하기 때문입니다. 그러면서 공중의 새를 보라 하셨고 들의 백합화를 생각해 보라고 하셨습니다. 그런데 정말 다람쥐나 들쥐 같은 동물들은 겨울 양식을 위해 굴에 숨겨두기도 하지만 새는 어디 숨겨둘 곳이 없습니다. 그래도 까마귀나 까치가 굶어죽었다는 말을 들은 일이 없습니다. 왜 그럴까요? 우리 하늘 아버지께서 기르시기 때문이라는 것입니다. 그러면 생각해 보세요. 공중의 새를 먹이고 내일 아궁이에 던져질 들풀도 아름답게 입히시는 하나님께서 당신의 자녀된 우리를 먹이고 입히지 않으시겠습니까? 이런 사실을 믿는다면 염려할 필요가 없고 걱정할 필요가 없습니다.

그런데 누가 염려하지 말라고 하느냐가 중요합니다. 만약에 제가 내일 당장 100만원이 필요해서 걱정을 하고 있는데 우리 아들이 찾아와서 "아버지 걱정하지 마세요. 뭐 그까짓 100만원 때문에 고민하십니까?" 하면 제가 걱정이 되겠습니까, 안 되겠습니까? 소용없습니다. 전도사 사례비도 제대로 받지 못해 허구한 날 나에게 용돈을 타

쓰면서 걱정하지 말라고 하면 걱정이 안 되겠습니까? 그러나 우리 장로님이 "목사님 걱정하지 마세요. 뭐 그까짓 100만원 때문에 고민하십니까?" 하면 제가 걱정이 되겠습니까, 안 되겠습니까? 예 걱정 안 합니다. 설마 우리 장로님이 빈말 하시겠습니까? 무엇인가 대책을 세워주실 테니 걱정하지 않는 것입니다. 그런데 우리에게 염려하지 말라고 하시는 분이 누구입니까? 천지 만물의 주인 되시는 우리 주님이십니다.

하나님께서 우리의 필요를 다 알고 계시니 염려하지 말라고 하십니다. 그저 오직 다만 그 나라와 그의 의를 구하라고 하십니다. 그렇다면 바울이 갈라디아 교인들에게 가르쳐 준 복의 원리는 무엇인가 살펴봅시다.

1. 재물의 원리

"스스로 속이지 말라 하나님은 업신여김을 받지 아니하시나니 사람이 무엇으로 심든지 그대로 거두리라"(갈 6:7). 하나님은 사람이 무엇으로 심든지 심는 그대로 거두게 하시는 분입니다.

과학이 아무리 발전했다 해도 콩을 심고 팥을 나게 할 수는 없습니다. 심은 대로 거두는 것은 하나님께서 정하신 변할 수 없는 자연법칙입니다. 그런데 이런 자연의 법칙과 원리는 우리 인생도 그대로 적용됩니다. 우리 인생은 누구나 예외 없이 무엇인가를 심고 거두는 과정이며 그 결과에 대하여 반드시 책임을 지도록 되어 있습니다. 그러므로 우리는 지금 내가 무엇을 뿌리고 있는지 생각해

보아야 하고, 또한 자신이 뿌린 것에 대한 책임도 생각하며 살아가야 합니다.

첫째, 뿌린 사람이 거두어야 합니다.

씨를 뿌리면 뿌린 사람이 그 결실들에 대하여 책임을 지게 됩니다. 하나님께서는 우리가 원하는 씨앗을 뿌릴 수 있는 자유를 주셨습니다. 따라서 자신이 선택한 씨에 따라 수확이 거두어지는 것에 대해서는 그 누구도 하나님께 책임을 돌릴 수 없습니다. 우리는 오직 자신이 뿌린 것을 그대로 거두게 되며, 그 결과에 대하여 자신이 책임을 져야 합니다. 잊지 말아야 할 사실은 우리가 뿌린 씨앗에서 자라난 수확물은 훗날 하나님 나라에서 모든 사람들에게 공개될 것이며, 공의로우신 하나님의 판단에 의해 선악간에 심판이 내려진다는 사실입니다.

둘째, 뿌린 씨앗대로 거두게 됩니다.

어떤 열매가 맺히느냐는 씨앗이 결정하게 되는데, 이것은 하나님이 정하신 절대 불변의 법칙입니다. 밀을 심었는데 보리가 나오거나 도토리가 무화과나무로 자라지 못합니다. 성경은 심은 대로 거둔다고 단호하게 말씀하고 있습니다. "자기의 육체를 위하여 심는 자는 육체로부터 썩어진 것을 거두고 성령을 위하여 심는 자는 성령으로부터 영생을 거두리라"(갈 6:8)고 말씀 하셨습니다. 육신을 위하여 심는 것은 이기적인 생각과 육체의 요구에 따라 투자하는 삶을 말합니다. 또 성령을 위하여 심는 것은 하나님을 기쁘시게 하는 일에 자신을 투자하는 것입니다.

선을 심으면 선을 거두고, 악을 심으면 악한 것을 거두게 됩니다. 사랑을 심으면 사랑을 거두고 용서를 심으면 자신도 용서받게 됩니다. 미움을 심으면 자신도 미움을 받게 되고, 악한 말을 심으면 독을 거두게 됩니다. 그러므로 그리스도인은 하나님과 자신을 속이는 자가 되지 말아야 합니다.

셋째, 뿌린 씨보다 더 많이 거두게 됩니다.

곡식 낱알 하나를 심으면 한 개의 씨앗에서 여러 줄기가 나오고 각 줄기의 이삭마다 많은 곡식알들이 열리게 됩니다. 이것은 좋은 씨에만 해당되는 것이 아닙니다. 나쁜 씨도 마찬가지입니다. 배의 갑판에서 날아온 엉겅퀴 씨앗 하나가 섬 전체를 뒤덮어버릴 수가 있습니다. 젊은 날의 작은 실수 하나가 인생 전부를 불행하게 만들 수 있습니다. 그러므로 우리는 작은 씨앗 하나를 무시해서는 결코 안 됩니다.

넷째, 뿌린 양만큼 거둡니다.

바울이 고린도교회에 보낸 편지에서 말한 대로 많이 뿌리면 많이 거두고 적게 뿌리면 적게 거둡니다(고후 9:6). 농부가 당장 씨앗 값이 아깝다고 적게 뿌리면 그는 적은 것을 거두게 될 것입니다. 하나님께서는 인색한 마음을 품지 말고, 가을의 풍성한 결실을 기대하면서 많이 뿌리라고 하셨습니다. 하나님은 놀랍게도 우리에게 심을 씨앗

을 풍성하게 주셨습니다. "심는 자에게 씨와 먹을 양식을 주시는 이가 너희 심을 것을 주사 풍성하게 하시고 너희 의의 열매를 더하게 하시리니"(고후 9:10) 하신 것이 그런 뜻입니다.

다섯째, 거둘 때가 반드시 있습니다.

심었으면 반드시 거두게 됩니다. 성경은 많은 곳에서 "포기하지 말라. 결코 좌절하지 말라"고 하십니다. 인간의 삶속에서 가장 두려운 적은 질병이나 고통이 아닙니다. 가난도 아닙니다. 스스로 낙심하고 좌절하고 포기하는 것입니다. 우리의 신앙생활도 그렇습니다. 부정적인 생각과 의심은 가장 무서운 사탄의 공작입니다. 우리 하나님은 때가 이르면 반드시 거두게 하십니다. 가장 적절한 때에 심은 것에 대하여 풍성한 열매를 거두게 하실 것입니다. 믿고 기대하며 기다립시다. "눈물을 흘리며 씨를 뿌리는 자는 기쁨으로 거두리로다 울며 씨를 뿌리러 나가는 자는 정녕 기쁨으로 그 단을 가지고 돌아오리로다"(시 126:5-6). 이것은 인생들처럼 식언(食言)하지 않으시는 하나님의 분명한 약속입니다.

2. 재물관

예수님은 "한 사람이 두 주인을 섬기지 못할 것이니 혹 이를 미워하고 저를 사랑하거나 혹 이를 중히 여기고 저를 경히 여김이라 너희가 하나님과 재물을 겸하여 섬기지 못하느니라"(마 6:24)고 하셨습니다. 한 사람이 두 주인을 섬길 수는 없습니다. 우리의 마음에 하나님과 재물을 함께 주인으로 모시기에는 가슴이 너무 작습니다. 그러므로 하나님이 주인으로 계신 마음에도 탐욕이 자리 잡을 수 없고, 재물이 주인으로 자리 잡은 마음에는 주님이 계실 수 없습니다. 당신은 하나님의 사람입니까? 아니면 재물의 사람입니까? 돈을 사랑하는 것은 일만 악의 뿌리가 되며 돈을 사모하는 사람은 결국 믿음에서 떠나고 마는 사실을 잊어서는 안 됩니다. 따라서 우리는 주님을 섬기든지 재물을 섬기든지 둘 중의 하나를 선택해야 합니다.

우리 교회 남자화장실에는 '집유령거미'라는 거미가 한 마리 살고 있습니다. 혼자 컴컴한 화장실 구석에서 거미줄에 거꾸로 매달려 있습니다. 그리고 사람이 들어와 불을 켜면 얼른 들어가 숨습니다. 매일 화장실을 갈 때마다 만나는 거미를 보면서 '저 거미는 무슨 낙으로 살까'하는 생각이 듭니다. 거미 말고 사람에게도 묻습니다. "인생아 너는 왜 사느냐?" 삶의 목적이 무엇입니까? 단순히 부자가 되는 것이 인생의 궁극적 목적은 아니지 않습니까? 돈은 삶을 편리하게 살아가기 위한 수단이요, 도구이지 결코 목적이 될 수 없습니다.

몇 년전, 미국의 어느 가난한 사람들이 살고 있는 아파트에 초라한 삶을 살다가 외로이 죽은 할머니 한 분이 있었습니다. 가재도구도 없는 썰렁한 아파트에서 겨울에 불도 넣지 못한 채 살다가 영양실조로 세상을 떠났습니다. 혈육이나 친구도 없이 이 노인은 정부에서 지원해 주는 돈을 가지고 근근이 살다가 쓸쓸히 삶을 마감했습니다. 그런데 이 소식을 듣고 장례를 치르러 왔던 사람들은 아연 실색을 하였습니다. 이불의 촉감이 이상하여 이불을 뜯어보니 이불 속에는 솜이 들어있는 것이 아니라 온통 100달러짜리 지폐로 채워져 있었습니다. 깔고 자던 매트리스, 베게 속까지 모두 지폐였다니 돈을 깔고, 돈을 베고, 돈을 덮고 살면서도 그 돈이 아까워 추운 겨울에 불도 넣지 않고 영양실조로 차가운 방에서 죽었던 것입니다.

예수님을 찾아왔던 부자 청년이 있었습니다(마 19:16-22). 그는 영생을 얻고 싶어 예수님을 찾아왔지만 그만 근심하여 돌아갔습니다. 그리고 다시 주님을 찾아오지 않았습니다. 그는 무엇 때문에 근심하여 돌아갔습니까? 22절을 보면 "그 청년이 재물이 많으므로 이 말씀을 듣고 근심하며 가니라"고 했습니다. 예수님이 "네가 온전하고자 할진대 가서 네 소유를 팔아 가난한 자들에게 주라 그리하면 하늘에서 보화가 네게 있으리라 그리고 와서 나를 따르라"하셨습니다. 그러나 그는 소유를 다 팔자니 너무 많았습니다. 그래서 예수님은 제자들에게 "내가 진실로 너희에게 이르노니 부자는 천국에 들어가기가 어려우니라"하시면서 "다시 너희에게 말하노니 낙타가 바늘귀로 들어가는 것이 부자가 하나님의 나라에 들어가는 것보다 쉬우니라"하셨습니다. 낙타가 바늘귀로 들어갈 수 있습니까? 없습니까? 들어가기가 어려운 것이 아니라 아예 못 들어갑니다. 그러면 부자는 천국에 아예 못 들어갑니까? 예, 그렇습니다. 그러나 예수님은 말씀하셨습니다. "사람으로는 할 수 없으나 하나님으로서는 다 하실 수 있느니라." 아무리 부자라도 그 돈의 힘으로는 들어가지 못합니다. 그러나 주님은 부자라도 천국에 들여보내실 수 있습니다. 부자도 예수님을 믿으면 들어갑니다.

첫째, 세상 물질은 다 하나님의 것입니다.

천지 만물을 창조하신 분은 하나님이십니다. 그분이 주인입니다. 하나님은 아담을 창조하시면서 천지 만물을 다 가지라고 하지 않으셨습니다. 다만 우리에게 다스리라(창 1:28) 하셨을 뿐입니다.

우리 교회는 주일예배시간에 헌금을 드린 후에는 "모든 것이 주께로부터 왔으니…" 하는 634장(통일70장) 찬송을 드립니다.

다윗이 성전건축을 위해 평생 모은 금 삼 천 달란트와 순은 칠 천 달란트를 드렸습니다. 한 달란트가 25-30kg이니 어느 정도의 양인지 아십니까? 이렇게 엄청난 재물을 바친 후에 "나와 내 백성이 무엇이기에 이처럼 즐거운 마음으로 드릴 힘이 있었나이까 모든 것이 주께로 말미암았사오니 우리가 주의 손에서 받은 것으로 주께 드렸을 뿐이니이다"(대상 29:14)하였는데 그 말이 맞습니다. 그러므로 우리가 아무리 많이 가지고 있다 해도 어느 날 주인이 원하시면 다 내놓아야 하고, 주인 되시는 하나님이 계산하자고 하면 숨김없이 계산해야 합니다.

둘째, 물질은 친구를 사귀는 매개물입니다.

예수님은 말씀하시기를 "내가 너희에게 말하노니 불의의 재물로 친구를 사귀라 그리하면 그 재물이 없어질 때에 그들이 너희를 영주할 처소로 영접하리라"(눅 16:9)고 하셨습니다. 여기서 '불의의 재물'이란 '부정직하게 얻은 재물'이란 뜻이 아니라 '하늘의 보화'에 반대되는 의미로서의 '세상의 재물'을 가리킨다고 봐야 할 것입니다. 재물이 선용(善用)되지 못하고 악용될 경우 황금만능 풍조가 만연하게 됩니다. 그러나 그러한 세상의 재물일지라도 그것으로 친구를 사귀는 것이 재물을 선용하는 유일한 길이 될 것입니다.

그렇다면 돈을 주고라도 우리가 사귀어야 할 친구는 누구입니까? 우리의 유일한 친구는 예수 그리스도입니다. "너희는 내가 명하는 대로 행하면 곧 나의 친구라"(요 15:14)하시던 예수님은 나사로가 죽었을 때도 "우리 친구 나사로가 잠들었도다 그러나 내가 깨우러 가노라"(요 11:11)고 하셨습니다. 그러니 우리의 재물은 주님을 사귀는데 쓰는 것이 제일 잘 하는 것입니다.

그렇다면 우리가 어떻게 주님을 위해 물질을 사용할 수 있을까요? 예수님은 마태복음 25장 33-45절에서 소자 즉 가난하고 갚을 것이 없는 사람들에게 행한 것이 곧 당신에게 베푼 것이라고 하셨습니다. 따라서 세상의 재물을 사용하는 유일한 방법 중의 하나는 자신이 가진 재물을 가난한 자들에게 나누어 주고 그들의 진정한 이웃이요 친구가 되는 것입니다. 이는 곧 '보물을 하늘에 쌓아 두

는 길'(마 6:20)이 되는 것입니다. 또한 예수님은 "내
가 보낸 자를 영접하는 자는 나를 영접하는 것이요 나를
영접하는 자는 나를 보내신 이를 영접하는 것이니라"(요
13:20)하였으니 주님의 보냄을 받아 주의 일을 하는 일꾼
들을 위해 사용하는 것이 친구 되시는 주님과 깊이 사귀
는 방법이라 하겠습니다.

셋째, 모든 물질은 하나님의 손에서 좌우됩니다.

잠언 8장 18-19절에 "부귀가 내게 있고 장구한 재물과
공의도 그러하니라 내 열매는 금이나 정금보다 나으며 내
소득은 순은보다 나으니라"라고 말씀하셨습니다. 그렇습
니다. 열심히 노력하며 부지런히 산다고 반드시 부자가
되는 것이 아닙니다. 잠깐 들어왔다 사라지는 재물은 몰
라도 그 사람 품에 안겨 필요를 채워주고 풍성함을 보장
해 주는 '장구한 재물'은 하나님에게 달려 있습니다.

앞에서 심는 대로 거두는 원리를 말씀드렸지만 이 원리
가 하나님을 떠난 사람에게도 적용될까요? 그렇지 않습니
다. 하나님을 떠난 사람이 아무리 심어봐야 소용없습니
다. 사람이 자기가 계획한대로 다 된다면 얼마나 좋겠습
니까? 그러나 잠언 16장 9절에 "사람이 마음으로 자기의
길을 계획할지라도 그의 걸음을 인도하시는 이는 여호와
시니라"고 하였습니다. 우리는 오병이어의 하나님을 믿
습니다. 하나님이 허락하시면 보리떡 다섯 개로 오천 명
을 먹이실 수 있습니다. 하나님이 허락하시면 한 그릇의
기름을 가지고 수 없이 많은 그릇에 가득가득 채울 수도

있습니다(왕하 4:1-7). 모든 물질은 하나님의 손에서 좌우되기 때문입니다.

넷째, 물질의 노예가 되어서는 안 됩니다.

디모데전서 6장 6절에 "그러나 자족하는 마음이 있으면 경건은 큰 이익이 되느니라"고 하였습니다. 계속해서 말씀하시기를 "우리가 세상에 아무 것도 가지고 온 것이 없으매 또한 아무 것도 가지고 가지 못하리니 우리가 먹을 것과 입을 것이 있은즉 족한 줄로 알 것이니라 부하려 하는 자들은 시험과 올무와 여러 가지 어리석고 해로운 욕심에 떨어지나니 곧 사람으로 파멸과 멸망에 빠지게 하는 것이라 돈을 사랑함이 일만 악의 뿌리가 되나니 이것을 탐내는 자들은 미혹을 받아 믿음에서 떠나 많은 근심으로써 자기를 찔렀도다"라고 경고하십니다.

누가 부자입니까? 자족하는 마음을 가진 사람입니다. 자족(自足)이란 스스로 만족할 줄 아는 자세를 말합니다. 경건된 믿음에서 나올 수 있는 자세입니다. 재물로 만족을 채우려 하는 사람은 결코 만족을 얻을 수 없습니다. "눈은 보아도 족함이 없고 귀는 들어도 가득 차지 아니하도다"(전 1:8)라고 전도자는 탄식했습니다. 탐심으로 가득차 있는 사람의 마음은 바다와 같아서, 모든 강물이 다 바다로 흐르지만 바다를 채우지 못하듯 아무리 많은 재물을 가지고 있어도 만족할 줄 모릅니다.

자족하는 자세를 가지려면 우리가 청지기임을 알아야 합니다. "우리가 세상에 아무것도 가지고 온 것이 없으매 또한 아무것도 가지고 가지 못하리니"라고 하셨습니다. 우리는 다만 이 세상에 사는 동안 하나님의 재물을 관리하고 사용하도록 허락받은 청지기일 뿐입니다. 은행 직원이 돈을 많이 가지고 있다고 해서 자랑할 것이 하나도 없습니다. 하루의 일과가 끝나고 나면 모두 입금시켜야 하기 때문입니다. 그 돈을 한 푼도 집으로 가져갈 수 없습니다. 그 돈을 내 마음대로 사용해서도 안 됩니다.

마찬가지로 하나님의 청지기인 우리도 하나님의 재물을 맡아 관리하는 사람이라는 자세를 가져야 합니다. 청지기라면 주인이 얼마를 맡겨주었느냐가 그리 큰 문제가 되는 것은 아닙니다. 적게 맡겨주시면 적은 대로 일하고, 많이 맡겨주시면 또한 그 많은 대로 충성할 따름입니다. 우리 자신을 위해 쓰는 것은 그저 최소한의 것들, 즉 먹을 것과 입을 것이 있으면 족할 줄로 알아야 합니다.

사도 바울이 이러한 삶을 살았습니다. 그는 자족하기를 터득한 사람이었습니다. 그는 말했습니다. "나는 비천에 처할 줄도 알고 풍부에 처할 줄도 알아 모든 일 곧 배부름과 배고픔과 풍부와 궁핍에도 처할 줄 아는 일체의 비결을 배웠노라"(빌 4:12). 하나님은 우리가 욕심이 끝이 없는 줄 아시기 때문에 우리가 원하는 대로 주시지 않습니다. 그러나 우리의 필요를 아시는 하나님은 우리가 필요한 대로 넉넉히 채워주십니다.

3. 재물의 주인

우리가 재산과 재물을 가지고 있지만 우리가 주인이 아닙니다. 가지고 있는 재물의 주인은 하나님이십니다. 그렇다면 내 것인지 아닌지 어떻게 구별하는지 아십니까? 간단합니다. 전세나 사글세를 살다가 이사를 갈 때 가져가는 것은 내 것이고 놓고 가는 것은 주인 것입니다.

우리 신혼 초인 1970년대 말에는 이사 하면 아무 것도 없었습니다. 장판도 새로 깔아야 하고 계량기도 달고 형광등, 콘센트까지 다 다시 설치해야 했습니다. 당연히 살다가 이사 갈 때는 다시 장판도 걷어가고 형광등도 떼어갔습니다. 그러다가 80년 초에 들어서니 새로 지은 집에는 부엌에 싱크대가 설치되어 있었습니다. 그런데 너무 작아서 옆에 보조 싱크대를 사다가 세워놓아야 했지요. 살림을 하고 살 동안에는 주인 것인지 우리가 사놓은 것인지 구별하지 않습니다. 그러나 이사를 갈 때는 확실하게 구별이 됩니다. 주인이 사 준 싱크대는 그냥 놓고 오지만 내가 사온 보조 싱크대는 이삿짐 차에 싣고 나옵니다.

그러면 물어봅시다. 이 땅에서 나그네 생활 잘 살다가 천국으로 이사를 갈 때 가져갈 것들은 무엇 무엇입니까? 그런 것들은 모두 내 것이 맞습니다. 그러나 놓고 가야 하는 것들은 모두 주인 되시는 하나님의 것입니다. 그런데 아무리 생각해 보아도 가져갈 수 있는 것이 하나도 없습니다. 결국 우리가 가지고 있는 모든 것이 주인이신 하나님의 것입니다.

따라서 사람이 어떻게 벌었느냐도 중요하지만 어디에 어떻게 썼느냐가 더 중요합니다. 우리가 세상을 떠날 때는 어차피 다 놓고 갈 것이 돈이요 재산입니다. 사람들은 먹는 것이 남는 것이라고 하지만 사실은 쓴 것이 남는 것입니다. 주님을 위해 쓰고, 이웃을 위해 쓴 것만 하나님 앞에 남아 있을 것입니다.

(1) 주인의 뜻대로

우리가 하나님이 주신 재물을 하나님의 뜻대로 쓰지 않고 나만 위해 쓸 때 하나님이 어떻게 하시겠습니까?

먼저, 전대에 구멍을 뚫으시겠다고 하셨습니다(학 1:6). 전대 즉 돈 주머니에 구멍을 뚫어 놓으시면 소리 없이 솔솔 빠져나갑니다. 이상하게 벌기는 많이 벌었는데 남은 것이 없다면 하나님이 그의 전대에 구멍을 뚫은 줄 아시고 깨달으시기 바랍니다.

그 다음에는 하나님께서 불어 버리시겠다고 하셨습니다 (학 1:9). 구멍을 뚫어 솔솔 빠져나가도 깨닫지 못하면 불어 버리시는데 이때는 동전만 남고 종이돈은 모두 날아갈 것입니다. 애쓰고 힘썼는데 푼돈밖에 남은 것이 없습니까? 그렇다면 혹시 하나님께서 불으신 것은 아닐까요? 그래도 깨닫지 못하는 어리석은 사람은 하나님께서 도로 빼앗을 것이라 하셨습니다(호 2:9). 하나님이 주신 재물을 빼앗고, 주신 건강을 빼앗고, 가정과 사업도 모두 빼앗으실 것입니다.

그러므로 하나님께서 우리에게 풍족히 주셨을 때 주신

분이 누군지 바로 알아야 하겠습니다. 마음을 높이지 맙시다. 정함 없는 재물에 소망을 두지 맙시다. 그리고 겸손하게 하나님께 소망을 두고 주신 재물을 가지고 선한 사업을 많이 하고 어려운 이웃과 형제들을 찾아 돌보는 삶을 삽시다. 이렇게 하는 것이 장래에 자기를 위하여 좋은 터를 쌓는 것이며 "참된 생명을 취하는 것"입니다 (딤전 6:17-19).

(2) 주인의 것

하나님은 우리가 번 소득의 9/10는 우리가 쓰도록 하셨고 그 중에 1/10은 하나님의 것이라고 하셨습니다. 십일조는 "우리가 가진 모든 것이 하나님의 것입니다" 하는 것을 인정하는 표시입니다. 사실 1/10은 하나님의 것이고 9/10는 내 것인가요? 그렇지 않습니다. 10 모두가 하나님의 것입니다. 그것을 고백하는 것이 십일조입니다.

호주에서 대입 입시 전문 학원을 하시는 장로님의 간증을 들은 적이 있습니다. 호주로 이민 와서 월급을 받았는데 약 2,000달러 였다고 하였습니다. 그러나 실 수령액은 1,400달러 정도였습니다. 왜냐하면 세금공제하고, 통장에서 자동 이체하는 몇 가지 할부 구매한 것이 빠져 나가면 항상 1,400달러 정도가 남았다고 합니다, 그래서 실 수령액의 1/10인 140달러를 이민 온 후부터 2년간 매달 십일조로 냈다고 합니다.

그런데 여전히 생활은 나아지지 않고 고달픈 생활만 이어가는 것입니다. 그래서 어느날 기도하면서 하나님께 심히 불평하였다고 합니다. "주님, 온전한 십일조는 하나님의 축복이라고 하는데 왜 나는 갈수록 힘듭니까? 받는 것은 똑같지만 물가는 자꾸 올라가지 않습니까?" 그렇게 기도를 한참하자 성령의 소리에 귀를 기울이게 되었다고 합니다. "어찌 그게 십일조냐, 포 떼고 차 떼고 이것저것 다 떼고 난 뒤 주는 것이 어찌 온전한 십일조냐" 라고 하더랍니다. 그래서 가만히 생각하다 그러면 할부금은 공제하지 말고 세금만 뗄까 하였다고 합니다. 그러다가 이왕 할 것 월급에서 십일조를 하자하고 매달 200달러씩 십일조를 냈다고 합니다.

그렇게 한 1년 지나자 하나님이 직장을 바꾸어 주는데 월 3,000달러짜리로 바꾸어 주셨답니다. 그래서 혹시나 해서 다음에는 500달러씩 냈다고 합니다. 그리고나서 1년 지나니까 하나님이 사업을 할 수 있는 기회를 만들어 주고, 또 십일조 올리고 그렇게 하다 보니 어느새 거부라는 소리를 듣는 자리까지 올라 왔다고 합니다. 정확히 기억이 안 나지만 당시에 매주 1만 달러씩을 십일조 한다고 들은 것 같습니다.

항상 쪼들리는 가계에서 십일조 하기란 쉽지 않습니다. 부유하지 않은 일반 서민들은 그 돈이면 전기요금을 낼 수 있는데, 전화요금을 내야 되는데 하는 생각이 안 들수가 없습니다. 그래도 해야 합니다. 하나님께 투자한다고 생각하세요. 온전하지 않은 것은 축복의 비결이 아니지 않습니까?

그리고 1/10을 내 교회가 아닌 다른 선교단체나 구제기

관에 가서 하는 것은 십일조가 아닙니다. 그것은 용도 변경입니다. 선교헌금, 또는 구제헌금이 됩니다. 성경은 신명기 14장 28-29절에서 특히, 28절 맨 앞부분에서 말씀하신대로 매 3년마다 십일조를 내고 난 그 해 소산의 1/10을 기업이 없는 레위인(오늘날 개척 교회 목회자)이나, 고아나 과부를 위한 구제 헌금으로 사용하라고 말씀하고 있습니다. 결론적으로 2/10를 사실상 하나님의 일을 위해 사용하라고 가르치고 있습니다. "매 삼 년 끝에 그 해 소산의 십분의 일을 다 내어 네 성읍에 저축하여 너희 중에 분깃이나 기업이 없는 레위인과 네 성중에 거류하는 객과 및 고아와 과부들이 와서 먹고 배부르게 하라 그리하면 네 하나님 여호와께서 네 손으로 하는 범사에 네게 복을 주시리라"(신 14:28-29).

많은 자유주의 신학자와 목회자들은 구약시대의 레위인들이 사라졌는데 어떻게, 왜, 무엇 때문에 1/10을 헌금하라고 하는가? 이제는 교회 안에 필요한 비용만 충당하면 되었지 1/10은 너무 많으니 안 해도 좋다고 합니다. 제 개인적인 생각도 이유가 있는 말이라고 생각은 됩니다. 많은 사람들이 십일조는 복의 비결이지 현대 사회의 기독교인이 꼭 지켜야 하는 계명은 아니라고 생각하기 쉽습니다. 그렇지만 성경이 하나님의 말씀을 100% 기록한 것이라고 믿는 사람들은 이유 달지 말고 그냥 순종하는 것이 축복의 비결입니다.

"사람이 어찌 하나님의 것을 도둑질하겠느냐 그러나 너희는 나의 것을 도둑질하고도 말하기를 우리가 어떻게 주

의 것을 도둑질하였나이까 하는도다 이는 곧 십일조와 봉
헌물이라 너희 곧 온 나라가 나의 것을 도둑질하였으므로
너희가 저주를 받았느니라 만군의 여호와가 이르노라 너
희의 온전한 십일조를 창고에 들여 나의 집에 양식이 있
게 하고 그것으로 나를 시험하여 내가 하늘 문을 열고 너
희에게 복을 쌓을 곳이 없도록 붓지 아니하나 보라"(말
3:8-10).

미국의 부호 록펠러 이야기입니다. 그는 소년 시절에
공장에 다니며 주급 1달러 50센트를 받았는데 그때 어머
니께 십일조 생활을 배워 시작함으로써 나중에는 엄청난
금액을 하나님께 드릴 수 있는 세계 최대의 부자가 되었
습니다.

치약으로 우리에게 익숙한 윌리엄 콜게이트는 16살에
비누 공장을 만들 꿈을 꾸고 뉴욕으로 가던 중 한 선장으
로부터 십일조에 대한 설명을 듣고 그 말을 명심하고 실
천하여 거부가 되었습니다.

요즘 젊은 사람들이 아침 식사대용으로 먹는 '시리얼'
을 만들어 거부가 된 크로웰, 아이보리 비누로 유명한 아
이보리, 맨소래담으로 이름이 난 하이드, 10만 달러의 부
채가 있으면서도 먼저 십일조를 드렸던 크래프트, 기관차
를 만들어 거부가 된 마티아스 볼드윈 등 세계적 거부들
대부분이 철저히 십일조 생활을 실천한 것을 볼 수 있습
니다.

스탠리 탐은 십일조를 하는데도 불구하고 그의 플라스
틱 사업은 실패를 거듭했습니다. 그러던 어느 날 회사의

운영권을 하나님께 드리라는 음성을 듣고 하나님께 전부를 드리고 자신은 봉급만 받는데도 엄청난 거부가 되었습니다.

뉴질랜드의 한 사업가는 『왜 십일조를 드려야 하는가?』라는 책에서 이렇게 말했습니다. "처음 주급 3달러를 받아서 십일조를 드리다가 그 다음에는 월급의 15%, 그 다음에는 20%를 드렸고, 25살부터는 수입의 절반을 드렸는데 45년 후 나는 주체하지 못할 만큼 수백 배나 축복을 받았다" 십일조는 하나님의 것을 우리가 하나님께 돌리는 것이므로 우리의 신앙과 사랑을 증명하는 시금석입니다. 우리가 먼저 "그의 나라와 그의 의"를 구하라고 했는데 바로 십일조를 드리는 것이 그의 나라와 그 의를 구하는 것입니다.

많은 성도들이 십일조를 잘 하다가도 너무 많으면 하지 못합니다. 매월 수입의 십일조는 하면서도 집을 팔아 얻은 수익에 대한 십일조는 잘 하지 못합니다. 아마 금액이 너무 많기 때문이기도 하겠지만 그 집을 팔아 더 큰 집으로 늘려가다 보니 여유가 없기 때문인가 봅니다. 또 어떤 경우에는 금액이 너무 적어서 십일조를 하지 못하는 경우도 있습니다. "이런 것까지 해야 하나? 창피하게……" 하는 생각을 가집니다. 그러나 예수님께서는 "화 있을진저 외식하는 서기관들과 바리새인들이여 너희가 박하와 회향과 근채의 십일조는 드리되 율법의 더 중한 바 정의와 긍휼과 믿음은 버렸도다 그러나 이것도 행하고 저것도 버리지 말아야 할지니라"(마 23:23)라고 하셨습니다. 유대인들은 텃밭에 심은 채소 몇 뿌리도 십일조를 하였습니다.

말라기 3장에는 십일조를 드리지 않는 것은 하나님의 것을 도적질 하는 것이라 하시면서 "너희 곧 온 나라가 나의 것을 도둑질하였으므로 너희가 저주를 받았느니라"고 하셨습니다. 그러나 온전한 십일조를 드릴 때 하나님은 쌓을 곳이 없도록 부어주신다고 약속하셨습니다.

"만군의 여호와가 이르노라 너희의 온전한 십일조를 창고에 들여 나의 집에 양식이 있게 하고 그것으로 나를 시험하여 내가 하늘 문을 열고 너희에게 복을 쌓을 곳이 없도록 붓지 아니하나 보라 만군의 여호와가 이르노라 내가 너희를 위하여 메뚜기를 금하여 너희 토지 소산을 먹어 없애지 못하게 하며 너희 밭의 포도나무 열매가 기한 전에 떨어지지 않게 하리니 너희 땅이 아름다워지므로 모든 이방인들이 너희를 복되다 하리라 만군의 여호와의 말이니라"(말 3:10-12).

4. 헌금관

하나님은 우리가 드린 돈을 받으시는 것이 아닙니다. 돈은 교회가 주님의 이름으로 주님의 일을 위해 쓰는 것이고 하나님은 그 향취를 흠향하십니다. 빌립보교회가 로마 옥에 갇혀 있던 바울을 위해 헌금을 보내왔을 때 그는 이렇게 말했습니다. "내가 선물을 구함이 아니요 오직 너희에게 유익하도록 풍성한 열매를 구함이라 내게는 모든 것이 있고 또 풍부한지라 에바브로디도 편에 너희가

준 것을 받으므로 내가 풍족하니 이는 받으실 만한 향기로운 제물이요 하나님을 기쁘시게 한 것이라 나의 하나님이 그리스도 예수 안에서 영광 가운데 그 풍성한 대로 너희 모든 쓸 것을 채우시리라"(빌 4:17-19). 그러니까 하나님이 받으실 만한 향기로운 헌금이 있고 아나니아와 삽비라가 드린 것처럼(행 5:1-10) 악취가 나는 헌금도 있습니다.

성도들 중 특히 제직들은 교회에 바쳐진 하나님의 물질을 관리하기 전에 바쳐지지 않고 자기 주머니 속에서 소리 지르고 있는 하나님의 물질을 잘 관리해야 합니다. 아래는 성경을 직접 찾아 성경에서 가르치는 헌금관을 살펴봅시다.

(1) 헌금하는 정신

① 역대상 29:15-17
② 하박국 3:17-18
③ 마태복음 6:19-20
④ 고린도후서 9:6

(2) 헌금하는 방법

① 고린도후서 8:1-2
② 고린도후서 8:3
③ 고린도후서 8:4
④ 고린도후서 8:5
⑤ 고린도후서 9:5

⑥ 신명기 12:11

⑦ 민수기 7:3

(3) 헌금의 종류

① 십일조

② 주일헌금

③ 감사헌금

④ 절기헌금

⑤ 목적헌금

⑥ 특별헌금

⑦ 성미

묵상 기도

청 지 기

제 6 장

집사와 교역자

제6장 집사와 교역자
(이사야 42:1-4)

　수년전 SBS-TV에서 서세원이 나오는 프로그램이 있었습니다. 타이틀은 잊어버렸습니다. 아무튼 시골을 찾아다니면서 할아버지와 할머니를 만나 이야기 하는 그 프로그램입니다.

　시골에서 만난 할아버지 할머니들 중 몇 분을 스튜디오로 초대하여 낱말 맞추기를 하는데, 그날 할아버지가 뽑은 단어는 '천생연분' 이었습니다.

할아버지 : "할멈과 내가 무슨 사이지?"

할 머 니 : (가만히 쳐다보더니) "웬수."

할아버지 : "아니 네 글자……"

할 머 니 : (이번에는 쳐다보지도 않고) "평·생·웬·수"

　그렇습니다. 집사이나 장로님, 잘 하면 평생연분이 되고 잘못하면 평생웬수가 됩니다.

　교회는 주안에서 모인 성도들의 모임입니다. 따라서 관계가 중요합니다. 하나님과의 관계 교우들과의 관계도 중요하지만 특히 교역자와의 관계가 중요합니다. 이것은 마치 수도관과 같습니다. 수원지에서 아무리 맑은 물을 많이 내려 보내도 수도관이 녹슬면 녹물을 마실 수밖에 없고 수도관이 아예 막히면 그것마저도 마실 수 없습니다.

하나님은 은혜와 복의 통로를 마련해 주셨습니다.

민수기 6장 22절 이하를 읽어보겠습니다. "여호와께서 모세에게 말씀하여 이르시되 아론과 그의 아들들에게 말하여 이르기를 너희는 이스라엘 자손을 위하여 이렇게 축복하여 이르되 여호와는 네게 복을 주시고 너를 지키시기를 원하며 여호와는 그의 얼굴을 네게 비추사 은혜 베푸시기를 원하며 여호와는 그 얼굴을 네게로 향하여 드사 평강 주시기를 원하노라 할지니라 하라 그들은 이같이 내 이름으로 이스라엘 자손에게 축복할지니 내가 그들에게 복을 주리라" 이것이 하나님의 방법입니다. 아론과 아들들이 이스라엘 자손들을 축복하면(복을 빌면) 하나님은 그들에게 복을 주시리라는 것입니다.

세상에 그런 법이 어디 있느냐고 따져봐야 소용이 없습니다. 하나님이 정하신 법입니다. 운전하고 다니면서 느끼는 것인데 왜 빨간 신호등에는 서야 하고 초록 신호등에는 가야만 합니까? 내 허락도 안 받고 자기네 멋대로 결정해도 됩니까? 내가 기분이 나쁘니까 빨간불에 가고 초록 불에서기로 했다면 어떻게 되겠습니까?

마찬가지로 하나님께서 아무리 은혜와 복을 내려주신다 해도 그 통로는 교역자들입니다. 그들을 통하지 않고 하나님이 직접 은혜와 복을 주시는 경우는 흔치 않습니다. 따라서 교역자와 좋은 관계를 맺는 것은 은혜와 복의 통로를 잘 닦아놓는 것과 같습니다.

학생들이 영어 선생님을 좋아하면 영어 공부를 잘 하고, 수학 선생님을 좋아하면 수학을 잘 하기 마련입니다.

제6장 집사와 교역자

이와 마찬가지로 목사님과의 관계를 잘 맺을수록 그만큼 은혜를 받고 복을 받습니다.

1. 교회에서 교역자의 역할

교회는 하나님이 계획하셨고, 예수님이 세우셨으며, 성령님이 이끌어 가십니다. 그러나 지상 교회는 삼위 하나님께서 목자를 세워 그 교회를 목양하도록 하셨습니다.

위치가 중요합니다. 목사는 목사, 장로는 장로, 권사, 집사 등 하나님이 각자 세워주신 위치에서 자신의 역할을 감당해야 합니다. 베드로와 요한, 여호수아와 갈렙, 바울과 바나바는 각각 자신들의 위치와 역할을 알고 있었기에 힘을 모아 큰일을 할 수 있었습니다.

(1) 교회는 구원선, 교역자는 선장

교회는 유람선도 아니고 여객선도 아닙니다. 죽을 영혼을 구원하는 구원선이요, 마귀와 싸울 군함이며 이 배의 선장은 교역자입니다.

바울이 죄수의 신분으로 로마에 갈 때 "이번 행선이 화물과 배만 아니라 우리 생명에도 타격과 많은 손해를 끼치리라"고 예고하였지만 백부장 율리오는 선장과 선주의 말을 바울의 말보다 더 믿고 항해를 강행하였습니다.

결과는 어떻게 되었습니까? "남풍이 순하게 불매 그들이 뜻을 이룬 줄 알고 닻을 감아 그레데 해변을 끼고 항해하더니 얼마 안 되어 섬 가운데로부터 유라굴로라는 광

풍이 크게 일어나니"(행 27:13-14). 풍랑으로 죽을 고생을 하다가 희망을 잃었을 때 결국 사도 바울이 나섰습니다. 그들 276명이 보름만에 육지에 닿을 수 있었던 것은 선장 때문이 아닙니다. 주의 종 바울이 선장 역할을 한 것입니다.

"사공이 많으면 배가 산으로 올라간다"고 하였습니다. 하물며 집사, 장로, 권사 모두 선장이 되면 어떻게 되겠습니까? 하나님은 교회에 오직 한 사람을 선장으로 임명했습니다. 그가 교역자입니다.

(2) 교회는 병원, 교역자는 원장

"예수께서 그의 열두 제자를 부르사 더러운 귀신을 쫓아내며 모든 병과 모든 약한 것을 고치는 권능을 주시니라"(마 10:1). 요즘에는 예전보다 병원도 훨씬 많아졌고 좋은 약들도 많이 개발되었습니다. 이렇게 의술이 발달된 지금도 하나님은 교회를 통해 병을 고치기도 하십니다. 특히 영적인 병, 마음의 병은 신앙이 아니고는 고칠수 없습니다.

이렇게 교회가 병원이라고 할 때 원장은 담임목사입니다. 병원에 입원한 환자의 입퇴원 결정은 간호사가 하는 것이 아닙니다. 원장이 합니다. 사망 진단도 담당 주치의가 합니다.

구역식구가 교회를 안 나온다고 함부로 퇴원시키거나 사망진단을 발급하면 안 됩니다. 담임목사와 상의하시기 바랍니다. 우리가 볼 때는 교회도 안 나오고 영적으로 거

의 죽은 것 같아도 목사님은 그를 다시 일으켜 살리는 경우가 많습니다.

(3) 교회는 목장, 교역자는 목자

예수님은 베드로에게 "네가 나를 사랑하느냐? …… 내 양을 치라, 내 양을 먹이라"(요 21:15-18) 하셨습니다. 이렇게 목양명령을 받은 베드로는 다시 그의 제자들에게 명령했습니다. "너희 중에 있는 하나님의 양 무리를 치되 억지로 하지 말고 하나님의 뜻을 따라 자원함으로 하며 더러운 이득을 위하여 하지 말고 기꺼이 하며 맡은 자들에게 주장하는 자세를 하지 말고 양 무리의 본이 되라 그리하면 목자장이 나타나실 때에 시들지 아니하는 영광의 관을 얻으리라"(벧전 5:2-4). 그렇습니다. 교회는 목장이요 교역자는 양무리를 목양하도록 위임받은 목자입니다.

따라서 목자는 양을 위하여 목숨까지도 버릴 수 있어야 하고(요 10:11), 양은 목자의 음성을 알아듣고 따라야 합니다(요 10:4-5). 사도 요한은 환상 중에 시온 산에 서 있는 144,000명을 보았습니다. 새노래를 부르는 그들의 이마에는 어린 양의 이름과 그 아버지의 이름이 있었습니다. 이들이 어떤 사람입니까? "이 사람들은 여자와 더불어 더럽히지 아니하고 순결한 자라 어린 양이 어디로 인도하든지 따라가는 자며 사람 가운데에서 속량함을 받아 처음 익은 열매로 하나님과 어린 양에게 속한 자들이니 그 입에 거짓말이 없고 흠이 없는 자들이더라"

(계 14:4-5). 특별히 "어린 양이 어디로 인도하든지 따라 가는 자"란 말씀에 주목하시기 바랍니다.

(4) 교회는 성민, 교역자는 지도자

교회는 하나님의 백성들이 모인 곳입니다. 이렇게 사람들이 모인 곳에는 반드시 지도자를 세우시는데 교역자는 하나님이 친히 세우신 사람들입니다. 따라서 좀 인격이 부족하다 해도 존경하고 따라주어야 합니다. 바울은 이렇게 권면했습니다. "형제들아 우리가 너희에게 구하노니 너희 가운데서 수고하고 주 안에서 너희를 다스리며 권하는 자들을 너희가 알고 그들의 역사로 말미암아 사랑 안에서 가장 귀히 여기며 너희끼리 화목하라"(살전 5:12-13). 그들의 역사(役事) 즉 하고 있는 일 때문에 귀히 여기라는 것입니다.

민수기 12장을 보면 모세가 구스 여자를 취한 것이 누나 미리암과 형 아론에게 거슬렀나 봅니다. 그들이 모세를 비방했습니다. 그러나 하나님은 미리암과 아론을 불러 말씀하셨습니다. "내 말을 들으라 너희 중에 선지자가 있으면 나 여호와가 환상으로 나를 그에게 알리기도 하고 꿈으로 그와 말하기도 하거니와 내 종 모세와는 그렇지 아니하니 그는 내 온 집에 충성함이라 그와는 내가 대면하여 명백히 말하고 은밀한 말로 하지 아니하며 그는 또 여호와의 형상을 보거늘 너희가 어찌하여 내 종 모세 비방하기를 두려워하지 아니하느냐"하고 책망하셨습니다. 여호와께서 그들을 향하여 진노하시고 떠나시니까 구름이

장막 위에서 떠나갔고 미리암은 나병에 걸려 눈과 같이 되었습니다(민 12:6-10).

2. 교역자에 대한 자세

히브리서 기자는 "너희를 인도하는 자들에게 순종하고 복종하라 그들은 너희 영혼을 위하여 경성하기를 자신들이 청산할 자인 것 같이 하느니라 그들로 하여금 즐거움으로 이것을 하게 하고 근심으로 하게 하지 말라 그렇지 않으면 너희에게 유익이 없느니라"(히 13:17)고 하였습니다.

젖먹이는 엄마가 늘 즐겁고 행복하게 아기에게 젖을 먹이면 건강한 아기로 잘 자랍니다. 그러나 화가 나서 젖을 먹이면 아기가 설사를 하던지 젖을 먹고 체합니다.

따라서 제직들은 교역자들이 목회를 즐거운 마음으로 하도록 도와드려야 합니다. 그렇지 않으면 목회자 본인도 불행하고 성도들에게도 유익이 없습니다. 목회를 즐기는 목자 밑에 있는 성도들이 행복한 성도들입니다.

⑴ 물질적 자세를 바르게 가져야 한다

이미 소개한 말씀이지만 로마 옥중에 있던 바울은 빌립보에서 성도들이 연보를 가져왔을 때 이렇게 말했습니다. "내가 선물을 구함이 아니요 오직 너희에게 유익하도록 풍성한 열매를 구함이라 내게는 모든 것이 있고 또 풍부한지라 에바브로디도 편에 너희가 준 것을 받으므로 내가 풍족하니 이는 받으실 만한 향기로운 제물이요 하나님을 기쁘시게 한 것이라 나의 하나님이 그리스도 예수 안에서 영광 가운데 그 풍성한 대로 너희 모든 쓸 것을 채우시리라"(빌 4:17-19).

어떤 사람들은 감옥에 있으면 나라에서 다 먹여주고 입혀주고 재워주는데 돈이 왜 필요하겠느냐고 합니다. 그러나 정작 받아든 바울은 말하기를 이것이 하나님을 기쁘시게 한 것이라고 하였습니다.

은혜롭고 복 받은 교회는 교역자에게 조금이라도 더 넉넉히 드리려고 하고 반대로 교역자는 너무 많다고 하면서 조금이라도 적게 받으려고 하는 교회입니다. 그 반대는 어떻겠습니까? 최소한 교역자들이 자신의 생활비 때문에 강단에 무릎 꿇고 기도하도록 해서는 안될 것입니다. 교역자들에게 넉넉히 드리십시오. 이것이 복받는 길입니다.

(2) 정신적 자세를 바르게 가져야 한다

예수님은 말씀하시기를 "나는 선한 목자라 나는 내 양을 알고 양도 나를 아는 것이 아버지께서 나를 아시고 내가 아버지를 아는 것 같으니"(요 10:14-15)라 하였습니다. 그렇습니다. 양은 목자를 알고 목자는 양을 알 때 서로 행복합니다.

제직으로서 목사님에 대해서 얼마나 알고 있습니까? 목사님에게 기도해 달라고 부탁을 하는데 정작 목사님 가족의 고민거리 기도제목이 무엇인지 알고 있습니까? 사람은 자신을 알아주는 사람을 위해서는 죽도록 헌신합니다. 그러나 아무리 고생을 해도 알아주는 사람이 없으면 그만 낙심하고 맙니다.

⑶ 말씀을 힘 있게 전할 수 있도록 도와주어야 한다

구제와 봉사 문제로 큰 시험에 빠졌던 예루살렘교회가 일곱 명의 집사를 세워 그 일을 맡아주고 사도들은 오직 복음 전하는 일과 기도에만 전념을 하게 되자 교회는 점점 더 부흥되고 많은 제사장들까지도 돌아왔습니다(행 6:7). 그래서 제직이 필요한 것입니다.

첫째, 설교를 잘 들어주고 많은 사람을 모아주어야 합니다. 신혼주부가 서툰 솜씨로 음식을 준비해다 해도 남편이 맛있게 먹어주면 더 열심히 음식 준비를 합니다.

둘째, 우리는 설교 준비를 할 수 있도록 도와주어야 합니다. 주부들이 아침 식사를 마치면 저녁거리를 걱정하듯이 목사도 주일설교를 마치면 다음 주일설교가 걱정됩니다. 구약의 선지자들은 하나님이 침묵하시면 입을 다물었지만 계시가 완성된 신약시대 이후의 목사는 하나님이 침묵하시는 것 같아도 주일설교를 해야 합니다. 사실 늘 하는 것이지만 목회 중에 설교가 가장 중요한 일이면서도 가장 힘들고 부담이 가는 일입니다. 따라서 배울 수 있는 기회가 있으면 배우도록 도와드리고 많은 책을 구입하여 읽을 수 있도록 도와드리는 것이 제직이 할 일입니다.

청 지 기

셋째, 우리는 설교를 잘 할 수 있도록 협력해 주어야 합니다. 예배안내 담당자들은 예배 시간에 아이들이 떠들고 돌아다니지 않게 노력하고, 방송 담당자들은 마이크와 같은 방송 장비들도 늘 점검해 주여야 합니다.

⑷ 모든 기도의 순위에 우선해야 한다

바울 사도는 에베소교회에 편지를 보내면서 "모든 기도와 간구를 하되 항상 성령 안에서 기도하고 이를 위하여 깨어 구하기를 항상 힘쓰며 여러 성도를 위하여 구하라" 하면서 "또 나를 위하여 구할 것은 내게 말씀을 주사 나로 입을 열어 복음의 비밀을 담대히 알리게 하옵소서 할 것이니 이 일을 위하여 내가 쇠사슬에 매인 사신이 된 것은 나로 이 일에 당연히 할 말을 담대히 하게 하려 하심이라"고 하였습니다(엡 6:18-20).

바울 사도 같은 이가 자신을 위해 기도하여 달라고 하였다면 하물며 다른 목회자들은 어떻겠습니까? 목사가 성도들을 위해 기도하는 것처럼 성도들은 마땅히 목회자를 위해서 은밀히 기도하고 있어야 합니다. 기도하는 사람과 목회자와의 관계는 아론이나 훌과 모세와의 관계와 같습니다. 그들은 그 손을 치켜들어 그들 주위에 심각하게 제기 되고 있는 문제를 해결하는 것입니다.

⑸ 목회방침을 이해하고 따라주어야 한다

히브리서 기자는 말하기를 "너희를 인도하는 자들에게 순종하고 복종하라 그들은 너희 영혼을 위하여 경성하기

를 자신들이 청산할 자인 것 같이 하느니라 그들로 하여
금 즐거움으로 이것을 하게 하고 근심으로 하게 하지 말
라 그렇지 않으면 너희에게 유익이 없느니라" (히 13:17)
고 하였습니다.

사람마다 생각이 다를 수 있습니다. 제직회에서나 당회
에서도 서로의 의견이 상충될 수 있습니다. 그러나 교역
자를 돕는 자세는 담임목사의 목회 방침에 따라주는 것입
니다. 평신도의 경우 설령 그가 장로라 할지라도 교회 일
에 전념하지는 못합니다. 그러나 교역자들은 온통 생각하
는 것이 교회요 성도들뿐입니다. 따라서 목회자가 고민하
고 기도하며 의견을 내 놓았을 때 그만큼 고민하고 기도
해 보지도 않고 자기주장을 고집한다면 목회를 돕는 자세
가 아닙니다. 목회자들은 언제나 하나님 앞에서 청산할
자라는 자세로 살아갑니다. 따라서 교리에 어긋나거나 인
륜에 어긋나는 일이 아니라면 따라주는 것이 아름답습니다.

베드로를 보십시오. 한 때 그는 주님을 부인하였습니
다. 이런 일이 있을 것을 미리 예견하신 예수님께서 그를
데리고 함께 겟세마네 동산에 올라가 "시험에 들지 않게
깨어 있어 기도하라" (마 26:41) 신신당부를 하셨습니다.
베드로가 졸음을 이기지 못하자 두번 세번 깨우기까지 하
셨습니다. 그러나 그는 결국 기도하지 못했습니다.

예수님이 잡혀 끌려가시고 대제사장 가야바의 뜰에서
심문을 하고 있을 때 멀찍이 따라갔던 베드로는 그만 하
인들이 보는 앞에서 세 번이나 주님을 부인하였습니다.
그것도 나중에는 저주하여 맹세까지 하면서 "나는 그 사

람을 알지 못하노라"(마 26:74) 하였습니다. 닭 우는 소리에 뒤늦게 깨달은 그는 밖에 나가서 대성통곡을 하였습니다. 이때가 베드로에게는 영적 시련기였습니다. 사도의 반열에서 탈락될 수도 있었을 것입니다.

그러나 부활하신 주님은 베드로를 찾아오셔서 "네가 이 사람들 보다 나를 더 사랑하느냐?" 몇 번 확인하신 후에 "내 양을 먹이라" 하고 사명을 다시 맡기셨습니다. 주님으로부터 다시 신임을 얻은 것입니다(요 21:15-18). 그러나 이런 일에 대해 다른 제자들의 반응이 어떤지에 대해서는 언급이 없습니다. 아무리 주님이 신임을 하신다 해도 동료들의 협조가 없이는 사역을 수행하기가 쉽지 않을 것입니다.

그런데 사도행전 1장 15절이하를 보면 베드로가 사도들 가운데 일어서서 의견을 발표했지만 그 누구도 힐난하지 않고 따르고 있습니다. 주님이 용서하시고 다시 쓰신 것을 인정하기 때문에 그의 의견을 존중하고 있는 것입니다.

묵상 기도

청 지 기

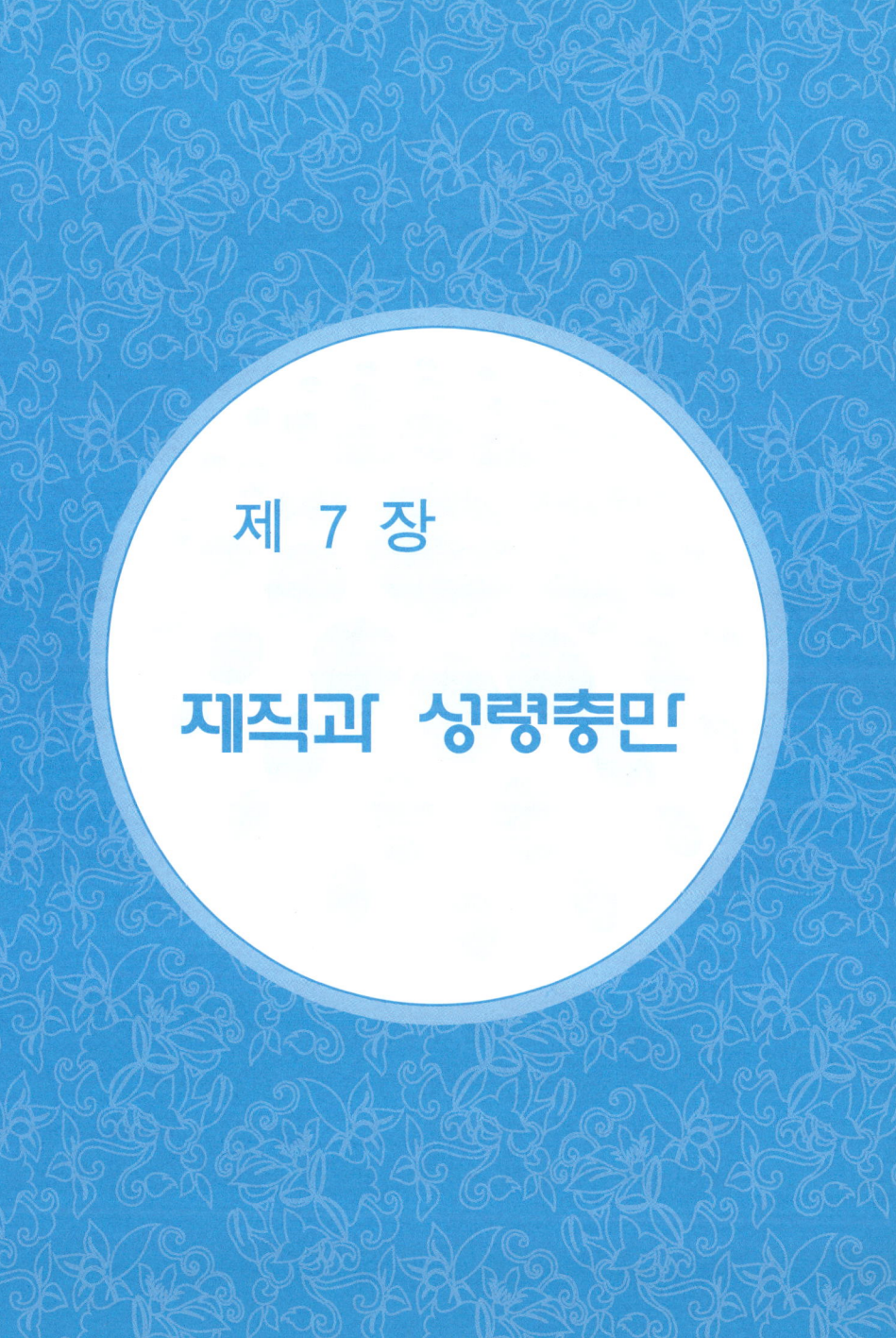

제 7 장

제직과 성령충만

제7장 제직과 성령충만
(고린도전서 12:4-11)

시편기자는 "예루살렘을 위하여 평안을 구하라 예루살렘을 사랑하는 자는 형통하리로다"(시 122:6)라고 노래했습니다. 그리고 "주께 힘을 얻고 그 마음에 시온의 대로가 있는 자는 복이 있나이다"(시 84:5)라고 했습니다. 여기서 예루살렘이나 시온은 다 같은 말입니다. 그곳은 하나님의 성전이 있는 곳이었습니다. 다시 말해서 어느곳에 살고 있든지 늘 마음이 성전을 향하여 큰길처럼 활짝 열려있는 사람은 복이 있다는 말입니다.

그들은 예루살렘 성전과 자신들의 삶은 언제나 밀접한 관계가 있다고 믿었습니다. 예루살렘이 평안하고 형통해야 나라가 평안하고, 나라가 평안해야 자신들의 삶도 평안하고 형통하기 때문입니다. 정말 예루살렘 성전이 불타고 성곽이 함락되면 나라가 망했습니다. 예루살렘이 회복되면 나라가 회복되었습니다. 그래서 그들의 삶 중심에는 언제나 예루살렘이 있었습니다.

에스겔이 환상 중에 본 회복된 이스라엘의 모습을 보십시오. 그들의 삶 중앙에 여호와의 성소가 있었습니다(겔 48:8,10). 그 성읍을 여호와 삼마 즉 '여호와께서 거기 계시다' 라고 했습니다(겔 48:35). 그렇습니다. 교회가 단순히 성도들이 모여 예배하는 것만은 아닙니다.

교회는 성도들의 신앙의 중심이어야 합니다. 우리에게 유익을 주는 신앙단체는 수없이 많습니다. 기도원이나 수양관, 각종 선교단체, 기도 동지회, 각종 성경공부모임, 이런 것들이 효과적인 신앙생활과 선교사역을 위해 도움을 주고 있는 것을 부인할 수 없습니다. 그러나 주님이 피 흘려 직접 세우신 것은 오직 교회뿐입니다. 예수님은 말씀하셨습니다. "내가 이 반석 위에 내 교회를 세우리니 음부의 권세가 이기지 못하리라"(마 16:18). 부교재가 아무리 좋아도 교과서를 대신할 수는 없습니다. 호텔이나 여관방이 아무리 깨끗해도 우리집을 대신할 수 없고, 옆집 식당이 아무리 맛있는 음식을 싸게 팔아도 세끼 식사를 그곳에 맡길 수 없습니다.

또한, 교회는 성도들의 삶의 중심이어야 합니다. 교회의 건물이 세워지면 그 곳을 중심으로 하여 성도들이 모여들어야 합니다. 교회가 평안하고 형통할 때 성도들의 가정이 평안하고 성도들의 기업이 형통해질 수 있습니다.

1. 교회 안에서 자신의 역할

성경은 교회를 '그리스도의 몸'이라고 하였습니다. 그리스도는 교회의 머리요 성도들은 그 몸의 각 지체들이란 말입니다. 오늘 봉독해 드린 말씀 바로 앞부분인 고린도전서 12장 12-26절을 읽어보면 이 말의 의미를 더욱 확실히 알 수 있습니다. 몸에는 여러 지체들이 있습니다. 손이나 발처럼 겉으로 보이는 지체가 있는가 하면 간이나

쓸개처럼 속에 있어 보이지 않는 지체가 있습니다. 또 그런가 하면 요긴하게 늘 쓰이는 지체가 있는가 하면 도무지 왜 붙어있는지 잘 알 수 없는 지체들도 있는 것이 사실입니다. 그러나 어떤 지체라도 쓸모없는 지체는 없습니다. 다 필요한 지체요 중요한 역할을 맡고 있습니다. 그래서 "그뿐 아니라 더 약하게 보이는 몸의 지체가 도리어 요긴하고 우리가 몸의 덜 귀히 여기는 그것들을 더욱 귀한 것들로 입혀 주며 우리의 아름답지 못한 지체는 더욱 아름다운 것을 얻느니라"(고전 12:22-23)고 하셨습니다.

교회 안에서 우리의 역할도 마찬가지입니다. 교회가 그리스도의 몸이라면 우리 모두는 각각 그 지체들입니다. 목사나 장로와 같이 중요하게 여겨 늘 눈에 띄는 직분이 있는가 하면 여전도회 친교부장이나 청년회 봉사부 차장처럼 그가 누군지 잘 알려지지 않는 직분들도 있습니다. 그러나 목사나 장로의 역할이 중요한 것처럼 친교부장이나 봉사부 차장의 역할도 중요한 것입니다. 만약 모두 목사라면 교인은 어디 있습니까?

목사님이나 찬양대 지휘자, 혹은 방송실 담당자처럼 그 사람이 아니면 누가 대신할 수 없는 직분도 있고 헌금위원이나 안내위원처럼 혹시 담당자가 안 나오면 누구나 대신할 수 있는 직분도 있습니다. 찬양대원처럼 한두 사람 빠져도 별로 표시가 나지 않는 직분도 있습니다. 그러니 아무도 대신할 수 없는 일만 중요한 것이 아닙니다. 내가 아니면 다른 사람이 대신할 수 있는 직분도 내게 맡겨진 소중한 일입니다.

그러므로 교회 안에서 자신의 위치와 역할을 발견하는 것이 중요합니다. 하나님께서는 "자기 지위를 지키지 아니하고 자기 처소를 떠난 천사들을 큰 날의 심판까지 영원한 결박으로 흑암에 가두셨으며"(유 1:6)라고 하였습니다. 비록 천사라 할지라도 자기의 위치와 자기의 지위를 지키지 않고 떠났을 때 심판하기 위해 결박하여 어둡고 캄캄한 곳에 가두었다고 했습니다.

그리고 모든 지체는 서로 돕도록 되어 있습니다. "오직 하나님이 몸을 고르게 하여 부족한 지체에게 귀중함을 더하사 몸 가운데서 분쟁이 없고 오직 여러 지체가 서로 같이 돌보게 하셨느니라 만일 한 지체가 고통을 받으면 모든 지체가 함께 고통을 받고 한 지체가 영광을 얻으면 모든 지체가 함께 즐거워하느니라 너희는 그리스도의 몸이요 지체의 각 부분이라"(고전 12:24-27). 오른손 등이 가려우면 자연스럽게 왼손이 와서 긁어줍니다. 이것을 왼손이 모른 체 하고 있고 오른손이 해결하려면 얼마나 고생이 심하겠습니까? 교회 안에서도 모든 지체는 한 몸 교회를 위해 서로 돕고 협력해야 하는 것입니다.

2. 성령의 은사

우리가 신앙생활하면서 많이 들어보면서도 잘 알지 못하는 것이 바로 성령의 은사입니다. 우선 로마서 12장이나 고린도전서 12장에 나오는 성령의 은사와 갈라디아 5장 22-23절에 나오는 성령의 열매는 다르다는 것을 알아야 합니다. 성령의 은사는 하나님 나라를 위한 사역을 목적으로주시지만 성령의 열매는 예수 그리스도의 인격을 닮아가는 것을 목적으로 주십니다.

성령의 열매는 성령 받은 사람이라면 누구나 열리는 것입니다. "오직 성령의 열매는 사랑과 희락과 화평과 오래 참음과 자비와 양선과 충성과 온유와 절제니 이같은 것을 금지할 법이 없느니라" 성령 받은 사람에게는 누구나 성령의 열매가 열립니다. 복숭아 나무에는 모두 복숭아가 열리듯이 말입니다. 다만 아직 어리거나 영양이 부족한 나무 또는 병든 나무에는 열리지 않겠지만 이 나무들도 언젠가는 열리게 될 것입니다. 성령의 사람도 마찬가지입니다. 많이 열리고 적게 열리는가, 크게 열리는가 작게 열리는가 하는 차이는 있겠지만 성령의 아홉가지 열매는 누구에게나 다 열리게 되어 있습니다.

그러나 성령의 은사는 그렇지 않습니다. 은사란 무엇입니까? 은사(恩賜)의 사전적 의미는 "임금이 은혜로 내려줌, 또는 임금이 내린 물건"입니다. 여기 '은혜로'란 말이 중요합니다. 우리의 임금이신 하나님께서 은혜로 내려주신 것입니다. 그러니까 우리의 공적에 따라 내리신 상급이 아닙니다. 받을 자격에 따라 내리신 것이 아닙니다.

하나님은 성령님을 통하여 우리 각자가 교회에서 섬기고 봉사할 수 있도록 다양한 은사와 재능을 주셨습니다. 코에게는 냄새를 맡을 수 있는 재능을 주셨고 귀는 소리를 듣고 구별할 수 있는 은사를 주셨습니다. 그런데 만약

추석에 만든 음식이 상했나 상하지 않았나 냄새를 맡아보려고 귀에다 대보면 어떻게 되겠습니까? 귀는 냄새를 맡지 못하니 '상한 냄새가 나지 않는다'고 할 것입니다. 그 말만 믿고 상한 음식을 먹은 사람은 식중독에 걸려 고생하겠지요.

자, 고린도전서 12징 8-10절을 읽어볼까요? "어떤 사람에게는 성령으로 말미암아 지혜의 말씀을, 어떤 사람에게는 같은 성령을 따라 지식의 말씀을, 다른 사람에게는 같은 성령으로 믿음을, 어떤 사람에게는 한 성령으로 병고치는 은사를, 어떤 사람에게는 능력 행함을, 어떤 사람에게는 예언함을, 어떤 사람에게는 영들 분별함을, 다른 사람에게는 각종 방언 말함을, 어떤 사람에게는 방언들 통역함을 주시나니…." 다시 11절입니다. "이 모든 일은 같은 한 성령이 행하사 그 뜻대로 각 사람에게 나누어 주시는 것이니라" 그렇습니다. 성령님께서는 각 사람이 맡겨진 직분과 사명을 감당할 수 있도록 다양한 영적 은사와 재능을 나누어주십니다.

이렇게 한분 성령님께서 어떤 사람에게는 이런 은사를, 또 어떤 사람에게는 저런 은사를 주셨습니다. 왜 그렇겠습니까? 그것은 각자에게 맡겨진 직임이 다르기 때문입니다. 예를 들어 주일학교 교사나 구역장에게는 지혜의 말씀 혹은 지식의 말씀을 왜 주지 않으시겠습니까? 심방을 하고 권면을 해야 할 여전도사님에게 병고치는 은사는 아주 요긴하여 사용될 것입니다. 성도들을 목양해야 할 목사님에게는 다양한 은사를 주셔야 하겠지만 하나님의 말

stewardship

씀과 뜻을 바르게 전할 수 있는 예언의 은사가 꼭 필요할 것입니다. 또 노래하는 재능은 별 것 아니고 그림 그리는 재능은 대단히 중요한 것입니까? 그렇지 않습니다. 찬양대원은 노래 부르는 재능이 있어야 하고, 문서출판이나 교회당 장식을 맡아 일하는 분들은 미술적인 재능과 감각이 필요합니다.

그러므로 먼저는 자신에게 주신 은사가 어떤 것이 있나 확인해 보아야 합니다. 성령께서 내게 주신 성령의 은사가 무엇인가를 속히 발견해야 그 일을 기쁨으로 감당할 것입니다. 은사라 할 때에 일반적으로 너무 특수한 것들만 생각하기 쉽습니다. 그래서 내게는 성령께서 주신 은사가 없다고 여기는 신자가 참으로 많은 것입니다. 우리가 여기서 알아야 할 것은 성령께서 은사를 주실 때에 작은 일에 충성할 수 있도록 주신다는 사실입니다.

예를 들어 설명을 하겠습니다. 자동차 운전면허를 새로 딴 차 집사님이 자동차를 새로 사서 밤에 나갔다가 교통사고를 내고 병원에 입원을 했습니다. 그러나 누구에게 말하기도 창피하고 부끄러워 아무에게도 알리지 않았습니다. 그런데 다음 날 오전, 생각 밖에 교회의 식구들이 병문안을 왔습니다. 병상에 누워 있던 차 집사님은 깜짝 놀라면서 "어떻게 알고 왔느냐?" 하고 물었습니다. 같은 구역의 한 권찰이 대답하기를 "새벽기도회에 늘 나오던 차 집사님의 자리가 비어서 혹시나 하고 댁에 전화를 했더니 아이들이 알려주더군요. 그래서 부랴부랴 구역장에게 연락해서 이렇게 왔어요"라고 했습니다. 훌륭한 권찰인데 그 권찰이 받은 은사는 '돌보는 은사'입니다. 차 집사님이 속한 구역장 장 권사님은 "교통사고가 났다는 말을 듣고 가슴이 떨리고 일이 손에 잡히지 않고, 그래서 부지런히 찾아왔지"라고 말하며 차 집사님의 손을 꼭 잡고 눈물을 글썽입니다. 장 권사님은 '긍휼의 은사'를 받은 분입니다. 차 집사님과 아주 친한 이 집사님도 함께 왔는데 "이번 주가 주방 봉사 당번이지? 주방 봉사 할수 없을 줄 알고 다른 분하고 바꿔서 하도록 연락을 해 놓고 왔어"라고 말합니다. 이 집사님는 '행정의 은사'를 받은 분입니다. 입이 빠른 구 집사님는 "내가 뭐라고 했나? 차를 운전할 때 네 거리를 조심해야 된다. 특히 좌회전을 할 때에는 항상 저 편에서 빠르게 몰고 오는 차를 잘보고 와야 하는 거야" 하고 호들갑입니다. 그렇지만 이렇게 말하는 구 집사님은 분명히 '가르치는 은사'를 받았습니다. 처음부터 말없이 따라온 손 집사님는 오자마자 쓰레기통을 비우고, 의자를 바르게 놓고 어수선한 병실 주변을 산뜻하게 정리를 했습니다. 그렇다면 손 집사님은 분명히 '섬기는 은사'를 받았습니다.

이렇게 생각한다면 우리는 각각 귀중한 은사를 받아 활용하면서도 아직 모르고 있는 것입니다. 내가 받은 은사가 무엇인지 속히 발견하는 것이 좋습니다. 그리고 각자 받은 은사가 중요한 줄을 알고 다른 사람이 받은 은사가 내겐 없다고 하여 열등감을 가질 필요가 없는 것입니다. 또 특별한 은사를 받은 분은 자기가 교회에서 최고인양 교만하며 교회에 덕이 되지 않는 것이고 성령께서도 싫어

299

stewardship

하시는 일이며, 만일 혼자만이 최고인줄 알면 교회에 많은 손해를 끼치게 되는 것입니다.

또한 고린도전서 12장 7절을 보십시오. "각 사람에게 성령을 나타내심은 유익하게 하려 하심이라"라고 하였지요? 그러니까 성령의 열매는 자신의 영적 신앙적 유익을 위해 나타나게 되는 것이지만 성령의 은사는 자신의 유익을 위해서라기보다는 교회의 유익을 위해, 더 나가 주님의 유익을 위해 주셨습니다. 따라서 성령의 은사를 받으신 분은 내게 주신 이 은사를 통해 주님과 주님의 몸인 교회를 위해 어떤 유익을 줄 수 있을까 생각해 봐야 합니다. 그렇지 않고 은사를 받은 사람이 자기 자랑에만 빠져 있다면 그 은사는 소용이 없을 것이고 소용이 없는 은사는 성령님이 거두어 가신다는 사실도 잊어서는 안 됩니다.

3. 성령의 인도하심을 따라 봉사

스가랴 4장을 보면 스가랴는 환상 중에 순금으로 만든 등잔대와 일곱 등잔을 보았습니다. 순금 등잔대가 있는데 그 위에는 기름 그릇이 있었습니다. 또 그 기름 그릇 위에 일곱 등잔이 있고 각 등잔마다 하나씩 일곱 개의 금관이 등잔대 양 옆에 서 있는 두 감람나무와 연결되어 있었습니다. 그러니까 등잔에 기름을 부어줄 필요가 없었을 것 같습니다. 감람나무에서 기름이 일곱 개의 금관을 타고 등잔대로 흘러 들어갈 것이기 때문입니다.

여기서 순금 등잔대는 세상에 빛을 비출 하나님의 교회

입니다. 예수님은 우리에게 "너희는 세상의 빛이라 산 위에 있는 동네가 숨겨지지 못할 것이요 사람이 등불을 켜서 말 아래에 두지 아니하고 등경 위에 두나니 이러므로 집 안 모든 사람에게 비치느니라 이같이 너희 빛이 사람 앞에 비치게 하여 그들로 너희 착한 행실을 보고 하늘에 계신 너희 아버지께 영광을 돌리게 하라"(마 5:14-16)고 가르치셨습니다.

등잔대가 불을 밝히기 위해서는 반드시 기름이 필요한데 감람나무로 부터 기름을 공급받고 있었습니다. 기름은 틀림없이 성령님이시지요. 그런데 기름은 두 개의 감람나무에서 공급되고 있었습니다. 그러므로 불을 켜기 위해서는 반드시 감람나무가 필요했습니다. 과연 이 두 감람나무는 무엇을 가리키고 있는 것일까요? 대부분의 성경 해석자들은 스룹바벨과 여호수아를 가리킨다고 합니다. 어쨌든 이 둘은 틀림없는 하나님의 종들입니다. 어느 시대에나 하나님의 종이 중요합니다. 지도자 없이는 교회가 세워질 수 없고 성령으로 충만하여 능력 있는 지도자만이 세상에서 사명을 감당할 수 있습니다.

다시 스가랴 4장 6절을 보십시오. "이는 힘으로 되지 아니하며 능력으로 되지 아니하고 오직 나의 영으로 되느니라" 하나님의 교회는 성령의 능력을 받은 사람들에 의해 성장합니다. 교회의 성장 역시 사람의 힘으로는 되는 것이 아닙니다. 오직 하나님이 주시는 능력으로 되는 것입니다. 하나님의 신으로 되는 것이지 사람의 계획과 재주로는 안 됩니다. 이것은 비단 교회 성장뿐만 아니라 모

든 인간의 일이 다 그렇습니다. 사람들은 노력하면 못할 게 무엇이냐고 하지만 아무리 땀 흘리고 수고해도 하나님이 허락하지 아니하고 거두어 가시면 그 뿐인 것입니다. "큰 산아 네가 무엇이냐 네가 스룹바벨 앞에서 평지가 되리라 그가 머릿돌을 내놓을 때에 무리가 외치기를 은총, 은총이 그에게 있을지어다 하리라"(슥 4:7). 왜 하필이면 큰 산을 부릅니까. 산은 교만의 상징입니다. 앞에서 떡 버티고 서 있으면서 '누가 나를 밀칠 수 있는가' 하면서 교만을 부립니다. 어떤 분은 여기를 이렇게 번역합니다. "스룹바벨 앞에 있는 큰 산아 네가 무엇이냐 너는 평지가 되리라" 결국 은총이 없이 우리는 살 수 없으며 은총이 없이 우리는 겸손해질 수가 없습니다. 우리는 하나님 앞에서 은총이 없이는 개인도 가정도 산업도 인생 모든 삶과 육신이 존재할 수 없습니다.

교회를 시작하신 분이 성령이십니다. 또한 그 교회를 세워나가시는 분이 또한 성령이십니다. 그러나 성령께서는 당신의 사람을 세워 그 일을 이루어 나가십니다. 세상에서 권세 있는 사람을 통해 교회가 세워지는 것이 아닙니다. 돈이 많은 사람을 통해 교회가 세워지는 것이 아닙니다. 오직 성령 충만한 사람, 성령의 능력이 붙잡힌 사람을 통해 당신의 교회를 이루어 가십니다. 따라서 우리 교회가 아무리 미약해 보인다 해도, 여기 모인 사람들 하나하나가 보잘 것 없는 사람처럼 보인다 할지라도 낙심하지 맙시다. 우리에게 능력을 주시는 성령 안에서 우리는 위대한 일을 이루어 나갈 수 있기 때문입니다. 우리가 성령의 손에 잡힌바 되기만 하면 그를 통해 계속 능력을 공급받아 어두운 세상을 밝힐 수 있습니다.

하나님께서는 베드로전서 4장 10-11절을 통해 "각각 은사를 받은 대로 하나님의 여러 가지 은혜를 맡은 선한 청지기 같이 서로 봉사하라 만일 누가 말하려면 하나님의 말씀을 하는 것 같이 하고 누가 봉사하려면 하나님이 공급하시는 힘으로 하는 것 같이 하라 이는 범사에 예수 그리스도로 말미암아 하나님이 영광을 받으시게 하려 함이니 그에게 영광과 권능이 세세에 무궁하도록 있느니라 아멘"이라고 말씀하셨습니다.

문제는 내가 무엇을 하려고 하고 또 내가 했다고 생각하는 것입니다. 이런 사람은 일이 잘 되면 교만해집니다. 내가 이런 엄청난 일을 했다고 자만하기 때문이지요. 또 반면에 일이 잘 안 풀리거나 실패를 하게 되면 낙심하게 됩니다. "나 같은 사람은 언제나 그래. 뭐 별수 있나?" 하고 좌절하게 됩니다. 그러니까 내가 한다고 생각하면 잘 돼도 문제요, 안 돼도 문제입니다. 그래서 하나님은 "만일 누가 말하려면 하나님의 말씀을 하는 것 같이 하고 누가 봉사하려면 하나님이 공급하시는 힘으로 하는 것 같이 하라"고 하신 것입니다.

(1) 먼저 기도하고 시작하라

이제 세상을 떠나셨지만 C.C.C.의 김준곤 목사님은 늘 말씀하시기를 "성령보다 기도보다 앞서지 말자"라고 하셨습니다. 사람은 기도하지 않고 일이 이루어지니까 내가 했다는 생각을 갖게 됩니다. 어떤 문제를 놓고 하나님께 매달려 도와달라고 기도하면서 일을 시작했는데 일이 잘 풀려보세요. 어떻게 내가 했다는 생각을 합니까? 당연히 그분이 도와주셨다는 생각을 가지게 됩니다.

그래서 성경은 가르치기를 "아무 것도 염려하지 말고 다만 모든 일에 기도와 간구로 너희 구할 것을 감사함으로 하나님께 아뢰라. 그리하면 모든 지각에 뛰어난 하나님의 평강이 그리스도 예수 안에서 너희 마음과 생각을 지키시리라"(빌 4:6-7)고 하셨습니다.

성령 충만과 기도와는 뗄 수 없는 관계를 가지고 있습니다. 기도하는 사람에게 성령께서 충만히 임하시고 기도하는 사람에게 사명을 감당할 수 있는 능력을 주십니다. 어느 목사님은 말씀하시기를 "기도하지 않고 일하겠다고 덤벼드는 제직이 가장 무섭다"고 하셨습니다. 무슨 사고를 칠지 모르기 때문이랍니다.

부활하신 예수님은 제자들에게 나타나셔서 "예루살렘을 떠나지 말고 내게서 들은 바 아버지께서 약속하신 것을 기다리라 요한은 물로 세례를 베풀었으나 너희는 몇 날이 못되어 성령으로 세례를 받으리라"(행 1:4-5) 하셨습니다. 먼저 예루살렘을 떠나지 말라고 하셨습니다. 이 말은 주님께서 떠나신 후에도 이 핑계 저 핑계로 뿔뿔이 흩어지지 말고 한 곳에 모여 신앙의 훈련을 쌓으라는 것입니다. 아무리 잘 타는 장작이라도 꺼내어 놓으면 꺼지고 마는 것처럼, 아무리 믿음이 좋은 신자라 해도 흩어지면 약해질 수밖에 없습니다. 그러므로 은혜 받는 장소에 힘써 모여야 합니다(히 10:23-25). 예루살렘에 모이라 하셨습니다. 거기는 장차 성령이 임하실 장소입니다. 이런 자리에 같이 앉아 있기만 해도 은혜 받고 능력 받는 것입니다. 그 다음에는 약속하신 성령을 가다리라 하셨습니다. 성령을 보내주시겠다는 약속은 예수님께서 이미 여러 차례 말씀하신 것입니다(요 14:16-18, 25-26, 15:26-27, 16:7-13). 이제 그 날이 가까웠으니 더욱 사모하고 간절히 기다리라고 하신 것입니다. 성령께서 임하시기를 사모하는 자세는 기도하는 모습으로 나타납니다. 제자들은 이 약속을 믿고 마음을 같이하여 기도에 힘썼습니다(14절). 정말 그들은 몇 날이 못 되어 성령 충만을 받았습니다. 그리고 담대히 전하는 복음의 일꾼들이 되었습니다. 무엇보다 먼저 기도하십시오. 그리고 성령 충만 받아 주님의 일을 감당해야 합니다.

(2) 그분의 손에 붙잡혀야 한다

초등학교 5학년 때입니다. 교실 환경미화를 하면서 선생님은 붓글씨를 몇 점 복도에 붙이자면서 저에게 써 보라고 하셨습니다. 그런데 솔직히 붓글씨에는 자신이 없었습니다. 사양을 했지만 써보라고 하십니다. 몇 번 써 보여드렸더니 안 되겠는지 나에게 붓을 잡아보라고 하시더니 붓대 윗부분을 선생님이 잡아주셨습니다. 그리고 나에게 "너는 힘을 빼"라고 하셨습니다. 결국 나는 붓만 잡고 있었고 선생님이 쓰셨지요. 그런데 복도에 붙인 작품에는 내 이름이 걸려 있었습니다. 그렇습니다. 그분의 손

에 붙잡히기만 하면 됩니다. 나는 힘을 빼고 성령님이 일하시게 하면 됩니다. 이게 신앙입니다.

에스겔 47장을 보면 에스겔은 성전 제단에서 물이 흘러나오는 환상을 봅니다. 그런데 이 물이 흘러 내려갈수록 깊이가 점점 더 깊어갑니다. 맨 처음 문지방 밑에서 물이 흘러나올 때는 졸졸졸 흐르는 듯 했습니다. 그러나 일천 척을 척량하고 건너가 보니 물이 발목에 잠겼습니다. 다시 일천 척을 더 내려가서 건너가니 무릎에 오르고, 다시 일천 척을 더 내려가서 건너보니 물이 허리에 잠겼습니다. 다시 일천 척을 더 척량한 후 건너보니 도저히 건널 수 없을 만큼 많았습니다. 헤엄칠 물이었습니다. 그렇다고 해서 어디 샛강에서 물이 흘러 들어온 것은 아닙니다. 이것은 성령의 충만을 받은 사람에게 나타나는 증거입니다. 처음에는 그저 알 듯 모를 듯 은혜를 받지만 점점 은혜의 깊이가 더해가는 것입니다.

발목에 물이 올라 교회에 다니는 것이 즐거워집니다. 옛날에는 구역장이 불러야 나왔고 마지못해 끌려 나왔습니다. 성전 미문의 앉은뱅이를 보십시오. 그는 매일 나왔지만 제 발로 걸어온 일이 없습니다. 사람들이 업고 오거나 메고 와야 했습니다. 그러나 발과 발목에 힘이 오르니 자기 발로 걷기도 하며 뛰기도 하며 성전 안으로 들어갔습니다. 그 다음에는 무릎에 물이 오릅니다. 기도하는 은혜를 받는 것입니다. 무릎 꿇는 즐거움을 체험합니다. "내 기도하는 그 시간 내게는 가장 귀하다" 하는 찬송의 의미를 이해하게 됩니다. 조금 더 시간이 지나면 그 다음에는 허리에 물이 오릅니다. 봉사의 은혜를 받아 무엇인가 주님을 위해, 교회를 위해 봉사하고 싶어지는 것입니다. 그러나 더 깊은 은혜를 체험하게 되면 이제 물이 나를 인도합니다. 깊은 물에서는 내가 물을 건너는 것이 아니라 물이 나를 건너 주듯이 이제 성령의 은혜로 살게 되는 것입니다. 이것이 곧 헤엄칠 물입니다. 수영을 하는 사람들에게는 이 깊이에 이르면 제일 쉽게 건널 수 있는 것입니다.

신앙생활도 마찬가지입니다. 무엇인가 내가 해 보려고 하면 힘이 듭니다. 더구나 집사직은 평생 봉사직입니다. 자기 힘으로 봉사하려면 힘들 때도 있고 짜증이 날 때도 있습니다. 따라서 성령의 도우심이 필요한 것입니다. "누구든지 그리스도의 영이 없으면 그리스도의 사람이 아니라"(롬 8:9)라고 하셨습니다. 성령 충만 하지 않고는 하나님의 일을 할 수 없습니다. 이런 사람들은 하나님의 일을 세상적인 방법을 가지고 하려고 하기 때문입니다. 세상 사업이나 세상일은 경험과 인간적인 방법에 의해 얼마든지 할 수 있지만 하나님의 일은 하나님의 인도하심을 따라야 합니다. 그러므로 하나님 교회의 일꾼은 무엇보다도 성령이 충만하여 성령의 인도를 받는 사람이어야만 합니다.

(3) 그 분을 인정하라

　"너는 범사에 그를 인정하라 그리하면 네 길을 지도하시리라"(잠 3:6)고 하셨습니다. 하나님이 기껏 도와주셨는데 자기가 생색을 내면 되겠습니까? 다음에 또 도움이 필요할 때는 어떻게 하겠습니까? 그러므로 우리는 언제나 누구에게나 그분을 인정해야 합니다. "하나님이 도우셨습니다.", "주님의 은혜입니다.", "성령께서 함께 하셨습니다." 이 말이 입에 배어 있지 않으면 안 됩니다.

청 지 기

제 8 장

청지기에 묻는
세가지 질문

제8장 청지기에게 묻는 세가지 질문
(마태복음 24:45-51)

산모퉁이를 돌아 논가 외딴 우물을
홀로 찾아가선 가만히 들여다봅니다.
우물 속에는 달이 밝고 구름이 흐르고 하늘이 펼치고
파아란 바람이 불고 가을이 있습니다.
그리고 한 사나이가 있습니다.
어쩐지 그 사나이가 미워져 돌아갑니다.
돌아가다 생각하니 그 사나이가 가엾어집니다.
도로 가 들여다보니 사나이는 그대로 있습니다.
다시 그 사나이가 미워져 돌아갑니다.
돌아가다 생각하니 그 사나이가 그리워집니다.
우물 속에는 달이 밝고 구름이 흐르고 하늘이 펼치고
파아란 바람이 불고 가을이 있고
추억처럼 사나이가 있습니다.

(윤동주의 자화상)

내가 누구입니까?
어느 날, 독일의 염세 철학자 쇼펜하우어(1788-1860)가 철학적 문제를 골똘히 생각하면서 길을 걷다가 옆에서 오는 사람과 부딪쳤습니다. 그 사람은 화가 나서 쇼펜하우

어에게 "당신은 도대체 누구인데 길도 보지 않고 다니는 것이오?" 하고 나무라듯 이야기했습니다. 그러자 쇼펜하우어는 이렇게 대답했다. "나도 내가 누구인지 알았으면 좋겠소."

정말 나는 누구입니까? 작가 이어령 씨가 쓴 『아들이여 이 산하를』이란 책에 이런 이야기가 있습니다.

옛날 어느 시골에 수염을 길게 가꾸고 다니는 할아버지가 한 분 계셨습니다. 그런데 그 동네에 사는 꼬마 아이 하나가 할아버지를 볼 때마다 궁금한 점이 하나 있었습니다. 그래서 어느날 할아버지를 만나 물어보았습니다.

"할아버지는 밤에 주무실 때 그 수염을 이불 속에 넣고 주무십니까? 아니면 끄집어 내놓고 주무십니까?" 할아버지는 이 질문을 받고 난처했습니다. "얘야, 미안하다. 나도 미처 생각지 못한 일이니 하룻밤만 자 보고 대답을 하마."

그리하여 그날 밤 이 할아버지는 수염을 붙들고 씨름을 합니다. 수염을 이불 속에 넣으면 답답하고 끄집어내면 쓸쓸하고, 그리하여 30년 동안 달고 다닌 수염이지만 수염의 위치를 알 수가 없었습니다.

이 할아버지가 30년 동안 자신의 몸에 달고 다닌 수염이 이불 속에 있어야 하는지 밖에 있어야 하는지 밤을 지새워도 깨닫지 못하듯, 교회를 10년 20년 다녀도 내가 지금 예수 안에 있는지 예수 밖에 있는지, 내가 지금 진리 안에 있는지 진리 밖에 있는지 모른채 살아가고 있는 엉터리 신자가 지금도 많습니다. 그래서 하나님께서는 "너

311

희가 믿음 안에 있는가 너희 자신을 시험하고 확증하라"
(고후 13:5)고 하셨습니다.

　예수님은 말씀하셨습니다. "나는 선한 목자다.",
"나는 포도나무다." 그렇다면 나는 누구입니까? 예수님
은 "충성되고 지혜 있는 종이 되어 주인에게 그 집 사람
들을 맡아 때를 따라 양식을 나눠 줄 자가 누구냐?"(마
24:45)고 하셨습니다. 우리는 하나님의 청지기요 주님의
종입니다. 그러므로 우리는 첫째로, 충성된 종이 되어야
합니다. 그리고 지혜 있는 종이 되어야 합니다.

　청지기에는 어느 정도의 재량권이 있습니다. 그러나 반
드시 셈할 때가 있습니다. 예수님은 달란트 비유에서 오
랜 후에 그 종들의 주인이 돌아와 그들과 결산하였다고
했습니다(마 25:19). 그리고 불의한 청기기 비유를 통해
"또한 제자들에게 이르시되 어떤 부자에게 청지기가 있
는데 그가 주인의 소유를 낭비한다는 말이 그 주인에게
들린지라 주인이 그를 불러 이르되 내가 네게 대하여 들
은 이 말이 어찌 됨이냐 네가 보던 일을 셈하라 청지기
직무를 계속하지 못하리라"(눅 16:1-2) 하였습니다.

　이처럼 주님이 오시던지 아니면 우리가 주님 앞에 가면
주님은 세 가지를 물어보실 것입니다. 이 질문에 대답을
준비해야 합니다.

1. 그때, 너는 어디 있었느냐

"그때에 예수께서 제자들에게 이르시되 오늘 밤에 너희가 다 나를 버리리라"(마 26:31). 이때 베드로는 무어라 대답했습니까? "베드로가 대답하여 이르되 모두 주를 버릴지라도 나는 결코 버리지 않겠나이다"(마 26:33)라고 대답했습니다. 이것이 허풍이었을까요? 아닙니다. 적어도 이 말은 진심일 것입니다. 그러나 장담을 해서는 안 됩니다. 베드로가 이렇게 장담을 하자 다른 제자들도 똑같이 대답했습니다. "모든 제자도 이와 같이 말하니라" 그런데 26장 56절을 보십시오. "이에 제자들이 다 예수를 버리고 도망하니라" 제자들이 다 달아났습니다. 한 명도 남지 않고 달아났습니다. 다짐하고 결심한다고 되는 것이 아닙니다. 결심만 가지고는 안 됩니다.

안식후 첫날 저녁 제자들이 한 곳에 모여 있었을 때 부활하신 주님은 나타나셨습니다(요 20:19). 이 때 도마는 어디 있었습니까? "열두 제자 중에 하나로서 디두모라 하는 도마는 예수께서 오셨을 때에 함께 있지 아니한지라"(요 20:24). 도마는 거기 있지 않았습니다. 왜 어디를 갔기에 그 자리에 없었습니까?

사람은 어디 있었느냐가 중요합니다. 주님은 분명히 물으실 것입니다. "그 때 너는 어디 있었느냐?" 뱀이 찾아왔을 때 하와는 어디 있었습니까? 그는 선악을 알게 하는 나무 곁에 있었습니다(창 3:6). 하와가 뱀에게 유혹을 받고 있을 때 아담은 어디 있었습니까?

요압과 온 신하들이 전쟁터에서 피 흘려 싸우고 있을

때 다윗은 어디 있었습니까? "저녁 때에 다윗이 그 침상에서 일어나 왕궁 옥상에서 거닐다가 그 곳에서 보니 한 여인이 목욕을 하는데 심히 아름다워 보이는지라"(삼하 11:2). 신하들은 전쟁터에 나갔는데 다윗은 낮잠을 자고 일어났습니다.

청지기는 주인이 세워놓은 자리를 잘 지켜야 합니다. 모세가 장로들에게 부탁한 것은 무엇입니까? "너희는 여기서 우리가 너희에게로 돌아오기까지 기다리라 아론과 훌이 너희와 함께 하리니 무릇 일이 있는 자는 그들에게로 나아갈지니라"(출 24:14). 여호수아의 훌륭한 점은 무엇입니까? "사람이 자기의 친구와 이야기함 같이 여호와께서는 모세와 대면하여 말씀하시며 모세는 진으로 돌아오나 눈의 아들 청년 여호수아는 회막을 떠나지 아니하니라"(출 33:11). 그는 진 밖에서 외로운 회막을 지키고 있었습니다. 이것이 그의 일이었습니다.

6·25 한국전쟁 때의 일입니다. 미국의 연합군 총사령관이었던 맥아더 장군은 한국의 전황을 살피기 위해서 부랴부랴 한강 인도교까지 도착했습니다. 그리고 쌍안경을 가지고 인도교 건너편의 형편을 살피기 시작했습니다. 이미 이때는 한강 인도교가 폭파되어 있었고, 강 건너편에는 이미 인민군들이 다가오고 있었습니다. 쌍안경으로 강 건너편을 보게 된 맥아더 장군의 눈은 문득 강 이쪽 편에 서있는 부동자세의 군인 한 사람을 발견하게 되었습니다. 이상하게 여긴 맥아더 장군은 자기가 탄 지프차를 타고 이

병사에게로 달려갔습니다. 그리고 병사에게 물었습니다. "왜 끊어진 다리 앞에 서 있느냐?" 이 병사가 대답했습니다. "이것이 제 임무이기 때문입니다." 맥아더 장군은 이상하게 생각하고 다시 물었습니다. "그러면 언제까지 여기 서 있을 작정인가?" 이때 이 병사는 부동자세 한 자세로 대답했습니다. "새로운 명령이 하달될 때까지입니다." 전세는 위급하고, 지휘 계통은 사라지고, 지휘관들도 도망하는 형편에서 적이 바로 코앞에 와 있는데도 도망칠 생각을 하지 않고 끝까지 자기 위치를 지키는 이 병사의 투철한 군인 정신을 목격한 맥아더 장군은 감탄했다고 합니다. 그래서 외쳤습니다.

"이런 군인이 있는 나라는 절대로 망하지 않을 것이다." 거기에 감동을 받은 맥아더는 그날로 당장 미군 병력의 출동 명령을 내리고, UN군이 참전하도록 명령을 내렸습니다. 그것이 바로 한국의 전투를 뒤집어 놓은 결정적인 계기가 되었던 것이었습니다. 맥아더 장군의 회고록에 나오는 이야기입니다.

모세가 시내산에 올라가 40일간 소식을 끊고 있을 동안 백성들은 아론과 함께 금송아지를 만들어 놓고 춤추며 뛰놀고 있었지만 여호수아는 묵묵히 자리를 지키고 있었습니다(출 32:17). 여호수아의 훌륭한 점은 바로 이런 점입니다. "모세는 진으로 돌아오나 눈의 아들 젊은 수종자 여호수아는 회막을 떠나지 아니하니라"(출 33:11).

집사의 자리, 구역장의 자리, 교사의 자리, 성가대원의 자리……. 자기의 자리만 잘 지켜도 훌륭한 사람입니다. 아무리 재주가 있고 일을 잘 해도 왔다갔다, 들락날락하는 사람에게는 큰일을 맡길 수 없습니다. 기둥은 움직이지 않고, 흔들리지 않고, 들락날락 않고, 힘들다고 주저앉지 않습니다.

2. 그때, 너는 무엇을 하였느냐

우리 교회의 착하고 충성된 종은 커피자판기와 자동차 내비게이션입니다. 묵묵히 자기 맡은 일에 충성하고 있으니까요. 자리를 지키는 것도 중요하지만 그동안 무엇을 했느냐가 중요합니다.

구레네 사람 시몬이 예수님의 십자가를 대신 지고 갈 때 제자들은 무엇을 하고 있었습니까? 아리마대 사람 요셉이 예수님의 시체를 장사지내고 있을 때 제자들은 무엇을 하고 있었습니까? 슬기로운 다섯 처녀들이 신랑을 만나 혼인잔치에 들어갔는데 미련한 다섯 처녀는 어디서 무엇하고 돌아다니다가 늦게 왔습니까?

바울이 드로아에서 마지막 설교를 하고 있었을 때 유두고는 어디 앉아 있었으며 유두고는 무엇을 하고 있었습니까? "유두고라 하는 청년이 창에 걸터 앉아 있다가 깊이 졸더니 바울이 강론하기를 더 오래 하매 졸음을 이기지 못하여 삼 층에서 떨어지거늘 일으켜보니 죽었는지라"(행 20:9). 그가 졸지만 않았다면, 아니 졸더라도 창가에 걸터앉지만 않았더라도 이런 비극은 오지 않았을 것입니다.

그러니까 어디 있었는가도 중요하지만 무엇을 하고 있었는가는 더욱 중요합니다.

예루살렘 성전 미문에는 나면서부터 걷지 못하게 된 사람이 있었습니다. 그는 어디에 앉아 있었으며 그는 무엇을 하고 있었습니까? "나면서 못 걷게 된 이를 사람들이 메고 오니 이는 성전에 들어가는 사람들에게 구걸하기 위하여 날마다 미문이라는 성전 문에 두는 자라 그가 베드로와 요한이 성전에 들어가려 함을 보고 구걸하거늘"(행 3:2)

그러나 베드로와 요한을 만나 발과 발목에 힘을 얻은 이 사람은 어디로 들어가 무엇을 하였습니까? "오른손을 잡아 일으키니 발과 발목이 곧 힘을 얻고 뛰어 서서 걸으며 그들과 함께 성전으로 들어가면서 걷기도 하고 뛰기도 하며 하나님을 찬송하니"(행 3:7-8).

예수님은 마태복음 20장에서 포도원 품꾼의 비유를 말씀하셨습니다. 포도원 주인은 아침부터 일꾼을 찾아 포도원에 들여보냅니다. 그런데 11시(요즘 표현대로 한다면 오후 5시)에도 일을 하지 않는 사람이 있는 것을 보고 묻습니다. "제 십일시에도 나가 보니 서 있는 사람들이 또 있는지라 이르되 너희는 어찌하여 종일토록 놀고 여기 서 있느냐"(마 20:6). 여기서 '놀고 있는 사람'이란 아무 것도 하지 않는 사람이 아니라 '주인의 일을 하지 않는 사람'을 말합니다. 청지기는 주인이 시킨 일을 잘해야 칭찬을 받습니다. 그렇다면 주님이 내게 시키신 일은 무엇입니까?

3. 그때, 너는 어디에 썼느냐

청지기는 위탁받은 사람입니다. 하나님은 우리에게 각각 재물, 시간, 재능 등을 맡기셨습니다. 그러므로 반드시 어디에 썼느냐 물으실 것입니다.

예수님은 누가복음 16장에서 불의한 청지기의 비유를 말씀하셨습니다. 어느 날 주인의 소유를 낭비한다는 말이 주인에게 들려왔습니다. 여기서 '낭비한다', '허비한다' 는 말은 많이 썼다는 뜻이 아닙니다. 아무리 많이 써도 주인의 명령을 따라 쓰고, 주인을 위해 쓴 것은 낭비가 아닙니다. 그러므로 이 청지기는 첫째, 주인의 뜻대로 쓰지 않았습니다. 그리고 필요한 곳에 쓰지 않았습니다. 마지막으로 자신만을 위해 썼습니다.

지혜 있는 청지기가 되어야 합니다. 그리고 지혜롭게 충성해야 합니다. 지혜 있는 청지기가 됩시다. 그리고 지혜롭게 충성합시다. 지혜 있는 청지기는 자신이 가지고 있는 것이 주인(하나님)의 것임을 인정하지만 미련한 청지기는 모두 자기 것인 줄 압니다. 따라서 지혜 있는 청지기는 언젠가 주인이 찾아와 셈할 줄을 압니다. 그러나 미련한 청지기는 그런 것을 모릅니다. 지혜 있는 청지기는 주인이 속히 올 것을 알고 준비하지만 미련한 청지기는 주인이 더디 오리라 생각합니다. 이제 우리 모두 주인이 오실 날을 준비하며 지혜 있는 청지기가 됩시다.

지혜있는 청지기	미련한 청지기
모두 하나님의 것인 줄 안다	모두 자기 것인 줄 안다
주인이 셈할 줄을 안다	내가 쓰면 그만이라고 생각 한다
주인이 곧 오리라 생각 한다	주인이 더디 오리라 생각 한다

"하나님은 그가 기뻐하시는 자에게는 지혜와 지식과 희락을 주시나 죄인에게는 노고를 주시고 그가 모아 쌓게 하사 하나님을 기뻐하는 자에게 그가 주게 하시지만 이것도 헛되어 바람을 잡는 것이로다" (전 2:26)

"주인이 올 때에 그 종이 이렇게 하는 것을 보면 그 종이 복이 있으리로다 내가 진실로 너희에게 이르노니 주인이 그의 모든 소유를 그에게 맡기리라" (마 24:46-47)

청지기

초판1쇄 인쇄 2012년 8월 13일
초판1쇄 발행 2012년 8월 17일

지은이 황의봉
펴낸이 김 일
펴낸곳 도서출판 글로리아
등 록 2007년 3월 9일 제3-235호
주 소 (156-830) 서울시 동작구 상도1동 685
전 화 02-824-3004, 5004
팩 스 02-824-4231
이메일 kcdc@chol.com
홈페이지 www.kcdc.net

ⓒ도서출판 글로리아.2012
ISBN 978-89-7666-117-3 (03230)